ONTOLOGIE

COMITÉ ÉDITORIAL

ONTOLOGIE
Identité, structure et métaontologie

Textes réunis par
Frédéric NEF et Yann SCHMITT

Traduits par

Sophie BERLIOZ, Muriel CAHEN, Fabrice CORREIA,
Stéphane DUNAND, Gilles KÉVORKIAN, Baptiste LE BIHAN,
Frédéric NEF, Isabelle PARIENTE-BUTTERLIN, Yann SCHMITT

PARIS
LIBRAIRIE PHILOSOPHIQUE J. VRIN
6 place de la Sorbonne, V e
2017

INTRODUCTION

Ce volume fait suite à un précédent, paru en 2006 dans la même série des textes clés : « *Métaphysique Contemporaine. Propriétés, Mondes Possibles et Personnes* ». Ce nouveau volume insiste plus sur l'ontologie [1] et la question qui se pose immédiatement est celle de la différence entre métaphysique et ontologie. On renverra à l'introduction du volume 1 pour ce qui concerne la métaphysique et l'on précisera dans cette introduction, la tâche de l'ontologie.

Il y a au moins trois manières de répondre à cette question de la différence entre métaphysique et ontologie. La première est classique : l'ontologie est une partie de la métaphysique, la métaphysique générale, partie qui s'occupe de l'être en tant qu'être, et non la métaphysique spéciale comprenant en outre la cosmologie, la théologie et la psychologie rationnelles (on peut admirer la majesté de cet édifice chez Wolff). La deuxième est issue de l'ontologie phénoménologique de Roman Ingarden et s'est répandue dans une grande partie de l'ontologie contemporaine ; elle consiste à distinguer métaphysique et ontologie par l'ampleur de leur champ d'enquête : la première a pour objet les structures profondes de la réalité de ce monde

---

1. Sur l'ontologie, on recommandera A. Varzi, *Ontologie*, Paris, Ithaque, 2010 ; F. Nef, *Traité d'ontologie pour les Non-Philosophes (et les Philosophes)*, Paris, Gallimard, 2009 ; A. Meinong, *Théorie de l'objet*, trad. M. de Launay, J.-Fr. Courtine, Paris, Vrin, 2000.

(en y incluant les personnes qui en font partie) tandis que la seconde a pour objet les structures profondes de tous les mondes possibles, y compris ceux qui sont composés, par exemple, exclusivement de nombres et de figures géométriques. La troisième manière de répondre à la question est de décrire l'usage le plus courant pour ces deux termes : l'ontologie est la construction formelle de systèmes de concepts, en intelligence artificielle ou en informatique théorique, tandis que la métaphysique est l'appréhension transcendantale de la réalité (on oppose donc approche formelle du concept et approche transcendantale de la réalité). Que retenir de ces réponses ? L'ontologie est absolument générale, elle est systématique et n'est pas limitée à ce qui existe actuellement, alors que la métaphysique n'est pas absolument générale, n'est pas forcément systématique et se concentre sur l'actualité (que l'on nomme d'ailleurs « actualité métaphysique »).

L'ontologie traite notamment des questions suivantes : quelle est la relation entre l'objet et les propriétés ?, qu'est-ce qui assure l'identité à travers le temps ?, qu'est-ce qui fonde l'unité des objets ?, qu'est-ce qu'un monde ?, y a-t-il des connexions nécessaires ?, y a-t-il des choses sans propriétés ?, est-ce que l'existence est une propriété ?, y a-t-il des choses simples, ou bien tout ce qui existe a-t-il un degré de complexité ?, quelles sont les catégories fondamentales ?, existe-t-il des relations internes ? ... Kevin Mulligan a distingué questions métaphysiques et ontologiques [1]. Une question métaphysique : « les personnes sont-elles des substances, et si oui simples ou complexes ? » ; une question ontologique : « qu'est-ce qu'une substance ? ».

---

1. K. Mulligan, « Métaphysique et Ontologie » dans P. Engel, *Précis de Philosophie Analytique*, Paris, P.U.F., 2000.

Selon Mulligan, la première présuppose la seconde il faut avoir répondu à la seconde pour répondre à la première, pour comprendre ce que veulent dire « simple » et « complexe ». D'un certain point de vue, si on admet que les questions métaphysiques sont des présuppositions de savoirs communs ou scientifiques, on peut oser affirmer que les questions ontologiques sont des présuppositions de présuppositions, des présuppositions d'ordre supérieur, pour ainsi dire.

On peut voir à travers cette esquisse d'une liste de questions fondamentales que l'ontologie contient potentiellement les entités non relationnelles suivantes : objet, propriétés, temps, monde, chose, existence, catégorie, à côté des entités relationnelles : relation, relation interne, connexion nécessaire. On peut noter dans cette liste de questions des concepts généraux tels que : identité, unité, simplicité, complexité. Une simple liste comme celle-là contient virtuellement des clarifications à mener, des choix à opérer. Les concepts fondamentaux qui ne figurent *pas* dans les rapides énumérations ci-dessus sont notamment : abstrait *vs* concret, substance *vs* accident, essence *vs* existence, complet *vs* incomplet.

On sait qu'à ses origines, chez Lohrardt (*Ogdoas Scolastica*, 1606), et même assez tard chez Baumgarten (*Metaphysica*, 1757 [1]), l'ontologie a pris la forme d'énumérations en général structurées sous la forme de tableaux parallèlement à des traitements non synoptiques, comme chez Goclenius (*Lexicon Philosophicum*, 1613), ou plus tard Wolff (*Philosophia prima sive ontologia*

---

1. A. G. Baumgarten, *Metaphysica*, trad. C. Fugate, J. Hymers, *Metaphysics*, London-New York, Bloomsbury, 2014 ; trad. fr. L. Langlois, Vrin, à paraître.

1730[1]). On sait aussi que les ontologies des sciences de l'information (comme l'informatique ou l'IA) présentent leurs systèmes en général sous formes de graphes le plus souvent des graphes de concepts : par exemple, John Sowa combine logique et ontologie dans un système de graphes conceptuels[2]. L'ontologie apparaît dès ses origines comme une théorie des catégories. Le chapitre des *Catégories* d'Aristote sur la quadripartition de l'être à partir de quatre catégories fondamentales, peut être considéré comme le point de départ de l'ontologie et l'ontologie catégorielle garde toute sa valeur comme J. Lowe l'a montré.

L'histoire contemporaine de l'ontologie traverse un certain nombre de disputes, par exemple celle entre Russell et Meinong à propos du non-existant, des objets non existants, ou celle entre Quine et Carnap à propos de la nature des propositions ontologiques et des objets abstraits. Carnap accepte la doctrine quinienne de l'engagement ontologique. Cette doctrine affirme qu'existent les choses que l'on pose par des tournures du type « Il existe un x tel que Fx »[3]. Dans son ontologie Carnap accepte des objets abstraits (il considère les nombres comme des objets abstraits) et Quine lui reproche ce qu'il considère être du platonisme, au sens à la fois du réalisme des objets idéaux dans la philosophie des mathématiques et de l'ontologie des universaux. Mais Carnap soumet l'ontologie à de telles contraintes que cela revient de fait à l'éliminer. En effet, Carnap n'accepte comme questions ontologiques dotées

---

1. Le titre complet est *Philosophia prima sive ontologia methodo scientifica pertractata qua omnis cognitionis humanae principia continentur*, 1730 ; réimpression Hildesheim, Olms, 1962.
2. *Cf.* J. Sowa, *Knowledge and Representation*, Pacific Grove, BrooksCole Pub., 1999.
3. Voir la première section du présent volume.

de sens que des questions qui peuvent être formulées à l'intérieur du cadre d'une science. Pour Carnap, les énoncés analytiques ne nous disent rien sur le monde. Quine critique la distinction entre l'analytique et le synthétique et accepte donc qu'il y ait des propositions générales qui disent quelque chose sur le monde. L'ontologie est pour Carnap comme pour Quine relative à une science, mais pour ce dernier, les termes d'une science engagent à l'existence d'entités appartenant à une ontologie.

La définition quinienne d'une ontologie est très simple : elle répond à la question « Qu'est-ce qui existe ? » » – Par exemple : des électrons, des planètes, des gènes, ou des chaises, des géraniums et des éléphants. Très rapidement la liste des choses qui existent prolifère dans de multiples directions et l'ontologie, si elle en restait là, serait aussi chaotique qu'un dictionnaire où n'émerge qu'un ordre lexical. Intervient donc nécessairement une classification qui peut prendre dans cette ontologie de type quinien de multiples formes. Certains philosophes limitent l'enquête ontologique à un tel travail de classification, qui consiste de fait à aligner l'idéal normatif de l'enquête ontologique sur celui des sciences naturelles. Ils entendent certainement par là se protéger du risque de constituer une ontologie purement verbale.

Cette ontologie quinienne qui domine tout un pan de l'ontologie contemporaine diffère profondément de l'ontologie aristotélicienne. Aristote se demande lui aussi « Qu'est-ce qui existe ? » – par exemple le ciel, les animaux, les météores – mais d'une part, il recourt à des catégories pour effectuer le classement (et l'on peut penser ici plus à la liste courte des quatre catégories, accidents individuels, accidents universels, substances individuelles, substances universelles, qu'à la liste longue des dix catégories que l'on a accusée, sans doute à tort, d'être une projection de la grammaire), d'autre part, il établit des relations formelles entre les entités, fondation, dépendance, subsomption, attribution, produisant une structure ontologique qui a la forme d'un carré ontologique, commenté, ressuscité ou formalisé sous des angles différents par Vuillemin, Lowe et Schneider[1]. On s'explique donc un retour à l'ontologie aristotélicienne dont plusieurs textes ici même portent la trace. On ne doit pas cependant établir une relation d'incompatibilité trop forte entre ces deux types d'ontologie, car on peut intégrer à la fois une relation de fondation – l'accident F est fondé dans la substance x – et l'engagement ontologique – il existe un x tel que Fx.

Toutefois, il faut être sensible à la différence entre l'ontologie quinienne et l'ontologie aristotélicienne telle qu'elle peut renaître (Lowe, Shaffer…) relativement à deux thèmes ou concepts fondamentaux pour l'ontologie analytique : la fondation et la structure. Comme l'a montré J. Schaffer[2], l'ontologie quinienne ne décrit pas de relations, et surtout pas de relations de fondation, entre les entités dégagées par la méthode de l'engagement ontologique. L'ontologie aristotélicienne, elle, établit une relation de fondation, par exemple des accidents sur les substances. La relation de fondation est liée à celle de structure : si les

1. J. Vuillemin, *De la logique à la théologie : cinq études sur Aristote*, Paris, Flammarion, 1967 ; E.J. Lowe, *The four category ontology : a metaphysical foundation for natural science*, Oxford, Oxford UP, 2006 ; L. Schneider, « The logic of the ontological square », *Studia Logica*, 2009, 91(1), p. 25–51 ; « Whatever ties the world's innermost core together : Outline of a General Theory of Predication », *Axiomathes*, numéro spécial sur l'exemplification, 2013.

2. J. Schaffer, « On what grounds what », *in* D. Chalmers, D. Manley, R. Wasserman (eds.), *Metametaphysics : New Essays on the Foundations of Ontology*, Oxford, Oxford UP, 2009.

accidents sont fondés sur les substances, il y a une structure formée de deux entités (substances, accidents) et d'une relation (fondation). Dans les débats ontologiques actuels, on examine la nature de la relation de fondation et le rôle de la structure dans une ontologie.

Une autre manière dont l'ontologie néo-aristotélicienne se distingue de l'ontologie quinienne est que la dernière part du principe que l'engagement ontologique est déterminé par la quantification, tandis que la première prend la vérifaction comme critère d'engagement ontologique. En d'autres termes, pour l'ontologie quinienne, est présumé exister ce qui est la valeur d'une variable liée par un quantificateur, selon l'adage célèbre[1]. Selon l'ontologie néo-aristotélicienne, est présumé exister ce dont l'existence rend vrai, ou fonde la vérité d'une certaine proposition[2]. Ainsi, tandis que l'ontologie quinienne essaie de déterminer les entités fondamentales en partant de la quantification dans les théories scientifiques, l'ontologie néo-aristotélicienne essaie d'établir l'inventaire de la réalité en cernant les vérifacteurs indispensables. Or, la vérifaction (*truthmaking*) est un cas particulier de la fondation, ce qui nous renvoie au problème des relations évoqué dans le paragraphe précédent.

Contrairement aux approches quinienne et néo-aristotélicienne, l'ontologie des objets à la suite de Meinong récuse le primat de l'existence sur l'être qui est censé

---

1. W. Quine, « Sur ce qu'il y a » (1948), dans *Du Point de Vue Logique* (1953), trad. S. Laugier (dir.), Paris, Vrin, 2003.

2. K. Mulligan, P. Simons, B. Smith, « Truth-Makers », in *Philosophy and Phenomenological Research*, 1984, vol. XIV, n° 3, p. 287-321, trad. B. Langlet, J.-F. Rosecchi, *Études de philosophie*, n° 9-10, 2008-2011, p. 104-138 ; D.M. Armstrong, *Truth and Truthmakers*, Cambridge, Cambridge UP, 2004.

englober l'actuel, le possible et l'impossible. Il identifie sa théorie générale des objets avec l'ontologie, faisant de celle-ci une théorie générale des objets existants et non existants. Cette ontologie a donc dans son domaine d'entités, des objets de divers types (complets, incomplets, de premier ordre, d'ordre supérieur) et dans son domaine de relations, des relations par exemple entre des objets physiques et des objets d'ordre supérieur (par exemple quatre noix prises une à une et le carré qu'elles forment) : l'objet supérieur est fondé sur les objets inférieurs. Cette ontologie meinongienne que Russell critiqua sévèrement (notamment dans *On Denoting* en 1905) a été remaniée et développée récemment par T. Parsons, E. Zalta (en ontologie) K. Lambert, D. Jaquette et G. Priest (en logique).

On peut donc dans le champ actuel de l'ontologie distinguer plusieurs grands types : l'ontologie quinienne, qui continue à être défendue par certains philosophes, l'ontologie néo-aristotélicienne, qui représente un courant important, l'ontologie comme théorie des objets, relativement marginale, mais bien vivante. Il s'agit de types d'ontologies : les philosophes qui ont développé des ontologies importantes, comme Armstrong ou Lewis dont on trouvera des textes dans ce volume, ne se réduisent pas à l'incarnation d'un type. Armstrong par exemple est aristotélicien par son rejet des universaux non instanciés, mais également un héritier de Quine (et Smart) par son physicalisme et son extensionnalisme. Lewis est un représentant de l'ontologie quinienne, mais il applique la technique de l'engagement ontologique aux mondes possibles, ce que ne faisait pas Quine.

La structure interne des ontologies comprend en général l'ontologie descriptive ou informelle, l'ontologie formelle et l'ontologie appliquée. L'ontologie informelle décrit la réalité ou les cadres conceptuels qui nous permettent de l'appréhender[1], tandis que l'ontologie formelle dégage les structures les plus générales pour les formaliser et les modéliser, éventuellement grâce à des formalismes comme la théorie des ensembles ou la méréologie. L'ontologie formelle, entendue comme une théorie formelle des objets de la connaissance, est une création de Husserl, dont la *mathesis universalis* leibnizienne est une anticipation[2].

L'ontologie formelle s'efforce de discerner et de définir les distinctions fondamentales qui articulent l'être, telles que l'actuel *vs* le possible, l'indépendant (le fondant non-fondé) *vs* le dépendant (le fondé), le relationnel *vs* le non-relationnel, l'abstrait *vs* le concret, l'universel *vs* le particulier, l'objet *vs* la qualité, l'événement (l'occurrence) *vs* ses participants. Ces distinctions constituent des choix ontologiques dont la carte est tracée par l'ontologie formelle ; c'est la métaphysique proprement dite qui effectue des choix ontologiques particuliers à la lumière des indications sur les conséquences des différentes options préalablement établies par l'ontologie formelle. Les distinctions ontologiques générales sont définies en fonction de certains liens fondamentaux (comme l'exemplification d'un universel par un particulier ou la participation d'un objet à un évènement, la similarité, la connexion spatiale, la succession temporelle, etc.) qui sont d'ailleurs souvent désignés par l'expression « relations formelles », pour les distinguer des relations matérielles qui font partie du contenu, et non de la forme de la réalité, qui est tout simplement la structure résultant de l'imbrication des

1. P. F. Strawson, *Les individus*, Paris, Le Seuil, 1974.
2. S. Richard, *De la forme à l'être. Sur la genèse philosophique du projet husserlien d'ontologie formelle*, Paris, Ithaque, 2014.

relations dites formelles. Les propriétés des liens fondamentaux peuvent faire l'objet d'études formalisées ayant recours à des langages mathématiques et dont peut résulter une théorie axiomatique, comme par exemple la méréologie en tant que théorie du tout et de ses parties ou la théorie nominaliste de la ressemblance.

L'ontologie appliquée[1] est une ontologie sectorielle qui s'emploie à dégager les structures de parties de la réalité, comme par exemple le temps, la vie sociale[2] ou les êtres vivants[3] pour les formaliser et en fournir des modèles. On peut même la pratiquer pour clarifier certains débats de théologie philosophique sur les attributs divins ou plus généralement la nature de Dieu, son éternité, son existence nécessaire ou sa simplicité[4]. Depuis quelques décennies, l'ontologie appliquée s'allie aux sciences de l'information, en particulier en ce qui concerne l'intégration sémantique de données hétérogènes afin de maîtriser la gestion de bases de données massives, par exemple dans le domaine biomédical. La division entre ontologie appliquée et ontologie formelle n'est pourtant pas tranchée, puisque le cadre conceptuel abstrait offert par l'ontologie formelle constitue un ensemble de contraintes sémantiques pour une ontologie appliquée particulière[5]. Roger Pouivet,

---

1. K. Munn, B. Smith (eds.), *Applied Ontology. An Introduction*, Frankfurt-Paris, Ontos Verlag, 2008.

2. Voir J. Searle, *La construction sociale de la réalité* (1995), Paris, Gallimard, 1998 ; F. Nef, P. Livet, *Les êtres sociaux : ontologie des processus et virtualité du social*, Paris, Hermann, 2009.

3. Voir, par exemple T. Pradeu, *Les limites du soi : immunologie et identité biologique*, Montréal, Presses de l'université de Montréal-Vrin, 2010.

4. Voir Y. Schmitt, *L'être de Dieu*, Paris, Ithaque, 2016.

5. B. Smith, « Ontology (Science) », *Nature Proceedings*, 2008, http://hdl.handle.net/10101/npre.2008.2027.2

qui a développé une « ontologie du rock »[1] a proposé une distinction éclairante : il y aurait non deux mais trois types d'ontologie : non pas fondamentale et appliquée, mais fondamentale, appliquée, et « appliquée appliquée » :

> (1) *L'ontologie fondamentale* examine ce qui existe en faisant l'étude de notions de base, comme celles d'entité, de substance, de propriété, de relation, de forme, de matière, de mode, d'identité, de trope, de subsistance, de persistance, etc. (…) ; c'est une ontologie formelle.
> (2) *L'ontologie appliquée* utilise les notions de la liste proposée dans (1) pour expliciter les catégories des choses tenues pour existantes ou dont nous parlons comme de choses qui existent (…) (3) *L'ontologie appliquée appliquée* étudie les « manières d'être » des choses spécifiques tenues pour existantes. Elle applique les conclusions de (2) à des choses ordinaires : des théières, des fleurs, des villes, des équipes, des poissons rouges, des trous, des églises, des ombres, des parfums, des fantômes, des âmes et des œuvres d'art, par exemple[2].

Par exemple nous pouvons décider en ontologie formelle que les tropes existent (que ce ne sont pas des accidents représentationnels) et en ontologie appliquée nous pouvons mettre dans la liste des choses qui existent les couleurs en les considérant comme des tropes. En ontologie appliquée appliquée nous nous attacherons à étudier les modes d'être des couleurs, en décrivant par exemple la différence entre les couleurs de surface et les couleurs de milieux, ou les moires comme manières d'être.

L'ontologie appliquée peut avoir pour objet tout autant des disciplines comme la géographie ou les sciences

---

1. R. Pouivet, *Ontologie du Rock*, Paris, P.U.F., 2008.
2. R. Pouivet, « L'ontologie du rock », *Rue Descartes*, n° 60 2008/2, p. 1-2.

biomédicales, que des objets de la vie quotidienne. En effet elle peut traiter tout aussi bien par exemple du statut ontologique des frontières, que des modes d'êtres des outils. En ce sens elle est parfois co-extensive à l'Intelligence Artificielle, mais alors que cette dernière vise à construire des réponses mécaniques équivalentes aux comportements intelligents et n'étudie la base catégorielle de l'appréhension du monde que dans cette optique, l'ontologie appliquée, comme on vient de le voir, par une série d'étapes qui vont de la description à la compréhension existentielle, en passant par l'ontologie formelle, vise, elle, à travers le réseau catégoriel de la connaissance du monde, à saisir les modes d'existence et de fondation.

On comprend, devant la multiplication potentielle des ontologies, de niveaux différents et avec des objectifs variés, la nécessité d'une réflexion elle-même ontologique, ce qui est le rôle de la méta-ontologie, qui fait l'objet de la première partie de cet ouvrage avec un texte de Van Inwagen (p. 25) défendant une approche quinienne de l'ontologie, ce que conteste Fine (p. 55). Celle-ci a deux tâches distinctes : comparer et évaluer les différentes ontologies d'une part, et déterminer les normes auxquelles doit se conformer une ontologie pour être une ontologie au sens fort et strict et non un simple système de représentations ou de concepts ou même un simple classement de mots. En ce sens la méta-ontologie n'est pas une ontologie « sur » une ontologie, comme un métalangage est un langage portant sur un autre langage. Ce n'est pas une ontologie d'ordre supérieur, mais une ontologie qui vient après les ontologies, tout comme la métaphysique vient après la physique, sans être une physique d'ordre supérieur.

Le choix de présentation du reste du volume est d'introduire à l'étude de quatre des notions les plus importantes en ontologie. Tout d'abord, l'identité dont l'examen permet, grâce au texte de Rea (p. 97), un retour sur l'analyse aristotélicienne de la substance qu'il faut confronter à la défense du nihilisme ontologique par Unger (p. 117). Ensuite, c'est la question du vague qui se retrouve posée dans le texte de van Inwagen (p. 149). Deuxième et troisième notions essentielles : la causalité et le temps. Les quatre textes réunis ici reprennent ces questions en tenant compte aussi bien de l'expérience que nous avons du temps et du pouvoir causal que des exigences formelles nécessaires à tout examen rigoureux. Mellor (p. 163) et Zimmerman (p. 193) discutent la structure du temps à partir notamment de la nature du présent; Lewis (p. 219) examine de son côté la causalité. Enfin, comme on l'a déjà souligné, la relation est un objet central de l'ontologie contemporaine. Armstrong (p. 245) propose une théorie générale des relations tandis que Mulligan (p. 261) explore la possibilité de concilier la conception pré-russellienne des relations avec les principaux acquis de la logique russellienne des relations. Pour clore ce chapitre, Esfeld (p. 309) confronte le réalisme structural ontologique à la mécanique quantique et plus largement aux sciences physiques.

Les traductions ont été assurées par Sophie Berlioz, Muriel Cahen, Fabrice Correia, Stéphane Dunand, Gilles Kévorkian, Baptiste Le Bihan, Frédéric Nef, Isabelle Pariente-Butterlin, Yann Schmitt. Elles ont été revues par Dominique Berlioz.

Première partie

LA MÉTA-ONTOLOGIE

Introduction

Face à la multiplication potentielle des ontologies, de niveaux différents et avec des objectifs variés, il est nécessaire de développer une réflexion méta-ontologique.

Une des premières fonctions de la méta-ontologie est de nous présenter une méthode qui permettra de faire véritablement de l'ontologie. Cette méthode doit nous présenter comment procéder pour savoir ce qui est, notamment en nous aidant à mettre en forme notre discours pour qu'il nous indique véritablement ce que nous pouvons penser comme réellement existant. Face à l'ontologie de Meinong qui admet des êtres inexistants mais subsistants, Russell propose une méthode d'élimination des entités jugées superflues par le biais des descriptions définies[1]. Plutôt que de croire que lorsque quelqu'un pense à l'actuel roi de France qui serait chauve, il pense à un objet non existant, il faut paraphraser l'expression ainsi : il existe x qui est l'unique roi de France et x est chauve. Cette

---

1. Voir B. Russell, « De la dénotation » (1905), dans *Écrits de logique philosophique*, Paris, P.U.F., 1989.

proposition est fausse car il n'existe aucun *x* pour la rendre vraie. Par contre, la paraphrase doit permettre d'identifier les types de choses que l'on inclut dans l'ameublement du monde : les particuliers qui sont désignés par les variables et les universaux désignés par les prédicats.

Quine systématise la méthode des paraphrases permettant de révéler les engagements ontologiques des discours grâce à leur mise en forme logique [1] et le texte de Peter Van Inwagen propose une présentation des procédés quiniens. On y lira que l'univocité de l'être est défendue, l'être, ou l'existence, ne se dit qu'en un seul sens et le quantificateur existentiel capte ce qu'est l'existence ou l'être. Cette thèse de Quine est défendue par Van Inwagen grâce à une dérivation de la quantification à partir l'usage courant du langage. Van Inwagen montre comment l'engagement existentiel sur des entités est déjà présent dans le langage courant et comment le quantificateur existentiel explicite cet engagement. La procédure proposée est suffisamment simple et intuitive pour montrer comment on ne perd rien du sens d'une phrase comprenant des pronoms à la troisième personne du singulier quand on use du quantificateur existentiel.

Kit Fine reprend ce programme pour proposer une mise en question de l'identification des questions ontologiques à des questions quantificationnelles. La première différence se situe dans l'opposition entre le caractère trivial des questions quantificationnelles et le caractère non trivial de l'ontologie. Savoir s'il existe des nombres reçoit une réponse triviale selon une théorie des nombres puisque la théorie affirme qu'il en existe. Par contre, la réalité des

---

1. W. Quine, « Sur ce qu'il y a » (1948), dans *Du Point de Vue Logique* (1953), trad. S. Laugier (dir.), Paris, Vrin, 2003.

nombres au-delà des expressions du mathématicien disant qu'il existe tel ou tel nombre suppose une enquête ontologique sur la réalité en plus de l'identification des entités par le quantificateur existentiel.

Une autre critique de la quantification s'appuie sur l'étude des prédicats. On distinguera un réaliste, une personne qui croit que telle entité est réelle, à propos des naturels et un réaliste à propos des relatifs. Si l'on suit la méthode de la quantification, l'engagement ontologique serait plus fort si l'on croit en l'existence des relatifs car on ajoute des entités aux naturels. Mais du point de vue du prédicat, l'engagement le plus fort pour un réaliste *simpliciter* porte sur des naturels. En effet, un entier naturel est un relatif positif ou nul, donc on présuppose un prédicat plus complexe dans ce cas.

En abordant les questions ontologiques par le prédicat, Fine invite à remplacer les questions existentielles (existe-t-il un x tel que Fx?) par des questions universelles (Y a-t-il des x dans la réalité tels que si Fx alors les x existent?). Il faut chercher si les nombres existent dans la réalité et non s'il y a un ou plusieurs nombres. Telle serait la tâche de l'ontologie ainsi affranchie de l'analyse en termes de quantification existentielle. L'existence se marque alors plutôt par un prédicat (les x et F qui sont réels) que par un quantificateur (il existe un x). D'où la proposition d'une distinction entre exister qui se repère grâce à la quantification existentielle et être réel qui serait le sens épais, le plus fort, de l'engagement ontologique. L'ontologie procède ainsi en deux temps : d'abord clarifier les engagements par la quantification existentielle puis poser la question ontologique de la réalité des entités dont on pense qu'elles existent. Cette deuxième étape se décompose elle aussi en deux autres moments, celui du prédicat *être réel* et celui de l'opérateur « *dans la réalité* » associé à un prédicat attribué à des objets. Savoir si les nombres entiers sont réels signifie savoir si, dans la réalité, il y a des nombres entiers qui sont tel ou tel, par exemple pairs.

Finalement, Fine et Van Inwagen nous rappellent, chacun à leur manière, que la philosophie n'est pas une simple application mécanique d'outils formels qui ne sont que des moyens et ne suffisent pas à décider de questions ontologiques.

Peter van Inwagen

MÉTA-ONTOLOGIE [1]

Quine a appelé la question « Qu'y a-t-il ? », « la question ontologique ». Mais si nous appelons cette question selon cette dénomination, de quelle dénomination allons nous faire usage pour la question, « Que demandons-nous quand nous posons la question "Qu'y a-t-il ?" ? » L'usage établi, ou le mésusage [2], suggère la dénomination « la question méta-ontologique », et c'est la dénomination que j'emploierai. J'appellerai « méta-ontologie » la tentative pour répondre à la question méta-ontologique et toute réponse qui lui sera apportée, « une méta-ontologie ». Dans cet essai, je vais me lancer dans la méta-ontologie et présenter une méta-ontologie. La méta-ontologie que je vais présenter est en gros quinienne. En fait, je suis prêt à dire que c'est une présentation de la méta-ontologie de Quine. (Nous devons distinguer la méta-ontologie de Quine de son ontologie – de ses différentes thèses sur ce qu'il y a ou n'y a pas. La méta-ontologie de Quine inclut des

---

1. P. Van Inwagen, « Meta-ontology », trad. G. Kevorkian, F. Nef paru dans *Ontology, Identity, and Modality : Essays in Metaphysics*, Cambridge, Cambridge UP, 2001, p. 13-31.

2. Des estampillages comme « métalangage » et « métaphilosophie » (sur lequel je prends modèle) sont fondés sur une conception erronée sur l'origine du mot « métaphysique ».

propositions comme ses thèses sur la quantification et l'engagement ontologique. Son ontologie inclut des propositions comme la proposition qu'il n'y a pas de propositions.)

L'énoncé de la méta-ontologie de Quine tient dans une liste assez courte de thèses : environ cinq, selon la façon dont on les découpe. Disons cinq. Certaines des thèses dont je vais faire la liste n'ont jamais été explicitement énoncées par Quine – il est certain que la première de la liste ne l'a pas été –, mais je n'ai pas de doute sur le fait qu'il les admettrait toutes.

THÈSE 1. L'ÊTRE N'EST PAS UNE ACTIVITÉ

Ce que J.L. Austin a dit d'« exister » – nous examinerons bientôt les relations entre « exister » et « être » – il aurait pu aussi bien le dire d'« être ». « Le mot est un verbe, mais il ne décrit pas ce que les choses font tout le temps, comme la respiration, seulement plus calmement, comme tournant au ralenti d'une manière métaphysique. » [1]. Afin de comprendre ce que nous nions quand nous nions qu'être est une activité, essayons de comprendre ceux qui acceptent, ou parlent comme s'ils acceptaient, ce que nous nions. Essayons de pénétrer leur esprit.

Certaines activités sont plus générales que d'autres. Que suis-je en train de faire maintenant ? J'écris. J'écris un essai philosophique. Ce sont là deux réponses à la question que j'ai posée, mais la correction de la dernière entraîne celle de la première, et la correction de la première n'entraîne pas celle de la dernière. Disons qu'une activité

1. J.L. Austin, *Sense and Sensibilia*, Oxford, Clarendon Press, 1962, p. 68, n.

A est *plus générale* qu'une activité B si le fait qu'une entité entreprenne B implique qu'elle entreprenne A et que l'implication converse ne vaut pas.

On pourrait demander relativement à toute entité (ou, du moins relativement à toute entité qui entreprend une activité quelconque) s'il y a une activité de degré de généralité suprême qu'elle entreprend : une activité qu'elle entreprend en vertu du fait qu'elle entreprend une activité quelconque. Si je les comprends correctement, de nombreux représentants de la tradition existentielle et phénoménologique répondraient : oui ; ils appelleraient cette activité l'« être » ou l'« existence » de l'entité.

On peut aussi demander s'il y a une activité de degré de généralité suprême *simpliciter,* une activité que des entités entreprennent en vertu du fait qu'elles entreprennent une activité quelconque. Certains représentants de la tradition existentielle et phénoménologique répondraient non, je crois. Sartre, par exemple, tel que je l'interprète, dirait que votre activité la plus générale et mon activité la plus générale (*être pour-soi*) ne sont pas identiques à l'activité la plus générale d'une table (*être en-soi*). Ainsi Sartre peut dire que la table et moi avons des types d'*être* différents, puisque la chose la plus générale que fait la table (simplement se tenir là ; être l'objet de changements provoqués de l'extérieur) n'est pas la chose la plus générale que je fais (être conscient des possibilités alternatives et faire un choix parmi elles ; agir en vue d'une fin que j'ai choisie à partir d'un motif que j'ai créé).

Je ne veux pas pour autant nier qu'il y ait une activité de degré de généralité suprême que j'entreprends. Je suppose que si j'avais à lui trouver une dénomination, je l'appellerai « durer » ou « endurer » ou « vieillir ». Mais je marquerais ma différence avec Sartre et la plupart des

autres tenants de la tradition existentielle et phénoménologique sur deux points. Premièrement, je dirais que je
partage cette activité la plus générale avec toutes les choses
– ou du moins avec chaque occupant du monde naturel.
Deuxièmement, je dirais qu'il est tout simplement faux
d'appeler cette activité « exister » ou « être »[1] ou de faire
usage pour la désigner de n'importe quel mot qui contienne
une racine qui est reliée à « être »[2] ou « esse » ou « existere »
ou « to on » ou « enai » ou « Sein » ou « be » ou « am »
ou « is ».

Je ne peux pas dire que « durer » ou « endurer » n'a
rien à voir avec l'être, car l'être (comme la vérité et
l'identité) est ce que les médiévaux ont appelé un transcen-
dantal, et il a grandement affaire avec toute chose. Mais,
selon mon opinion, endurer n'est pas *plus* intimement relié
à l'être que ne le sont la couleur ou la forme ou l'intelligence
ou l'aptitude à faire de la bicyclette, pour la simple raison
(comme Newman le dit en relation à propos d'autre chose)
qu'une certaine idée n'est pas identique à une autre idée.

Il y a bien sûr une immense différence entre des êtres
rationnels et de simples objets inanimés. Je crois cela aussi
fermement que Sartre. Mais insister, comme je le fais, sur
le fait que cette différence ne consiste pas en ce qu'une
espèce de chose ait une espèce différente d'être, n'est pas
la déprécier. L'immense différence entre moi et une table
ne consiste pas à avoir des espèces d'être immensément
différentes (*Dasein*, *dass sein*, « qu'il est ») ; elle consiste
plutôt à avoir des espèces immensément différentes de
nature (*Wesen*, *was sein*, « ce que c'est »). Si vous préférez,
à la question « c'est comment ? », la table et moi donnent

---

1. En français et anglais dans le texte [NdT].
2. En français dans le texte [NdT].

des réponses immensément différentes. Il est tout à fait banal de dire : qu'une immense différence entre A et B doit consister en une immense différence de leur nature. Mais si une distinction peut être faite entre l'être d'une chose et sa nature, alors cette vérité banale entre en concurrence avec une certaine fausseté énonçable. Et si l'on nie ce qui est banal au début de ses propres recherches, l'on est inévitablement conduit à trouver des embûches sur son chemin.

THÈSE 2. L'ÊTRE EST LA MÊME CHOSE QUE L'EXISTENCE

De nombreux philosophes distinguent être et existence [1]. A savoir, ils distinguent ce qui est exprimé par « il y a » de « existe ». A la suite de Quine, je nie que la distinction ait un quelconque contenu : dire que les chiens existent, c'est dire qu'il y a des chiens, et dire que Homère a existé c'est dire qu'il y eut une telle personne, Homère. Cela peut paraître évident, mais à la réflexion cela l'est moins. Supposons que je sois en train d'examiner le délire de quelqu'un et que je dise, « Il y a bien des choses auxquelles il croit qui n'existent pas ». *Prima facie*, j'ai l'air de dire qu'il y a des choses – le poison dans son verre, la méchanceté de son oncle, et ainsi de suite – qui n'existent pas. Peut-être que quelqu'un réfléchissant sur cet exemple conclura qu'il n'est pas évident qu'être soit la même chose qu'exister. Mais que cela soit évident ou pas, c'est vrai. Il n'*y a* pas de poison non-existant dans le verre du paranoïaque. Il n'*y a* rien de tel que la méchanceté de son oncle. En somme, il n'y a pas de choses qui n'existent pas. Cette thèse me

---

1. Voir, par exemple, T. Parsons, *Nonexistent Objects*, New Haven, Yale UP, 1980.

paraît si évidente que j'éprouve de la difficulté à voir comment je pourrais argumenter en sa faveur. Je peux seulement dire ceci : si vous pensez qu'il y a des choses qui n'existent pas, donnez m'en un exemple. La réponse correcte à votre exemple sera ou bien « Cela aussi existe » ou « Il n'y a rien de tel ».

Puisque je ne connais aucun moyen pour fournir des arguments en faveur de l'identité de l'être et de l'existence (si ce n'est par un examen au cas par cas et une réfutation de toutes les tentatives connues de donner des exemples d'objets non-existants), je vais devoir essayer de trouver quelque autre moyen que l'argumentation pour vous persuader de voir les choses comme je les vois. Je vais vous raconter une histoire drôle. Du moins, je crois qu'elle est drôle. Mais je m'attends à ce que si vous pensez qu'il y a une différence importante entre « il y a » et « existe », vous trouviez l'histoire plus fâcheuse que drôle. (Cette prévision est fondée sur une quantité non négligeable de preuves empiriques : W. V. Quine pense que l'histoire est drôle, Terence Parsons pense qu'elle est fâcheuse [1]).

Un jour mon ami Wyman me dit qu'il y avait un passage, à la page 253 du volume IV des *Œuvres complètes* de Meinong, dans lequel Meinong reconnaissait que sa théorie des objets était incohérente. Quatre heures plus tard, après une recherche considérable et vaine, je fis une entrée fracassante dans le bureau de Wyman et lui indiquai non sans énervement qu'il n'y avait pas un tel passage. « Ah » dit Wyman, « tu te trompes ». Il y a un tel passage. Après

---

1. L'opinion de Quine a été exprimée dans une correspondance personnelle, celle de Parson dans T. Parson, « Are There Nonexistent Objects ? », *American Philosophical Quarterly*, 1982, 19, p. 365.

tout, tu étais en train de le chercher : il y a quelque chose que tu étais en train de chercher. Je crois que je peux expliquer ton erreur; certes *il y a* un tel passage, mais il n'*existe* pas. Ton erreur c'est d'avoir échoué à prendre la mesure de cette distinction. » J'étais indigné.

Mon refus de reconnaître une distinction entre l'existence et l'être consiste simplement dans mon indignation, revécue dans la tranquillité et généralisée.

THÈSE 3. L'ÊTRE EST UNIVOQUE

Et, l'on pourrait ajouter, puisque l'existence est la même chose que l'être, l'existence est univoque. De nombreux philosophes ont pensé que « il y a » et « existe » signifient une chose quand ils sont appliqués à des objets matériels, et une autre quand ils sont appliqués, disons, à des esprits, et encore une autre quand ils sont appliqués (ou refusés) à des êtres surnaturels, et une chose de plus encore quand ils sont appliqués à des abstractions comme les nombres ou les possibilités. C'est à l'évidence une position extrêmement séduisante. Les étudiants de licence y succombent naturellement, et il est très difficile de convaincre quiconque y souscrit, qu'elle est fausse, ou même qu'elle n'est pas manifestement vraie. Or elle est fausse. Ce qui suit montrera peut-être pourquoi, à tout le moins, elle n'est pas manifestement vraie. Personne ne serait enclin à supposer que les expressions numérales comme « six » ou « quarante-trois » signifient des choses différentes quand elles sont utilisées pour dénombrer des espèces différentes d'objets. L'arithmétique est applicable dans son essence même, parce que les nombres peuvent servir à dénombrer n'importe quoi : si vous avez écrit treize épopées et que j'ai treize chats, alors le nombre de vos épopées *est* le nombre de mes chats. Or l'existence est intimement liée au nombre. Dire que les licornes n'existent pas, c'est dire quelque chose de très similaire à : le nombre des licornes est 0 ; dire que les chevaux existent, c'est dire que le nombre des chevaux est 1 ou plus. Et dire que les anges ou les idées ou les nombres premiers existent, c'est dire que le nombre des anges, des idées, ou des nombres premiers, est plus grand que 0. L'univocité du nombre, et le lien intime entre le nombre et l'existence, devraient nous convaincre qu'il y a au moins une très bonne raison de penser que l'existence est univoque.

La thèse selon laquelle l'existence est équivoque a trouvé son partisan le plus direct en la personne de Ryle, qui dit :

> On peut parfaitement et logiquement dire qu'il existe des corps, et, tout aussi logiquement, dire qu'il existe des esprits. Mais ces expressions n'indiquent pas qu'il y ait deux genres différents d'existence... Elles montrent simplement que le verbe « exister » a deux sens différents, de même que « monter » a des sens différents dans « la marée monte », « l'espoir monte » ou « les cours de la bourse montent ». On ne considérerait pas qu'une personne disant : « Il y a actuellement trois choses qui montent, à savoir la marée, l'espoir et les cours de la bourse » ferait une plaisanterie bien spirituelle. Cela équivaudrait à dire qu'il existe des nombres premiers, des mercredis, une opinion publique et des Marines ou qu'il existe à la fois des corps et des esprits [1].

---

1. G. Ryle, *La notion d'esprit* (1949), Lausanne, Payot, 1978, p. 90-91.

A mon avis, il y a au moins deux raisons pour lesquelles cela a l'air stupide de dire, « Il existe des nombres premiers et des mercredis et des opinions publiques et les Marines. » D'abord, « les mercredis existent » et « les opinions publiques existent » ont l'air plutôt stupide en soi. Deuxièmement, il est difficile de trouver une quelconque excuse pour avoir mentionné tous ces items dans une phrase, peu importe ce qu'on en dit. Je vous invite à essayer d'imaginer une phrase sur des items de la liste de Ryle qui n'ait *pas* l'air stupide. Si nous nous limitons à seulement deux des items de la liste, nous pouvons produire une phrase tout à fait plausible : « Le Premier Ministre avait l'habitude d'ignorer l'existence de choses dont il ne savait pas comment il fallait les gérer, telles que l'opinion publique et la Marine. » Mais nous n'avons pas besoin de fabriquer des exemples. En voici un vrai.

> En URSS (…) comme on le sait, il y a un interdit sur certains mots et de certains termes, de certaines phrases et de parties (…) entières de la réalité. C'est considéré non seulement comme non autorisé mais encore comme tout bonnement indécent d'imprimer certaines combinaisons de graphèmes, de mots ou d'idées. Et ce qui n'est pas publié cesse d'une certaine façon d'exister (…). Il y a beaucoup de choses qui sont inappropriées et qui n'existent pas : la religion et l'homosexualité, les pots-de-vin et la faim, les Juifs et les filles nues, les dissidents et les émigrés, les tremblements de terre et les éruptions volcaniques, les maladies et les choses génitales [1].

1. T. Venclova, « The Gale of the Soviet Censor », *New York Review of Books*, 31 mars 1983, p. 34-37.

Plus loin dans le même essai, l'auteur dit :

> Dans le roman d'un écrivain soviétique important, mort
> récemment, les personnages principaux sont aveuglés et
> commencent à suffoquer lorsque les tourbières des
> environs de de Moscou commencent à prendre feu. Les
> feux de tourbière existent véritablement, mais alors le
> régime de Brejnev aussi.

J'en conclus que Ryle n'a pas su établir le bien-fondé
de la thèse selon laquelle l'existence est équivoque. Je ne
connais aucun argument un tant soit peu plausible en faveur
de cette thèse. Nous devons donc conclure que l'existence
est univoque, car l'argument clair et irréfutable pour
l'univocité de l'existence, donné ci-dessus, (l'argument
tiré de l'univocité du nombre et de la connexion intime
entre le nombre et l'existence) ne rencontre pas de réfutation.

THÈSE 4. L'UNIQUE SENS DE L'ÊTRE OU DE L'EXISTENCE EST ADÉQUATEMENT RENDU PAR LE QUANTIFICATEUR EXISTENTIEL DE LA LOGIQUE FORMELLE

Cela ne devrait pas être sujet à controverse. Mais il
existe des gens qui formulent des énoncés comme : « Les
conditions de vérité pour les énoncés quantifiés peuvent
être données sans que soit soulevée la question de savoir
si les objets qui font partie du domaine de quantification
existent. Donc, la quantification n'a rien à voir avec
l'existence. L'expression "le quantificateur existentiel" est
en fait un terme impropre. Nous devrions l'appeler autrement
– peut-être le "quantificateur particulier" ». Or, bien sûr,
je ne crois pas qu'il y ait des objets non-existants, et donc,
je ne crois pas qu'un quelconque domaine de quantification
pourrait comprendre des objets non-existants. Mais ce
n'est pas ce dont je veux parler pour le moment. Je veux

plutôt examiner la nature de la quantification. Je veux donner une analyse des quantificateurs et des variables tels qu'ils apparaissent dans la perspective offerte par la méta-ontologie de Quine. Il est clair que si cette explication est correcte, alors la Thèse 4 ne devrait pas être plus sujette à controverse que la thèse selon laquelle le sens usuel de « somme » de deux nombres est adéquatement rendu par le symbole arithmétique « + ».

Je vais présenter l'explication de la quantification, qui est adoptée par la méta-ontologie de Quine, en montrant comment introduire les variables et les quantificateurs dans notre discours comme des abréviations de phrases que nous comprenons déjà[1]. (C'est, je crois, la *seule* façon – autre que l'ostension – d'expliquer la signification de n'importe quel mot, phrase, ou idiome.) On verra clairement que les quantificateurs introduits de cette façon enregistrent simplement « tout » et « il y a » de l'anglais usuel.

Nous commençons par compléter l'appareil pronominal de l'anglais. On introduit d'abord un stock indéfiniment grand de pronoms à la troisième personne du singulier, pronoms dont l'usage ne véhicule aucune implication concernant le sexe ou la personnalité. Ces pronoms doivent être variés au point de vue orthographique et phonétique, mais indiscernables au point de vue sémantique. Soit trois d'entre eux : « elle$_x$ », « elle$_y$ », « elle$_z$ »[2] ; et les autres de même espèce.

---

1. La théorie de la quantification qui suit est modelée, mais sans la reproduire, sur la théorie présentée par W. V. Quine, *Mathematical Logic*, Cambridge, Mass., Harvard UP, 1940, p. 65-71.

2. P. van Inwagen utilise le « it » anglais en l'indexant par x, y et z. Ceci ne peut pas être parfaitement rendu dans la suite du texte [NdT].

Appelons maintenant les phrases suivantes, *phrases qui quantifient universellement* :

> Il est vrai de toute chose qu'elle$_x$ est telle que
> Il est vrai de toute chose qu'elle$_y$ est telle que
> Il est vrai de toute chose qu'elle$_z$ est telle que

> .
> .
> .

Appelons les phrases suivantes, *phrases qui quantifient existentiellement* :

> Il est vrai d'une chose au moins qu'elle$_x$ est telle que
> Il est vrai d'une chose au moins qu'elle$_y$ est telle que
> Il est vrai d'une chose au moins qu'elle$_z$ est telle que

> .
> .
> .

Il est vraisemblable que le lecteur de cet essai, quel qu'il soit, aura une certaine aptitude qui lui permettra de transformer des phrases générales complexes de l'anglais en phrases dont la généralité est véhiculée par des phrases et des pronoms qui quantifient comme :

> Tout le monde aime quelqu'un ;
> Il est vrai de toute chose qu'elle$_x$ est telle que si elle$_x$ est une personne, alors il est vrai d'au moins une chose qu'elle$_y$ est telle qu'elle$_y$ est une personne et elle$_x$ aime elle$_y$.

De telles phrases, phrases dont la généralité est véhiculée par des phrases et des pronoms qui quantifient, peuvent être difficiles à lire, ou même être ambiguës, en raison de l'incertitude sur l'endroit où finit la phrase complétive (« *"that"-clause* ») (« *que…* ») qui suit « toute chose » et « au moins une chose » et « tel que ». Cette difficulté est facilement résolue par l'usage des parenthèses :

> Il est vrai que toute chose qu'elle$_x$ est telle que (si elle$_x$
> est une personne, alors il est vrai d'au moins une chose
> qu'elle$_y$ est telle que (elle$_y$ est une personne et elle$_x$ aime
> elle$_y$)).

Un exemple plus complexe encore :

> Quiconque qui agit comme son propre avocat a pour client
> un imbécile ;
> Il est vrai que toute chose qu'elle$_x$ est telle que (si elle$_x$
> agit comme avocat d'elle$_x$, alors il est vrai d'au moins
> une chose qu'elle$_y$ est telle que (elle$_y$ est une cliente de
> elle$_x$ et elle$_y$ est une imbécile)).

Ce dont nous disposons maintenant est une version
enrichie et enrégimentée de l'anglais. (Les seules
caractéristiques des phrases de cette nouvelle « version »
de l'anglais, qui les empêchent d'être des phrases de
l'anglais usuel, sont les « nouveaux » pronoms et les
parenthèses. Si nous devions remplacer tous les pronoms
munis d'indices par « elle » et si nous supprimions les
parenthèses de ces phrases, les phrases ainsi obtenues
seraient des phrases parfaitement correctes de l'anglais
usuel – en tout cas parfaitement correctes du point de vue
du grammairien ; il ne fait pas de doute que la plupart
d'entre elles seraient des phrases guindées, déroutantes,
inutilisables, et clairement idiotes). Mais cet anglais enrichi
et enrégimenté est un peu pesant, en grande partie à cause
de la lourdeur de nos « phrases quantifiées » et de la
difficulté d'écrire ou de prononcer tous ces indices
embêtants. Nous pouvons, dans une certaine mesure,
remédier à ce défaut en introduisant quelques abréviations
systématiques :

1. Abréger les pronoms munis d'indices par leur
   indice mis en italique et placé sur la ligne.
   (Appelons ces pronoms abrégés les « variables »).

2. Abréger « il est vrai de toute chose que (x est tel que » par « $\forall x$ (» – et de même pour les autres variables.

3. Abréger « il est vrai d'au moins une chose que (x est tel que » par « $\exists x$ (» – et de même pour les autres variables.

Notre second exemple, abrégé ainsi, donne :

$\forall x$ (si x agit comme l'avocat de x, $\exists y$ (y est un client de x et y est un imbécile)).

Ce que nous avons obtenu, bien sûr, ce sont des quantificateurs et des variables. Je soutiens que nous avons introduit des quantificateurs et des variables en n'utilisant que les ressources de l'anglais usuel. Et je dirai que, faire cela, c'est *expliquer* les quantificateurs et les variables.

On peut attribuer à Frege la découverte qui montre que si l'appareil pronominal de l'anglais (de l'allemand ou de tout autre langue naturelle raisonnablement similaire) est enrichi de cette façon, alors il est possible de produire quelques règles simples de manipulation syntaxique – règles qu'on peut trouver aujourd'hui dans n'importe quel bon manuel de logique – telles qu'une variété prodigieuse d'inférences valides est rendue dans les séquences de phrases qui peuvent être générées par l'application répétée de ces règles. Ce sont ces règles qui donnent aux quantificateurs et aux variables leur intérêt. Le tour étrange, guindé, haché de la réécriture de notre délicieuse et fluide langue anglaise qu'est l'idiome de la quantification sur des variables n'a qu'un but : faire rentrer toute cette délicieuse fluidité – au moins dans la mesure où elle véhicule l'expression de thèses qui comprennent l'universalité et l'existence – dans une forme pour laquelle vaut un ensemble de règles de manipulation syntaxique suffisamment petit pour être commode (règles qui constituent la totalité des raisonnements valides concernant les questions d'universalité et d'existence). Mais alors que ce sont ces règles qui justifient notre intention d'avoir à notre disposition un idiome muni de quantificateurs et de variables, elles ne sont pas la source de la signification de cet idiome, c'est-à-dire la signification des phrases qui contiennent les quantificateurs et les variables. La signification des quantificateurs est donnée par les phrases de l'anglais – ou de quelqu'autre langue naturelle – qu'ils abrègent. Le fait que les quantificateurs sont des abréviations implique que nous pouvons en donner la toute meilleure définition possible : nous pouvons montrer comment les éliminer en faveur des phrases dont nous avons une compréhension préalable[1].

Revenons maintenant à la Thèse 4 : que l'unique sens de l'être ou de l'existence est correctement rendu par le quantificateur existentiel de la logique formelle. Il devrait être évident que si notre explication de la signification des quantificateurs – et du quantificateur existentiel en particulier – est correcte, alors cette thèse doit être vraie. Si notre explication est correcte, alors la phrase

$\exists x\, x$ est un chien

est l'abréviation de

Il vrai d'au moins une chose qu'elle$_x$ est tel qu'elle$_x$ est un chien.

---

1. Cette thèse sur la signification et la définition a des ennemis compétents et cohérents. L'un d'entre eux pourrait vouloir adapter ce que David Lewis a dit de la méthode du « marqueur sémantique » pour pratiquer une sémantique des langues naturelles ; il pourrait vouloir dire que la technique que nous avons présentée pour éliminer les quantificateurs ne nous dit « rien de la signification de la (…) phrase : c'est-à-dire de la condition sous laquelle elle serait vraie » (D. Lewis, « General Semantics », *in* D. Davidson, G. Harman, (eds.), *Semantics of Natural Language*, Dordrecht, D. Reidel, 1972, p. 169).

C'est-à-dire,

> Il est vrai d'au moins une chose qu'elle est telle que c'est un chien.

C'est-à-dire,

> Au moins une chose est un chien.

C'est-à-dire,

> Il y a au moins un chien.

Le quantificateur existentiel exprime donc le sens de « il y a » en anglais usuel. Et, si la seconde thèse est correcte, « Il y a au moins un chien » équivaut à « Il existe au moins un chien » et le quantificateur existentiel exprime aussi le sens usuel de « existe ». (L'expression « le quantificateur existentiel » n'est donc pas impropre. Il est inutile de rechercher une dénomination alternative comme « le quantificateur particulier »). Cela est vrai du moins si nous avons donné effectivement une théorie correcte des quantificateurs. De nombreux philosophes – partisans de l'interprétation « substitutionnelle » de la quantification [1], par exemple – objecteraient à la théorie des quantificateurs que j'ai présentée. Une défense de la théorie quinienne de la quantification, cependant, ne sera pas possible dans le cadre de cet essai.

THÈSE 5

Abordons maintenant la dernière des cinq thèses qui constituent la méta-ontologie quinienne. A la différence des quatre premières, la cinquième thèse ne peut être

---

1. La quantification substitutionnelle ne quantifie pas sur des objets contrairement à la quantification étudiée par P. van Inwagen, voir S. Kripke, (1976), « Is There a Problem about Substitutional Quantification ? », *in* G. Evans, J. McDowell (eds.), *Truth and Meaning*, Oxford, Clarendon Press, 325-419. [NdT]

formulée de manière quelque peu utile en une seule phrase. C'est une thèse sur la meilleure manière – la seule raisonnable – d'essayer de répondre (et de conduire des disputes sur des réponses possibles) à « la question ontologique » : Qu'y a-t-il ? Etant donné que cette thèse relève d'une question de stratégie, elle implique un grand nombre de considérations pragmatiques et requiert donc une formulation relativement longue.

La cinquième thèse appartient à cette partie de la méta-ontologie de Quine qui est estampillée avec les mots « le critère d'engagement ontologique ». Ces mots ne sont pas toujours très bien compris. Il semblerait que de nombreux philosophes pensent que les mots « Critère d'Engagement Ontologique de Quine » sont le nom d'une thèse portant sur ce que sont les « engagements ontologiques » d'une théorie – de toute théorie. De nombreux philosophes semblent penser que Quine croit qu'il existe une classe bien définie d'objets appelés « théories » et qu'il croit aussi avoir inventé une technique qui peut être appliquée aux « théories » de façon à révéler un trait ou un aspect objectivement présent (mais souvent caché) de leur contenu appelé leurs « engagements ontologiques ». Cette technique peut être décrite de la manière suivante : reformulez la théorie en question dans l'idiome de la quantification sur des variables, ou dans « la notation canonique de la quantification » ; considérez l'ensemble de toutes les phrases qui sont la conséquence formelle de la théorie reformulée ; considérez les membres de cet ensemble qui sont des phrases fermées commençant par un quantificateur dont la portée est le reste de la phrase ; ce sont ces phrases qui révèlent les engagements ontologiques de la théorie. Chacune d'entre elles consiste en un quantificateur existentiel suivi d'une variable, suivie d'une phrase dans laquelle cette variable seule est libre [1]. Supposez, par exemple, que la variable qui suit le quantificateur est « x » et qu'elle a trois occurrences libres dans la phrase ouverte qui suit le quantificateur. La phrase de notre théorie qui est supposée révéler en partie les engagements ontologiques de cette théorie peut donc être représentée schématiquement de cette manière :

$$\exists x \dots x \dots x \dots x$$

Une phrase ouverte exprime une condition sur des objets. L'engagement ontologique de notre théorie que révèle cet exercice est celui-ci : notre théorie nous engage à l'existence d'un objet au moins qui satisfait la condition que nous avons exprimée schématiquement comme

$$\dots x \dots x \dots x \dots$$

Ici se termine ce que (d'après moi) beaucoup de philosophes ont cru à tort être le « critère d'engagement ontologique de Quine ».

Le problème avec cette représentation du « critère d'engagement ontologique de Quine » est qu'il présuppose qu'il existe des objets bien définis appelés théories et que chacune d'entre elles a une traduction unique dans l'idiome de la quantification sur des variables ou dans la « notation canonique ». Si nous supposions qu'il y a une classe d'objets bien définis appelés phrases, nous pourrions alors assurer la première de ces présuppositions en définissant une théorie comme une classe quelconque de phrases. Ce serait une conception extrêmement artificielle des « théories », car elle impliquerait que la théorie générale de la relativité ou la théorie de l'évolution ne seraient pas liées à une classe quelconque de phrases. Mais ignorons

1. Ou il se peut qu'aucune variable ne soit libre dans cette phrase. Nous ignorons ce cas particulier.

tout simplement ce problème et concentrons-nous sur la question de l'« unique traduction ». Il y a deux raisons pour lesquelles il n'y a rien de tel que l'unique traduction d'une théorie (ou d'un ensemble de phrases) dans l'idiome de la quantification sur des variables. Premièrement, l'idiome de la quantification sur des variables n'est pas un idiome « dans » lequel est écrit une phrase donnée ou « dans » lequel elle ne l'est pas, comme une phrase donnée est ou n'est pas écrite en caractères hébreux, ou en italique, ou en Français. Bien plutôt, l'idiome de la quantification sur des variables est quelque chose qui est présent à des degrés divers dans des phrases différentes. Deuxièmement, même si nous ignorons ce fait, il y aura en général d'autres manières de traduire une phrase ou un ensemble de phrases dans l'idiome de la quantification sur des variables. Un exemple peut éclairer ces points.

Considérons la séquence suivante de phrases, séquence qui est familière à quiconque a enseigné la logique :

> Chaque planète est à tout moment à une certaine distance de chaque étoile
>
> $\forall x$ si x est une planète, x est à tout moment à une certaine distance de toute planète
>
> $\forall x$ (x est une planète $\rightarrow$ $\forall y$ si y est une étoile, x est à tout moment à une certaine distance de y)
>
> $\forall x$ (x est une planète $\rightarrow$ $\forall y$ (y est une étoile $\rightarrow$ $\forall t$ si t est un instant, alors x est à t à une certaine distance de y))
>
> $\forall v x$ (x est une planète $\rightarrow$ $\forall y$ (y est une étoile $\rightarrow$ $\forall t$ (t est un instant $\rightarrow$ $\exists z$ (z est une distance & x est séparé à t de y par z)))).

On ne doit pas penser que l'idiome de la quantification sur des variables (ou notation canonique de la quantification) comme quelque chose « dans » lequel est ou n'est pas formulée une phrase. Cet idiome (ou cette notation) est quelque chose qui est *de plus en plus* présent dans chacune des phrases de cette séquence[1]. En anglais usuel, il existe des dispositifs et des constructions variés qui font le travail des quantificateurs et des variables dans les phrases de la séquence ci-dessus. Nous pouvons transformer une phrase de l'anglais en une phrase qui n'est pas strictement de l'anglais en éliminant certains de ces dispositifs et constructions au profit des quantificateurs et des variables. Si, de plus, la phrase anglaise est d'un grand degré de complexité, il peut y avoir plusieurs « sites » à l'intérieur de la phrase qui offrent l'opportunité d'y parvenir. Dans un cas donné, une, quelques unes ou toutes les opportunités peuvent être saisies ; *dans quelle mesure* la phrase de départ est-elle transformée – combien d'occasions d'introduire la notation canonique de la quantification ont été saisies –, cela dépendra des objectifs de la personne qui introduit la notation.

Mais cette description des possibilités offertes par les phrases anglaises pour l'introduction des quantificateurs et des variables suggère que, dans chaque phrase de l'anglais, il y a un déploiement complètement déterminé et objectivement présent de « sites » dans lesquels les quantificateurs et les variables peuvent être introduits, et que chacun de ces « sites » a des caractéristiques qui dictent la manière précise d'introduire ces appareils. S'il en était ainsi, alors évidemment l'introduction des quantificateurs et des variables dans le discours anglais serait toujours une procédure mécanique. Il se peut que l'introduction de quantificateurs et de variables soit quelquefois très proche

---

1. Ou plutôt que « notation canonique » nous pourrions dire « grammaire canonique ». Voir W.V. Quine, *Le Mot et la Chose* (1960), Paris, Flammarion, 1977.

d'une procédure mécanique, mais ce n'est certainement pas toujours le cas. D'une part, un choix doit parfois être opéré entre des manières différentes d'introduire des appareils non ambigus à l'intérieur d'une phrase quantificationnellement ambiguë. Mais il existe une façon plus intéressante d'introduire la notation canonique, où la tâche peut dépasser le stade mécanique. Quelquefois, la tâche requiert une certaine dose de créativité. Pour prendre un exemple mineur, considérez la phrase ouverte à quatre places, qui est une partie de la dernière phrase de la séquence ci-dessus. D'où vient le mot « séparé » ? Un programme d'ordinateur – comme n'importe quel programme qu'un être humain pourrait écrire – aurait probablement produit une phrase qui aurait contenu, au lieu de « x est séparé de y par z », la phrase « x est à t à z de y ». Pourquoi ne l'ai-je pas fait ? Eh bien, uniquement parce que cela paraît bizarre. Pour une raison ou pour une autre, bien que l'on puisse dire que A est à une certaine distance de B, on ne peut dire d'une certaine distance que A est à cette distance de B, ou on peut difficilement le dire. Reconnaissant qu'un attachement servile au « à » de la phrase de départ me conduirait à m'opposer à l'usage établi de l'anglais, j'ai eu recours à une alternative idiomatique, et je suis parvenu à la locution « séparé de … par … ». C'est, si l'on veut, de la créativité – ce n'est pas un exemple fameux de créativité si on le compare à de nombreuses réalisations quotidiennes des êtres humains, mais cela dépasse largement, je pense, ce qu'un ordinateur est capable d'accomplir. Il serait, bien sûr, absurde de supposer que l'introduction finale de la locution « séparé de … par … » était en quoi que ce soit dictée par le contenu de la phrase anglaise. Il est indubitable que de nombreux autres groupes de mots eussent fait l'affaire.

L'introduction des quantificateurs et des variables peut, de plus, être accomplie de bien des manières qui impliquent une plus grande créativité que celle-ci. Examinez, à nouveau, la dernière phrase dans la séquence ci-dessus. Selon moi, la phrase ouverte « z est une distance » n'a pas grand sens, puisque je ne peux pas donner une explication cohérente des propriétés qu'aurait un objet qui la satisfait[1]. Et puisque je pense que l'intelligibilité de la première phrase de la séquence, la phrase en anglais usuel, ne présuppose pas qu'une expression comme « dix miles » dénote une « distance » particulière, j'ai tendance à penser que la phrase finale de la séquence n'est pas une paraphrase correcte de la première, bien que la seconde, la troisième et la quatrième le soient.

On peut dire que la quatrième phrase est « aussi loin que l'on puisse aller » en ce qui concerne l'introduction des quantificateurs et des variables pour faire la tâche accomplie par « tout », « n'importe lequel » et « quelques », dans la phrase « toute planète est à un certain moment à une certaine distance de toute étoile ». On pourrait dire que la phrase ouverte « x est à t à une certaine distance de y » ne permet tout simplement pas l'introduction d'un quantificateur. Mais s'il en est ainsi, qu'en est-il d'une phrase comme « Si x est à une certaine distance de y et y est à une certaine distance de z, alors la distance de x à y est plus grande que celle de y à z, ou la distance de x à y est plus petite que la distance de y à z ? » Cette phrase exprime de manière évidente une vérité, ou sa fermeture universelle le fait. Devons-nous affirmer que cette phrase est formée de *quatre* prédicats *non reliés*, le premier déjà

1. Voir note 11, p. 358, de P. van Inwagen, « Searle on Ontological Commitment », *in* E. LePore, R. Van Gulick (eds.), *John Searle and His Critics*, Oxford, Blackwell, 1990, p. 345–358.

mentionné, et les trois autres (la distance de **1** à **2** est plus grande que la distance de **3** à **4** etc.) ? [1]. C'est certainement incorrect. Les structures logiques de l'antécédent et du conséquent de cette phrase sont reliées de manière plus étroite que *cela*. Nous pourrions mettre en lumière une relation logique intime entre l'antécédent et le conséquent, si nous étions prêts à supposer qu'il y a des choses appelées des « distances » qui « séparent » les objets spatiaux les uns des autres et qu'une seule et même « distance » pourrait simultanément « séparer » A de B (d'un côté) et B d'un troisième objet C (de l'autre). Mais il nous est inutile de faire une telle hypothèse – que, comme je l'ai dit, je ne trouve pas cohérente – pour mettre en lumière une telle relation. Il y a une foule d'autres solutions. L'une d'entre elles serait d'introduire le prédicat « 1 est 2 fois plus loin dc 3 quc 4 l'est de n ». Nous n'avons pas besoin d'autre prédicat impliquant une séparation spatiale pour exprimer ce qui est exprimé par notre phrase (quel que soit ce que peut vouloir dire exactement « exprimé par notre phrase » ; pour l'instant admettons que de telles expressions sont naturelles) :

> Si x est 1 fois plus éloigné de y que x l'est de y, et y est 1 fois plus éloigné de z que y l'est de z ; alors $\exists n$ x est n fois plus éloigné de y que y l'est de z et $n>1$ ou $n=1$, ou $n<1$.

(Ou on pourrait choisir d'omettre les mots « et n>1 ou n=1 ou n<1 », en les considérant comme une conséquence « acquise » des propriétés des nombres réels). Si nous avions ce prédicat à notre disposition, nous pourrions

---

1. Pour une théorie des prédicats, voir W.V. Quine, *Elementary Logic*, revised edition, Cambridge, Mass., Harvard UP, 1966, § 40-42. Là où j'ai utilisé des nombres en gras, Quine utilise des nombres à l'intérieur de cercles.

remplacer la dernière clause de la dernière phrase de notre
séquence de phrases par « x est 1 fois plus éloigné de y
que x l'est de y », ce qui nous permettrait d'éviter le
problème embarrassant lié à la description de la nature des
objets qui satisfont la phrase ouverte « z est une distance » [1].

Pour résumer : la transition entre « ne pas être dans »
et « être dans », dans l'idiome de la quantification sur des
variables, n'est pas tranchée mais graduelle – ou mieux,
l'introduction de quantificateurs et de variables dans un
fragment d'un discours anglais consiste à saisir certaines
ou toutes les occasions offertes par les phrases que ce
discours comprend, en remplaçant certaines constructions
de ces phrases par des constructions impliquant des
quantificateurs et des variables. C'est là une procédure qui
peut requérir une certaine dose de créativité. Une tentative
« mécanique » pour introduire la notion canonique de la
quantification peut produire un résultat grammaticalement
douteux. Plus grave, certaines manières d'introduire
des quantificateurs et des variables, qui s'imposent
d'elles-mêmes au départ, peuvent nous sembler à la réflexion
contestables philosophiquement : une manière d'introduire
les quantificateurs et les variables peut produire un ensemble
de phrases qui ont pour conséquence formelle la généralisation existentielle d'une phrase ouverte F telle que, à la
réflexion, on refuse de concéder qu'il y ait quoi que ce soit
qui satisfasse F. (A la place de F, lisez « z est une distance »,
« x est un nombre », « y est un ensemble » …). Et l'on
peut être convaincu que le fragment « initial » de discours
en anglais n'a pas véhiculé l'implication qu'il y eut des F,
et que, malgré tout, le discours contenait une structure

---

1. Pour simplifier l'exemple j'ai omis la variable temporelle. A
strictement parler, j'aurais dû introduire le prédicat « à **1**, **2** est trois fois
plus loin de **4** que **5** l'est de **6** » et j'aurais dû remplacer le dernier membre
de la dernière phrase par « à t, x est 1 fois plus loin de y que x l'est de y ».

logique qui était d'une certaine façon représentable par des constructions impliquant des quantificateurs et des variables. C'est ici – pour donner de la chair à cette conviction – qu'on fait appel à la créativité. Qui plus est, il n'y a pas de « forme logique, cachée » préexistante, que cette créativité ait à découvrir. Il n'est certainement pas vrai qu'une traduction quelconque d'un fragment d'anglais dans l'idiome de la quantification sur des variables vaille n'importe quel autre, mais on trouvera de nombreux cas intéressants pour lesquels la question de savoir si la traduction proposée en vaut une autre, est une question philosophique, avec tout ce que *cela* implique. (Dans certains cas, il se peut que la question soit esthétique ou scientifique. Certains « objets proposés » heurtent le sens esthétique de certaines personnes, même si ces personnes n'ont pas d'objections sérieuses à leur égard. D'autres peuvent être magnifiques et philosophiquement incontestables, mais difficiles à adapter à des théories scientifiques que l'on accepte couramment).

Il n'est donc pas vrai qu'une théorie ou un fragment de discours en anglais ait des « engagements ontologiques » plus ou moins cachés mais objectivement présents. Quine, de surcroît, est bien conscient de cela, et il n'a proposé aucune technique mécanique pour les découvrir. (La thèse qu'un pragmatiste avoué ait fait une telle proposition est, certainement, à peu près incroyable). Quel *est* alors « le critère de l'engagement ontologique de Quine »?

J'ai dit que ces mots nomment une thèse qui porte sur de la stratégie. Plus exactement, ils sont un nom pour la stratégie la plus avantageuse à suivre pour faire en sorte que les gens rendent clairs leurs engagements ontologiques – ou les engagements ontologiques de leur discours. La stratégie est celle-ci : on prend des phrases que l'autre interlocuteur accepte, et par tous les moyens dialectiques disponibles, on le conduit à introduire de plus en plus de quantificateurs et de variables dans ces phrases. (Ou, si vous voulez, on le conduit à accepter des nouvelles phrases, phrases qui viennent des phrases qu'il a initialement acceptées par le remplacement progressif des moyens et constructions appartenant à l'anglais usuel, par des moyens et constructions appartenant au langage canonique de la quantification. Notre séquence de phrases portant sur les étoiles, les planètes et les distances fournit un exemple de ce qu'on entend par un « remplacement progressif ».) Si, à un certain point dans cette procédure, il ressort que la généralisation existentielle d'une phrase ouverte donnée F peut être formellement déduite des phrases que l'interlocuteur admet, on aura montré que les phrases qu'il accepte et les manières d'introduire les quantificateurs et les variables dans les phrases qu'il avalise, l'engagent formellement à ce qu'il y ait des choses qui satisfont F.

« Mais si quelqu'un ne croit pas, mettons, aux nombres et s'il voit qu'une certaine introduction de quantificateurs et de variables dans ses phrases aura pour résultat que "∃x, x est un nombre" peut toujours être déduit du résultat, pourquoi ne refuserait-il pas alors d'introduire la notation canonique de cette manière, en disant : « Jusqu'ici et pas plus loin ». Pourquoi ne peut-il pas arrêter le jeu de Quine à discrétion ? En fait, pourquoi devrait-il même commencer à jouer ? »

Eh bien, tout philosophe est parfaitement libre de résister à l'emploi d'un procédé dialectique quel qu'il soit. Mais les deux points suivants sont à considérer.

– Quelquefois dans des cas simples impliquant peu ou pas de créativité, un refus d'accepter la proposition évidente pour l'introduction des quantificateurs et des variables peut friser l'absurdité. Le symbole « ∃ » est, après tout, essentiellement une abréviation de l'anglais « il y a » tout comme « + » est essentiellement une abréviation de l'anglais « plus ». Supposez par exemple qu'un certain philosophe soutienne que certaines phrases métaphysiques ont du sens – supposez qu'en fait il ait écrit la phrase « Certaines phrases métaphysiques ont du sens ». Supposez que c'est aussi un nominaliste fanatique qui est connu pour avoir soutenu qu'à strictement parler il n'y a pas de phrases. Il existe une proposition évidente pour l'introduction de la notation canonique de la quantification dans la phrase anglaise « Certaines phrases métaphysiques sont significatives » : ∃x (x est une phrase & x est métaphysique & x a du sens).

Mais le philosophe qui a écrit la phrase « Certaines phrases métaphysiques ont du sens » et qui nie que, à strictement parler, il y ait des phrases a mieux résisté à cette proposition évidente. Et pourtant, étant donné que « ∃ » *signifie* seulement « il y a » (comme « + » signifie seulement « plus ») il est très difficile de justifier une telle intransigeance. (Comment pourrions-nous comprendre quelqu'un qui désire écrire ou prononcer la phrase « Deux plus deux égale quatre » et qui cependant refuse – et cela non parce qu'il connaitrait mal la notation canonique de l'arithmétique élémentaire – d'écrire ou prononcer la phrase « 2+2=4 » ?). De fait, historiquement, Quine semble avoir commencé à parler de « la notation canonique de la quantification » dans des contextes ontologiques parce qu'il était confronté à des philosophes qui acceptaient des phrases anglaises dont la « symbolisation » évidente était de la forme « ∃x (Gx & Hx) » et qui néanmoins rejetaient

les phrases anglaises correspondantes de la forme
« $\exists x\ Gx$ » [1].

– Dans des cas plus compliqués, un refus d'aller au-delà
d'un certain point dans le remplacement des idiomes
de l'anglais ordinaire par des quantificateurs et des
variables pourrait priver les prédicats de l'anglais dont
la connexion logique intime est intuitive, de toute
relation logique apparente. (Nous en avons vu un
exemple ci-dessus). Et cela pourrait nous laisser sans
aucun recours pour rendre compte de la validité
d'inférences qui semblent intuitivement être valides.

Je vais finir avec un petit exemple de la manière dont
un philosophe peut faire appel à ce dernier point dans un
débat sur ce qu'il y a. L'exemple est tiré de l'essai classique
de David et Stephanie Lewis « Trous » [2].

Supposez qu'un certain matérialiste refuse d'admettre
que la phrase « il y a exactement deux trous dans ce morceau
de fromage » puisse être traduite dans l'idiome de la
quantification sur des variables de cette façon :

$\exists x\ \exists y$ (x est un trou & y est un trou & x est dans ce
morceau de fromage & y est dans ce morceau de fromage
& $\sim$x=y & $\forall\ z$ (z est un trou & z est dans ce morceau de
fromage. $\rightarrow$.z=x $\vee$ z=y)).

(On voit facilement pourquoi un matérialiste
n'accepterait pas cette transcription : il y aurait sans doute

1. À propos de la distinction entre questions externes et internes,
une distinction qui permit à Carnap de rendre illégitime la question
« est-ce qu'il y a des nombres ? », voir par exemple la discussion de
W.V. Quine, « On Carnap's Views on Ontology », *Philosophical Studies*,
1951, 2, p. 65-72.

2. D. Lewis, S. Lewis, « Holes », *Australasian Journal of Philosophy*,
1970, 48, p. 206–212.

des occasions où il aurait accepté ce qui était exprimé là par la phrase de l'anglais usuel ; la traduction proposée exprime une vérité seulement dans le cas où il y a des objets qui satisfont la phrase ouverte « x est un trou » ; si le matérialisme est vrai, alors il n'y a que des objets matériels ; aucun objet matériel ne satisfait « x est un trou »). Supposez que l'on soit en train de discuter ontologie avec ce matérialiste. Le sujet précis de la discussion n'a pas grande importance pour ce qui est en question. (On peut être un adversaire du matérialisme, ou simplement essayer de mieux comprendre ce qu'impliquent les positions matérialistes). Voici comment on pourrait appliquer les considérations portant sur la validité de l'inférence dans une telle discussion. On pourrait demander au matérialiste de considérer la phrase usuelle anglaise « S'il y a trois graines de carvi dans ce morceau de fromage, alors il y a plus de graines dans ce morceau de fromage que de trous dans ce morceau de fromage ». Cette phrase est évidemment une conséquence logique de « Il y a exactement deux trous dans ce morceau de fromage ». Quiconque accepte la « symbolisation » proposée ci-dessus de la dernière phrase, et accepte n'importe quelle symbolisation de la seconde construite selon des schémas similaires, peut facilement rendre compte du fait que la deuxième phrase est une conséquence logique de la première : la symbolisation de la seconde est une conséquence formelle de la symbolisation de la première. Mais notre matérialiste ne peut accepter cette manière de rendre compte de ce fait, et doit soit se contenter de n'en avoir aucune analyse, soit en trouver une nouvelle. La seule manière qui se présente d'elle-même pour trouver une analyse alternative de ce fait est celle-ci : trouver des symbolisations alternatives des deux phrases telles que (i) la « nouvelle » symbolisation soit une conséquence formelle de la première et que (ii) aucune de ces deux symbolisations soit telle que sa vérité requiert l'existence d'objets satisfaisant une phrase ouverte qui – comme « x est un trou » – ne peut pas être satisfaite par des objets acceptables pour le matérialiste.

Dans le cas présent, il est assez facile de trouver de telles symbolisations alternatives – si le matérialiste est prêt à accepter l'existence d'objets abstraits d'un certain type. Avec certaines difficultés (comme les Lewis l'ont montré), des symbolisations alternatives peuvent être trouvées qui ne présupposent pas l'existence d'objets abstraits. Mais ces symbolisations « nominalistes » sont, pour le dire carrément, bizarres – et elles font appel à un principe extrêmement fort de somme méréologique. Certaines conséquences perverses d'un matérialisme nominaliste strict ne deviennent ainsi évidentes que lorsqu'on adopte la stratégie de Quine pour clarifier les débats ontologiques – et il est improbable qu'elles auraient été repérées autrement. D'après moi, la leçon générale qu'on peut tirer de tout cela est : toutes les disputes ontologiques dans lesquelles les participants n'acceptent pas la stratégie de Quine de clarification ontologique sont suspectes. Si les « règles » de Quine pour conduire une dispute ne sont pas suivies, alors – ainsi parlent ceux qui sont adhérents de la méta-ontologie de Quine – il est presque certain que nombre de conséquences fâcheuses des positions disputées seront obscurcies par l'imprécision et par une pensée qui prend ses désirs pour des réalités [1].

---

1. Cet essai est une adaptation du premier chapitre d'un livre : *Being, A Study in Ontology* qui sera publié par Oxford UP.

KIT FINE

LA QUESTION DE L'ONTOLOGIE [1]

Les philosophes demandent : « les nombres existent-ils ? », « les chaises et les tables existent-elles ? » « les particules élémentaires existent-elles ? ». Mais que demandent-ils lorsqu'ils posent de telles questions ?

Il y a une réponse à cette méta-question qui provient de Quine [2], et qui est communément acceptée en ontologie contemporaine (elle est acceptée sous une forme ou une autre par tous les autres contributeurs au volume Chalmers, Manley et Wasserman [3], par exemple). Cette réponse, c'est que lorsque nous posons la question « les nombres existent-ils ? », nous demandons « y a-t-il des nombres ? ». Bien entendu, on peut penser que la question de savoir s'il y a des nombres est sujette à interprétation, tout comme la question de savoir si les nombres existent ; et en guise de clarification, on suppose habituellement que cette autre question peut être formulée dans l'idiome de la théorie de

1. Traduction par F. Correia, « The Question of Ontology », paru dans D. Chalmers, D. Manley, R. Wasserman (eds.), *Metametaphysics : New Essays on the Foundations of Ontology*, Oxford, Oxford UP, 2009.
2. W. Quine, « Sur ce qu'il y a » (1948), dans *Du Point de Vue Logique* (1953), trad. S. Laugier (dir.), Paris, Vrin, 2003.
3. D. Chalmers, D. Manley, R. Wasserman (eds.), *Metametaphysics*, *op. cit.*

la quantification. Si "∃x" est le quantificateur existentiel, la question est celle de savoir si ∃x(x est un nombre).

Le quantificateur et les expressions quantifiées sont souvent utilisés avec une restriction implicite à l'esprit. Ainsi, je peux demander « est-ce que tout le monde est ici ? », voulant dire « est-ce que tous ceux qui ont été invités sont ici ? ». Il est clair qu'en posant la question « ∃x(x est un nombre) ? », notre intention est que le quantificateur ne soit pas sujet à une restriction, telle que, par exemple, une restriction aux choses matérielles, qui pourrait faire obstacle à une réponse positive de notre part. Si nous croyons à l'intelligibilité de la quantification complètement non restreinte, alors un degré de généralité approprié est le plus naturellement obtenu en demandant que le quantificateur soit complètement non restreint. Cependant, certains philosophes se sont montrés hostiles à l'idée de quantification non restreinte ; ils ont pensé qu'il était impossible de comprendre le quantificateur sans imposer quelque restriction à son domaine. Pour ces philosophes, le degré de généralité approprié peut être obtenu d'une autre manière, en supposant que le quantificateur est restreint de manière suffisamment lâche – aux objets mathématiques, par exemple, lorsque nous demandons s'il y a des nombres, ou aux objets matériels lorsque nous demandons s'il y a des chaises et des tables.

Qualifions la question posée par les philosophes d'*ontologique* et les questions de la forme « ∃x(x est …) ? » (où ∃x est non restreint, ou restreint de manière appropriée) de *quantificationnelles*. L'opinion reçue est donc que les questions ontologiques sont des questions quantificationnelles.

La position quantificationnelle standard présente de nombreuses difficultés. Elles sont connues pour la plupart, mais il vaudra la peine de les présenter de manière détaillée, ne serait-ce que pour mettre en évidence à quel point notre compréhension des questions ontologiques est éloignée de notre compréhension de leurs contreparties quantificationnelles. Il se peut que les philosophes aient appris à vivre avec le décalage qu'il y a entre les deux, mais leur tolérance à l'égard de la situation ne devrait pas nous endormir au point de penser qu'elle est tolérable.

Une difficulté concerne le caractère substantiel des questions ontologiques. On suppose habituellement que les réponses aux questions ontologiques sont non triviales. Ainsi, quelle que soit la réponse à la question de savoir si les nombres existent, cette réponse n'est ni trivialement vraie ni trivialement fausse ; et il en va de même pour la question de l'existence des chaises et des tables ou analogues. Cependant, les réponses aux questions quantificationnelles correspondantes *sont* triviales. Ainsi, étant donné le fait évident qu'il y a un nombre premier plus grand que 2, il s'ensuit trivialement qu'il y a un nombre (un x tel que x est un nombre) ; et de même, étant donné le fait évident que je suis assis sur une chaise, il s'ensuit trivialement qu'il y a une chaise (un x tel que x est une chaise).

On suppose aussi habituellement que les questions ontologiques sont philosophiques. Elles ont leur source dans la philosophie, plutôt que dans la science ou la vie quotidienne, et on doit y répondre sur la base d'une enquête philosophique. Mais la question de savoir s'il y a des nombres est une question mathématique (bien que d'un intérêt mathématique négligeable) qui doit être tranchée sur la base de considérations purement mathématiques, et la question de savoir s'il y a des chaises ou des tables est une affaire de vie quotidienne qui doit être tranchée à partir de l'observation ordinaire.

Il serait exagéré de dire qu'aucune question quantificationnelle n'est non triviale ou philosophique. La question de savoir s'il y a des électrons est loin d'être triviale ; et la question de savoir s'il y a des sommes méréologiques ou des parties temporelles est peut-être philosophique. Il est certain qu'il n'y a pas d'autre domaine d'enquête au sein duquel ces deux dernières questions sont soulevées, ou au sein duquel on cherche à y répondre. Il se peut même qu'il y ait des questions quantificationnelles à la fois non triviales et philosophiques. La question de savoir s'il y a des mondes possibles « concrets », par exemple, pourrait bien mériter ce double honneur.

Mais il y a peu de réconfort à retirer de ces exceptions à la règle. Car il est plausible de supposer qu'il doit y avoir une explication *générale* de la nature des questions ontologiques. Nous devrions être capables de dire que « – F – ? » est ce que nous demandons lorsque nous posons la question ontologique de savoir si les F existent, où ce qui remplit les blancs ne varie pas d'un F à un autre. Mais si tel est le cas, alors il ne peut pas être correct de dire que ce que nous demandons lorsque nous posons la question ontologique de l'existence des sommes méréologiques ou des mondes concrets, c'est s'il *y a* des sommes méréologiques ou des mondes concrets, puisqu'il ne s'agit pas de la bonne manière de comprendre la question ontologique dans le cas des nombres, par exemple, ou dans le cas des chaises et des tables.

Je crois que le cas des sommes méréologiques et des parties temporelles a été particulièrement trompeur à cet égard. Car la question de leur existence a souvent été considérée comme un paradigme d'enquête ontologique et, en effet, c'est ce cas plus que n'importe quel autre qui a donné lieu au récent regain d'intérêt pour la méta-ontologie. Mais ce cas est, de fait, totalement atypique, puisqu'il s'agit d'un cas où la question quantificationnelle est également philosophique, et est par conséquent bien plus susceptible d'être confondue avec la question ontologique (nous allons plus tard rencontrer un autre aspect majeur sous lequel ce cas est atypique).

Une difficulté supplémentaire concerne l'autonomie de l'ontologie. Supposez que nous répondons de manière affirmative à la question quantificationnelle. Nous suivons le mathématicien et affirmons qu'il y a des nombres premiers entre 7 et 17, ou nous suivons le scientifique et affirmons que cette chaise est en partie composée d'électrons. Il est alors clair que les questions ontologiques qui intéressent la philosophie se posent encore. Il se peut que le philosophe se fourvoie en suivant sans hésiter ses collègues mathématiciens ou scientifiques. Mais il est clair que sa volonté de les suivre dans ce qu'ils disent, d'accepter les conclusions établies des mathématiques ou de la science, ne devrait pas l'empêcher d'adopter une position antiréaliste. « Oui », pourrait-il dire, « le mathématicien a raison lorsqu'il affirme qu'il y a des nombres premiers entre 7 et 17, mais n'allez pas penser que les nombres existent réellement. Nous parlons de cette manière – et de fait, il est correct de le faire – mais il n'y a pas de domaine des nombres "là-dehors" auquel notre discours correspondrait. »

Les philosophes n'ont pas ignoré ces problèmes, et ils ont fait tout ce qu'ils ont pu pour maintenir une certaine forme de distance entre notre engagement ordinaire envers certaines espèces d'objets et un engagement proprement ontologique. Encore une fois, il sera utile d'examiner certaines de leurs suggestions, ne serait-ce que pour mettre en évidence à quel point il est difficile de maintenir séparées ces deux formes d'engagement.

Les philosophes qui travaillent dans la tradition quinienne ont quelquefois soutenu que ce qui est caractéristique de l'engagement ontologique, c'est qu'il est le produit d'une application rigoureuse de la méthode scientifique. Nous admettons sans y penser qu'il y a des nombres, exactement comme les générations précédentes admettaient sans y penser qu'il y avait des « esprits », mais une application correcte de la méthode scientifique montre que les nombres, tout comme les esprits, sont superflus dans l'optique de l'explication scientifique, et qu'il n'y a par conséquent pas de raison de croire qu'ils existent.

Cet argument du superflu ne possède pas de force générale, indépendante de tout domaine d'application. Par exemple, à toutes fins cognitives normales, je peux dire que Casanova était un homme non marié au lieu de dire qu'il était célibataire. L'« idéologie » du célibat est superflue. Mais ceci ne me donne aucune raison d'abandonner ma croyance que Casanova était célibataire.

L'argument possède de fait une certaine force dans le cas des entités théoriques de la science, mais cela est dû à leur rôle explicatif spécial. L'unique raison que nous ayons de croire à l'existence des entités théoriques de la science, c'est qu'elles sont requises pour les besoins de l'explication scientifique. En effet, montrer que certaines entités théoriques présumées ne sont en fait pas requises pour ces besoins élimine l'unique raison que nous ayons de supposer qu'elles existent (et, en l'absence de raison de penser qu'elles existent, il se peut très bien que nous ayons une bonne raison de penser qu'elles n'existent pas).

Mais bon nombre des questions qui intéressent l'ontologie ne concernent pas des objets possédant ce rôle explicatif spécial. Notre raison de croire à l'existence des couples ou à celle des chaises et des tables, par exemple, n'a rien à voir avec leur rôle dans des explications. John et Mary sont « ensemble », et c'est là une raison suffisante pour penser qu'ils forment un couple ; l'objet qui se trouve là-bas possède une certaine forme et une certaine fonction, et c'est là une raison suffisante pour penser qu'il s'agit d'une chaise. On ne sait vraiment, contrairement à ce qui est le cas pour les entités théoriques de la science, quel rôle explicatif on pourrait raisonnablement attribuer à ces objets. Mais même si nous étions en quelque façon capables de reconnaître un rôle explicatif à ces objets, démontrer que quelque chose d'autre serait plus apte à jouer ce rôle ne saperait en rien notre confiance en leur existence.

Mon opinion est que quelque chose de similaire doit être avancé dans le cas des objets des mathématiques. Contrairement au cas des objets matériels ordinaires, les objets mathématiques *figurent bien* dans les explications de la science, et cela a amené beaucoup de philosophes à supposer qu'ils devraient être considérés simplement comme des entités théoriques d'une autre sorte (comme dans Field [1], par exemple). Mais les objets mathématiques ressemblent aux objets ordinaires en ce qu'ils ont une « vie » en dehors de la science ; et il me semble que ceci nous donne des raisons de croire à leur existence qui n'ont rien à voir avec leur rôle dans l'explication scientifique. Tout comme le fait que deux personnes soient mariées est une raison suffisante pour penser qu'un couple est marié, le fait qu'il n'y ait pas de lutins est une raison suffisante

---

1. H. Field, *Science without Numbers*, Oxford, Blackwell, 1980.

pour penser que le nombre de lutins est 0 (et par conséquent qu'il y a un nombre). Ainsi, je doute que les arguments du superflu puissent vraiment être utilisés pour saper notre croyance en l'existence des nombres ou choses du même genre, et qu'il soit correct de considérer ces arguments comme visant à montrer quelque chose sur le caractère essentiellement non numérique de la réalité physique, plutôt que quelque chose sur la nature ou la non existence des nombres eux-mêmes.

Mais même s'il est admis que les nombres *devraient* être traités de la même manière que les entités théoriques de la science, une forme d'objection de l'autonomie soulevée plus haut, demeure. En effet, supposez qu'il soit établi sur la base de la plus rigoureuse application de la méthode scientifique que les nombres sont indispensables à la science, et que nous devrions par conséquent conclure qu'ils existent. Cependant, un antiréaliste pourra toujours affirmer que les nombres (et peut-être les entités théoriques en général) n'existent pas *réellement* – que c'est ainsi que parlons, et ce à bon droit, malgré le fait qu'il n'y a pas de domaine d'objets « là-dehors » auquel notre discours corresponde. En effet, puisque l'antiréaliste était dès le départ disposé à suivre l'opinion du mathématicien en soutenant qu'il y a des nombres, pourquoi lui serait-il plus difficile de suivre l'opinion du mathématicien scientifique-ment éclairé en continuant à soutenir qu'il y a des nombres ? Si la conclusion qu'il y a des nombres est compatible avec une position antiréaliste, alors qu'importe la manière dont cette conclusion a été atteinte ?

L'approche de Quine en ontologie semble reposer sur deux erreurs. Il pose la mauvaise question, en posant une question scientifique plutôt qu'une question philosophique, et il répond à la question qu'il pose de la mauvaise manière, en faisant appel à des considérations philosophiques en plus de considérations scientifiques ordinaires. Ce mariage d'une méthodologie malavisée et d'une question mal conçue produit un semblant de question bien posée et de réponse appropriée, puisque les considérations philosophiques auxquelles il fait appel sont à beaucoup d'égards pertinentes pour la question qu'il aurait dû poser ; et il ne fait pas de doute que c'est en partie parce que ces deux erreurs se compensent que les philosophes les ont si facilement ignorées. Il se peut qu'une telle procédure bancale produise quelques résultats utiles, mais on ne peut atteindre la lumière véritable qu'en posant la bonne question et en adoptant la bonne méthodologie pour y répondre.

Les philosophes ont tenté de créer une distance entre les deux formes d'engagement d'une autre manière encore, à savoir en minimisant l'importance de l'engagement ordinaire. Il a ainsi été avancé que lorsque nous affirmons de manière ordinaire qu'il y a un nombre premier entre 8 et 12, ou qu'il y a une chaise là-bas, notre but n'est pas de formuler une vérité stricte et littérale, mais que lorsque le philosophe affirme que les nombres n'existent pas, son intention *est* de formuler une vérité stricte et littérale. Il possède non pas une méthode supérieure pour déterminer ce qui est vrai, comme dans le cas du précédent philosophe quinien, mais plutôt une attitude supérieure envers la vérité.

Il y a des variantes de cette position qui se distinguent selon la manière dont elles minimisent l'importance de l'engagement ordinaire. On pourrait ainsi penser qu'il y a un élément d'imagination dans nos affirmations ordinaires, ou du moins qu'elles ne sont considérées comme « acceptables » que relativement à certains buts limités. Mais l'objection contre ces variantes est la même : il ne

semble pas y avoir de base raisonnable pour distinguer
dans la manière suggérée les affirmations minimisées des
affirmations non minimisées. Il y a bien entendu une
distinction entre parler de manière stricte et parler de
manière approximative, ou entre parler de manière littérale
et parler de manière figurée. Je peux, pour produire un
certain effet, dire de quelqu'un qu'il est fou même si, à
strictement parler, son comportement a simplement été
bizarre ; et je peux affirmer de quelqu'un qu'il est déjanté
dans le but d'exprimer à quel point il est excentrique, bien
que, bien entendu, il se soit pas littéralement déjanté. Mais
en affirmant qu'il y a un nombre premier entre 8 et 12, ou
qu'il y a une chaise là-bas, il semble bien que je me trouve
dans un cas d'affirmation de vérité stricte et littérale par
excellence. S'il ne s'agit pas là de vérités strictes et littérales,
alors on se demande bien ce que pourrait être une vérité
stricte et littérale, ou du moins ce que pourrait être le
contenu strict et littéral de telles affirmations [1].

Une tentative similaire de créer une distance entre les
deux formes d'engagement minimise, non pas l'importance
de l'engagement ordinaire, mais plutôt la force de son
contenu. On avance ainsi que lorsque nous affirmons de
manière ordinaire qu'il y a une chaise là-bas, ce que nous
affirmons c'est qu'il y a des objets simples arrangés à-la-
manière-d'une-chaise là-bas, ou quelque chose de la sorte,
alors que ce que le philosophe rejette lorsqu'il nie qu'il y
a une chaise là-bas, c'est une affirmation authentiquement
quantificationnelle selon laquelle pour quelque x, x est une
chaise et se trouve là-bas. Ainsi, malgré sa forme logique

1. E. Hirsch, « Against Revisionary Ontology », *Philosophical Topics*
30, 2005, p. 110 ; S. Yablo, « Does Ontology Rest Upon a Mistake ? »,
Proceedings of the Aristotelian Society, 1998, 72, p. 259.

apparente, l'affirmation ordinaire est une affirmation quantificationnelle à propos d'objets simples plutôt qu'à propos de chaises.

On ne peut pas s'empêcher d'avoir l'impression, tout autant qu'auparavant, que les croyances logico-linguistiques de ce philosophe ont été mises au service de ses préjugés ontologiques. On peut en effet convenir que certaines affirmations en apparence quantificationnelles du langage ordinaire ne sont pas authentiquement quantificationnelles, ou du moins pas authentiquement quantificationnelles relativement aux objets qui semblent être concernés. Ainsi, on peut penser que « il y a zéro chance qu'il vienne » est comme « il n'y a aucune chance qu'il vienne » et n'implique pas de quantification sur un domaine d'entités qui incluraient une chance zéro. Mais il s'agit de cas dans lesquels il y a des données linguistiques (par exemple, le fait qu'il est incorrect de dire « il y a *une* zéro chance qu'il vienne ») qui suggèrent que la construction ne doit pas être comprise d'une manière quantificationnelle habituelle. Les affirmations d'apparence quantificationnelle qui intéressent l'ontologie méritent par contre autant que n'importe quelle autre d'être considérées comme authentiquement quantificationnelles ; et si elles ne sont pas authentiquement quantificationnelles, alors on ne comprend plus ce que c'est qu'être authentiquement quantificationnel, ou du moins ce que le contenu d'un énoncé authentiquement quantificationnel pourrait être.

Une dernière suggestion concerne également le contenu, mais elle fonctionne en valorisant le contenu de l'engagement ontologique plutôt qu'en minimisant le contenu de l'engagement ordinaire. Selon cette position, la personne ordinaire et le philosophe, produisent tous les deux des énoncés quantificationnels à propos des chaises lorsqu'ils affirment qu'il y a des chaises. Mais alors que la personne ordinaire utilise le quantificateur en un sens « fin », ontologiquement neutre, le philosophe utilise le quantificateur en un sens « épais », ontologiquement chargé[1].

Je ne suis pas complètement opposé à cette suggestion, mais je ne crois pas qu'elle puisse être correcte telle qu'elle a été formulée. En effet, comment doit-on comprendre la distinction entre les deux sens du quantificateur? Une suggestion possible serait que le sens épais du quantificateur soit compris comme une restriction du sens fin; dire qu'il y a un x au sens épais, c'est dire qu'il y a un x au sens fin qui est φ, pour quelque φ approprié. Mais, il semblerait alors que les affirmations ontologiques manquent du degré de généralité approprié, que c'est seulement une restriction sur le domaine du quantificateur qui nous empêche d'être réalistes. Il semblerait également que notre intérêt pour l'affirmation existentielle soit déplacé, puisque notre intérêt plus général devrait se porter sur la question de savoir *quels* objets sont φ et pas simplement sur la question de savoir si *quelques* objets sont φ (il s'agit d'un point sur lequel je reviendrai).

Une autre proposition possible est que le sens fin et le sens épais du quantificateur doivent tous deux être compris comme non restreints, i.e. qu'aucun des deux ne doit être compris comme le résultat d'une restriction d'un autre sens du quantificateur. Il est sans doute vrai que tout objet au sens épais est un objet au sens fin ($\forall x \exists y(x=y)$) (où $\forall$ est

1. C. Dorr (« What We Disagree about When We Disagree about Ontology » dans *Fictionalism in Metaphysics*, M. Kalderon (eds.), Oxford, Oxford UP, 2005, p. 234–86) et Hofweber (« A Puzzle About Ontology », *Noûs*, 2005, 39/2, p. 256–83) défendent une telle position, qui est discutée par Chalmers (« Ontological Anti-Realism » *in* D. Chalmers, D. Manley, R. Wasserman (eds.), *Metametaphysics, op. cit.*).

le quantificateur épais et ∃ le quantificateur fin) et pas vrai – ou, du moins, compatible avec les sens des quantificateurs qu'il ne soit pas vrai – que tout objet au sens fin est un objet au sens épais ($\sim\forall x\exists y(x=y)$). Pour beaucoup de philosophes, ces faits seraient suffisants en eux-mêmes pour établir que le sens épais est une restriction du sens fin, car comment, argueraient-ils, pourrait-il se faire que quelque chose au sens fin ne soit pas quelque chose au sens épais à moins que le sens épais ne soit déjà restreint, et comment, de plus, pourrait-il se faire que tout au sens épais soit quelque chose au sens fin à moins que le sens épais ne soit une restriction du sens fin ?

Pour ma part, je ne suis pas certain (et tant pis pour mon adversaire si mes doutes sont déplacés). Car il n'est pas complètement invraisemblable qu'avant l'« introduction » des nombres complexes, il aurait été incorrect pour les mathématiciens d'affirmer qu'il y a une solution à l'équation « $x^2 = -1$ » sous une interprétation complètement non restreinte de « il y a », même si, après l'introduction des nombres complexes, il aurait été correct pour eux d'affirmer qu'il y a une solution. Si ceci est admis, il semble que ce ne soit pas une question importante de savoir s'il y a des nombres complexes, mais seulement de savoir si l'on peut de manière cohérente étendre le domaine de la manière proposée, et celle de savoir s'il est utile de le faire (deux questions auxquelles il faut répondre « oui »)[1].

1. Je défends une telle position dans K. Fine, « Our Knowledge of Mathematical Objects », *Oxford Studies in Epistemology*, vol. 1, T. S. Gendler, J. Hawthorne (eds.), Oxford, Clarendon Press, 2006, p. 89–110. Malgré la similarité superficielle, je ne crois pas que nous ayons ici affaire à un cas de « divergence du quantificateur » à la Carnap (« Empiricism, Semantics and Ontology », *Revue Internationale de Philosophie* 4, 1950, p 20–40 ; réimprimé dans *Meaning and Necessity : A Study in Semantics and Modal Logic*, 2ᵉ éd., Chicago : University of

Je suis enclin à adopter une position similaire à propos du débat plus récent concernant la question de savoir s'il y a des sommes méréologiques arbitraires ou des parties temporelles. De même qu'il est possible d'étendre le domaine du discours en incluant des solutions à l'équation « $x^2 = -1$ », de même, me semble-t-il, il est possible d'étendre le domaine du discours en incluant des objets qui satisfont la condition « x est une somme des G » ou « x est une partie temporelle de l'objet b à t » ; et de même que ceux qui nient qu'il y a des sommes méréologiques ou des parties temporelles peuvent très bien avoir raison au sens ordinaire de « il y a » qui prévaut avant l'extension du domaine, de même ceux qui affirment qu'il y a des sommes méréologiques ou des parties temporelles peuvent également avoir raison au sens de « il y a » qui prévaut une fois que l'extension a été faite. Et encore une fois, les seules questions importantes sont celles de savoir si l'on peut de manière cohérente étendre le domaine de la manière proposée (ce qui est le cas, sous certaines limitations), et celle de savoir s'il est utile de le faire (ce qui dépendra du rôle que de tels objets sont appelés à jouer).

Néanmoins, les disputes quantificationnelles ne sont pas pour la plupart sujettes à pareille ambivalence. Considérez la question de savoir s'il y a des atomes ou des électrons, par exemple. Il s'agit d'une question scientifique substantielle, et il n'y a aucune plausibilité dans la suggestion que l'on pourrait y répondre en introduisant des atomes

Chicago Press, 1956, p. 205–21) ou Hirsch (« Against Revisionary Ontology », *op. cit.* ; « Ontology and Alternative Languages » *in* D. Chalmers, D. Manley, R. Wasserman (eds.), *Metametaphysics, op. cit.*, p. 231–59). Selon moi, ce sont seulement certains objets « formels », tels que ceux que l'on trouve en mathématiques, que l'on peut introduire de cette manière ; et le mode d'introduction demande des mécanismes spéciaux qui n'ont aucune application aux autres sortes d'objets.

ou des électrons dans le domaine du discours, de la même manière qu'il a été supposé que le mathématicien pourrait introduire des nombres complexes ou que le philosophe pourrait introduire des sommes méréologiques ou des parties temporelles ; et il en va de même, semble-t-il, pour un grand nombre d'autres questions quantificationnelles qui intéressent les philosophes. Il s'agit donc d'un autre aspect majeur sous lequel le débat sur les sommes méréologiques et les parties temporelles est différent des autres débats quantificationnels, et est inapte à fournir un paradigme pour ce qui est ici en jeu.

Mais l'ambivalence, même quand elle existe, n'est cependant d'aucune aide pour établir la distinction pertinente entre un sens fin et un sens épais du quantificateur. Car aussi bien les réalistes que les antiréalistes peuvent admettre que dans le sens initial non étendu du quantificateur, il est correct de dire qu'il *n*'y a *pas* de nombres complexes, alors que dans le sens subséquent étendu, il est correct de dire qu'il *y a* des nombres complexes. Mais ce que nous voulions, c'était un sens épais, ontologiquement chargé du quantificateur sur l'application duquel le réaliste et l'antiréaliste pourraient être, de manière sensée, en désaccord. Ce que nous avons dans la distinction entre le sens non étendu et le sens étendu du quantificateur, c'est une subdivision à l'intérieur du fin plutôt qu'une distinction entre épais et fin.

En ce qui me concerne, je doute qu'il puisse y avoir une autre manière pour l'interprétation du quantificateur non restreint d'être à proprement parler sujette à variation. Une fois que l'on admet la possibilité d'une « extension de domaine », il n'y a simplement aucune autre manière de comprendre *ce que* – sans restriction – *il y a*. Mais même s'il y avait d'autres candidats que je n'aurais pas vus, je soupçonne qu'ils subiraient un destin similaire, en ce qu'ils ne fourniraient pas de base pour distinguer entre un sens fin et un sens épais du quantificateur. Il semble donc que toute compréhension que nous pourrions avoir du quantificateur épais doive dériver de notre possession d'une compréhension indépendante de la manière dont les objets dans son domaine doivent être restreints ; et nous sommes ainsi de retour à la première proposition.

Aucune de ces tentatives pour sauver la position quantificationnelle n'est vraiment effective ; et on ne peut manquer d'avoir le sentiment qu'elles proviennent simplement d'une tentative d'exprimer les thèses ontologiques que nous souhaitons avancer au moyen d'une forme linguistique inadéquate. L'impulsion ontologique n'est pas de nature à lâcher prise, et en l'absence d'autres moyens de l'exprimer, les idiomes quantificationnels seront en quelque sorte enrôlés de force, peu importe le caractère étrange ou contorsionné du résultat.

Y a-t-il peut-être une explication plus adéquate des affirmations ontologiques ? Pour aborder cette question, il sera utile de considérer une autre objection à la position quantificationnelle. Elle est peut-être moins fondamentale que les autres, mais elle indique mieux, je crois, la direction qu'une explication correcte doit prendre.

Considérez un réaliste à propos des nombres entiers relatifs ; il est ontologiquement engagé envers les entiers relatifs, et est capable d'exprimer son engagement de la manière habituelle en employant les mots « les entiers relatifs existent ». Comparez-le avec un réaliste à propos des nombres entiers naturels, qui est ontologiquement engagé envers les entiers naturels, et est également capable d'exprimer son engagement au moyen des mots « les entiers naturels existent ». Intuitivement, le réaliste à propos des entiers relatifs soutient la position la plus forte. Après tout, il adopte un engagement ontologique envers les entiers relatifs, pas seulement envers les entiers naturels, alors que le réaliste à propos des entiers naturels ne s'engage qu'envers les entiers naturels, laissant ouverte la question de savoir s'il s'engage également envers les entiers négatifs. Le réaliste à propos des entiers relatifs – du moins selon l'interprétation la plus naturelle de sa position – manifeste un engagement *complet* envers l'ensemble du domaine des entiers relatifs, alors que le réaliste à propos des entiers naturels ne manifeste qu'un engagement *partiel* envers ce domaine.

Cependant, selon la lecture quantificationnelle que ces affirmations, c'est le réaliste à propos des entiers relatifs qui soutient la position la plus faible. Car selon cette lecture, le réaliste à propos des entiers relatifs affirme simplement qu'il y a au moins un entier relatif (qui peut être ou ne pas être un entier naturel) alors que le réaliste à propos des entiers naturels affirme qu'il y a au moins un entier naturel, i.e. un entier relatif qui est également positif ou nul. Ainsi, l'explication quantificationnelle se méprend à propos de la logique de base de l'engagement ontologique. L'engagement envers les F (les entiers relatifs) devrait en général être plus fort que l'engagement envers les F&G (les entiers relatifs positifs ou nuls), alors que l'affirmation qu'il y a des F est en général plus faible que l'affirmation qu'il y a des F&G [1].

1. Une argumentation similaire est développée dans K. Fine « The Question of Realism », Imprint, vol. 1, n° 1 ; réimprimé dans *Individuals, Essence and Identity : Themes of Analytic Philosophy*, A. Bottani, M. Carrara, P. Giaretta (eds.), Dordrecht, Kluwer, 2002, p. 5-6.

L'affirmation qu'il y a des F n'est pas seulement inadéquate pour exprimer un engagement envers les F ; on ne voit même pas comment on pourrait formuler de manière appropriée un engagement envers les F en suivant une approche du type de l'approche quantificationnelle standard (dans laquelle seulement un sens fin du quantificateur est en jeu). En effet, en quoi pourrait consister un tel engagement ? Dans le cas des entiers relatifs, on pourrait penser qu'il consiste en la croyance en la vérité de l'ensemble des propositions suivantes :

    (i) il y a un entier relatif qui n'est ni positif ni négatif,

    (ii) chaque entier relatif a un successeur, et

    (iii) chaque entier relatif est le successeur de quelque entier relatif

avec peut-être en plus quelques propositions concernant le comportement des signes et de la relation de succession. Celui qui possèderait un tel ensemble de croyances serait alors engagé envers un entier relatif qui n'est ni positif ni négatif, au successeur de cet entier relatif, à l'entier relatif dont il est le successeur, au successeur du successeur de cet entier relatif, et ainsi de suite – ce qui semblerait alors revenir à être engagé envers les entiers relatifs.

Mais une telle explication est complètement *ad hoc*. En suivant cette approche, l'explication qu'il faudrait donner de l'engagement envers les nombres réels, par exemple, ou envers les ensembles, ou encore envers les chaises, devrait être très différente. Dans le cas des réels, par exemple, nous devrions soutenir que notre réaliste croit que pour chaque coupure sur les rationnels il y a un réel correspondant et, dans le cas des chaises, nous devrions soutenir qu'il croit que pour toutes entités simples arrangées à-la-manière-d'une-chaise, il y a une chaise correspondante – ou quelque chose de semblable. Cependant, comme je

l'ai mentionné, il doit y avoir une explication uniforme de
ce que c'est que d'être engagé envers les F. Il doit exister
un schéma général $\Phi(F)$, tel qu'être engagé envers les F
consiste dans le fait que $\Phi(F)$ est le cas.

On ne voit pas non plus très bien ce qu'il faudrait mettre
à la place de Φ dans certains cas particuliers. Que devrions-
nous dire dans le cas des ensembles, par exemple, ou dans
celui des particules élémentaires ? Il y a une controverse
considérable concernant les principes qui gouvernent leur
existence. Ne sommes-nous alors pas capables d'adopter
une posture réaliste à propos de l'existence des ensembles
ou des particules élémentaires avant de savoir quels sont
ces principes ?

On pourrait penser que notre erreur consiste à être trop
spécifique à propos du contenu de Φ. Il est possible
d'associer à n'importe quelle espèce F une théorie T_F qui
énonce les conditions sous lesquelles les F existent. Dans
le cas des entiers relatifs, par exemple, on pourrait considérer
que T_F est constituée par les trois propositions listées
ci-dessus. Être engagé envers les F consiste alors à croire
en la vérité de T_F. Puisque la croyance en la vérité de T_F
ne requiert pas que nous connaissions le contenu de cette
théorie, les difficultés précédentes concernant l'exigence
d'uniformité et la possibilité de l'ignorance sont ainsi
évitées.

Mais quel est exactement le rôle de la théorie T_F? Il
est naturel de considérer qu'il s'agit de la théorie *vraie* des
F (ou de la théorie vraie concernant l'existence des F).
Mais si tel est le cas, bien entendu, alors tout le monde –
les réalistes aussi bien que les antiréalistes – croira en la
vérité de T_F ; simplement, le réaliste pensera qu'elle contient
certaines propositions existentielles alors que l'antiréaliste
pensera qu'elle ne les contient pas, ou qu'elle contient

leurs négations. On pourrait ici essayer d'invoquer l'idée que T_F consiste en des énoncés qui *seraient* vrais s'il y avait au moins un F. Mais à supposer qu'il n'y a de fait pas d'ensembles, pourquoi la situation contrefactuelle dans laquelle il y aurait au moins un ensemble devrait requérir la vérité d'une version de la théorie des ensembles plutôt qu'une autre (et de même pour les particules élémentaires ou autres cas analogues)? Et il est difficile de ne pas croire que notre compréhension de ce qui est vrai dans une situation contrefactuelle, si elle doit faire le travail requis, est déjà fondée sur une conception indépendante de ce que la théorie T_F devrait être.

À la lumière de ces difficultés supplémentaires, j'aimerais suggérer que nous abandonnions l'explication des affirmations ontologiques en termes de quantification existentielle. L'engagement envers les entiers relatifs n'est pas un engagement existentiel, c'est un engagement universel; il s'agit d'un engagement envers chaque entier relatif, pas seulement envers l'un ou l'autre des entiers relatifs. Et en exprimant cet engagement au moyen des mots « les entiers relatifs existent », nous ne sommes pas ce faisant en train d'affirmer qu'il y a un entier relatif, mais plutôt que tous les entiers relatifs existent. Ainsi, la forme logique propre de notre affirmation n'est pas $\exists x Ix$, où I est le prédicat pour la propriété d'être un entier relatif, mais plutôt $\forall x(Ix \supset Ex)$, où E est le prédicat d'existence.[1]

Si ceci est correct, alors l'ontologie contemporaine a été dominée (et, hélas, également pervertie) par son

---

1. J. Azzouni (*Deflating Existential Consequence : A Case for Nominalism*, Oxford, Oxford UP, 2004, chap. 3) a également proposé d'utiliser un prédicat d'existence dans la formulation des affirmations ontologiques, mais sa compréhension de la signification et du rôle du prédicat semble être très différente de la mienne.

incapacité à reconnaître la forme logique la plus élémentaire de ses affirmations. Ces dernières ont été considérées comme étant existentielles plutôt qu'universelles. Bien entendu, cette erreur est compréhensible. Car selon l'interprétation la plus naturelle, « les électrons existent » veut dire qu'il y a des électrons, alors que, selon notre opinion, l'interprétation correcte, à des fins philosophiques, devrait être modélisée sur l'interprétation de « les électrons tournent sur eux-mêmes », selon laquelle la phrase signifie que tout électron tourne sur lui-même. Le terme « existe » doit être compris comme un prédicat plutôt que comme un quantificateur.

Une fois acceptée cette autre explication, toutes les difficultés précédentes disparaissent. Selon cette explication, l'engagement envers les entiers relatifs $\forall x(Ix \supset Ex)$ est plus fort que l'engagement envers les entiers naturels $\forall x(Ix \& {\sim}Nx \supset Ex)$; il y a une méthode uniforme pour formuler un engagement envers les F, qui ne varie pas de F à F ; l'ignorance des conditions d'existence des F ne fait pas obstacle à la formulation d'un engagement envers les F ; et les affirmations ontologiques ont le degré de généralité approprié, pour autant que le quantificateur externe $\forall x$ soit compris comme complètement non restreint (ou restreint de manière idoine)[1].

Cependant, cette position semble être sujette à une version de la difficulté que nous avons précédemment soulevée à l'encontre de l'explication en termes de quantification existentielle (et il ne fait pas de doute que

1. On pourrait se demander pourquoi, selon la position proposée, il n'est pas inapproprié d'exprimer une opinion réaliste absolue au moyen des mots « il y a des F ». C'est peut-être à cause du fait que « il y a » est compris en un sens épais, et qu'il est présupposé que si quelques F existent, alors tous les F existent.

c'est aussi en partie pour cette raison que la position n'a
pas été sérieusement considérée). En effet, que signifie le
prédicat « existe » ? Nous avons l'habitude de le comprendre
en termes du quantificateur existentiel ; dire qu'un objet x
existe, c'est dire qu'il y a un y qui est identique à x
($Ex =_{df} \exists y \, (y = x)$). Mais selon cette interprétation, il sera
logiquement vrai que les F existent. Et ainsi, une position
antiréaliste n'ira pas seulement à l'encontre de nos jugements
substantiels dans d'autres domaines d'enquête, elle ira
également à l'encontre des principes de base de la logique.

Il me semble que cette difficulté ne peut être éliminée
qu'en maintenant que le prédicat « existe » est utilisé dans
un sens « épais », ontologiquement chargé. En disant qu'un
nombre particulier existe, nous ne disons pas que quelque
chose lui est identique, nous disons quelque chose à propos
de son statut en tant que constituant authentique du monde.
Si l'on admet qu'il y a un tel sens épais, la question de
savoir si un objet particulier ou des objets d'une sorte
particulière existent sera bien entendu une question
substantielle.

Pour ma part, je préfèrerais ne pas utiliser le terme
« existe » pour exprimer le sens épais étant donné son
association commune avec le sens fin. Un meilleur terme
serait « réel ». Ainsi, nous devrions dire que le réaliste à
propos des nombres est engagé envers la réalité des nombres
plutôt qu'envers leur existence ; et il serait préférable que
le réaliste exprime son engagement au moyen des mots
« les nombres sont réels » plutôt qu'au moyen de « les
nombres existent ». Selon ce point de vue, il est tout
simplement malencontreux que les affirmations ontologiques
soient communément formulées en employant des termes
tels que « existe » ou « il y a », qui se prêtent si facilement
à une lecture fine.

Selon l'interprétation « réaliste » des affirmations ontologiques proposée, il y a un spectre de positions concernant la réalité des F, avec le réalisme absolu $\forall x(Fx \supset Rx)$ à un extrême et l'antiréalisme absolu $\forall x(Fx \supset \sim Rx)$ à l'autre. Entre les deux se trouvent plusieurs positions intermédiaires qui sont en désaccord à propos des F qu'elles considèrent comme existants. Ainsi, si G représente la ligne de séparation, une position intermédiaire prendra la forme : $\forall x(Fx \supset (Rx \equiv Gx))$. Selon l'explication quantificationnelle, au contraire, la position réaliste et la position antiréaliste sont contradictoires ($\exists xFx$ versus $\sim\exists xFx$) et il n'y a pas de place pour une position intermédiaire.

En principe, la question de savoir s'il faut être réaliste ou antiréaliste en notre sens est indépendante de la question de savoir s'il faut être réaliste ou antiréaliste au sens usuel ; et il en va de même pour les positions intermédiaires. Car puisque, selon notre point de vue, les thèses qui constituent les positions sur l'axe réalisme/antiréalisme sont toutes universelles, elles sont muettes à propos de la question de savoir s'il y a des F auxquelles elles s'appliquent. Ainsi, toujours selon notre point de vue, il serait possible de soutenir que tout nombre est réel ou que tout nombre est non réel, et de croire, tout en restant cohérent, qu'il y a des nombres ou qu'il n'y a pas de nombres.

Cependant, la signification visée des diverses positions réalistes/antiréalistes repose sur l'adoption d'une posture réaliste au sens usuel, i.e. sur la supposition qu'il y a des F. Car si l'antiréaliste en notre sens se trouvait être un antiréaliste au sens usuel (i.e. se trouvait penser qu'il n'y a pas de F), alors il serait en accord avec le réaliste en notre sens, puisque son affirmation que tout F est réel serait vraie de manière vide. En fait, la signification visée de ces diverses positions repose sur la supposition non seulement qu'il y a des F, mais également qu'il y a tous les F que l'on suppose communément qu'il y a. Le réaliste et l'antiréaliste à propos des entiers naturels, par exemple, se considèreront certainement comme étant en désaccord à propos de la réalité de chacun des entiers naturels – 0, 1, 2, … ; et ceci ne serait pas possible si aucun d'entre eux ne supposait qu'il y a les nombres 0, 1, 2, … C'est seulement une fois que l'existence de ces objets est admise qu'il peut y avoir un débat sur la question de savoir s'ils sont réels (l'erreur de Quine, pourrait-on dire pour continuer la plaisanterie, a résulté de sa réticence à saisir Platon par la barbe).

Ceci montre en fait à quel point les caractérisations habituelles du réalisme et de l'antiréalisme sont sérieusement erronées. À strictement parler, le réalisme et l'antiréalisme n'ont que faire de se prononcer sur la question du réalisme ou de l'antiréalisme telle qu'elle est habituellement comprise, car c'est au mathématicien de dire s'il y a des nombres, ou au scientifique de dire s'il y a des atomes, ou à l'homme dans la salle de dire s'il y a des chaises ou des tables. Néanmoins, l'intérêt des positions réalistes et antiréalistes repose sur la supposition qu'il y a des nombres, ou des atomes, et ainsi de suite (puisqu'autrement leurs positions seraient vraies de manière vide). Ainsi, loin d'être en désaccord avec la position antiréaliste, le réalisme – tel qu'il est habituellement compris – est une présupposition commune de la position réaliste et de la position antiréaliste.

Bien que le point de vue proposé ici et le point de vue quantificationnel précédent recourent tous deux à une notion épaisse d'existence, il est important de les distinguer. Selon le point de vue précédent, la position réaliste prend la forme d'une quantification existentielle, $\exists x Fx$, où le quantificateur reçoit une interprétation épaisse. Il n'est par conséquent pas plus approprié que le point de vue quantificationnel fin pour exprimer une position réaliste absolue.

Bien entendu, à partir d'une interprétation épaisse du quantificateur existentiel, on peut définir un prédicat d'existence épais E de la manière habituelle : exister au sens épais, c'est être identique à quelque chose au sens épais ($Ex =_{df} \exists y(x = y)$). Si l'on suppose que le prédicat d'existence résultant possède essentiellement le même sens que notre prédicat de réalité, alors on pourra exprimer la position réaliste absolue sous la forme : $\forall x(Fx \supset Ex)$. Ainsi, contrairement à ce qui se produit avec le point de vue quantificationnel fin, nous ne manquerons pas d'expressions nécessaires pour formuler une position réaliste absolue (ou quelque position intermédiaire que ce soit).

Cependant, il y a encore une différence significative entre ce que notre position et ce que la position quantificationnelle épaisse pourraient de manière plausible considérer comme primitif. À partir d'un quantificateur non restreint $\exists$, on peut définir un prédicat d'existence E de la manière habituelle. Il est alors clair que c'est le quantificateur plutôt que le prédicat qui doit être considéré comme primitif ; car le prédicat peut être défini en termes du quantificateur, mais puisque le quantificateur est non restreint, il ne sera pas possible de définir le quantificateur en termes du prédicat. Or, il est conforme avec notre compréhension générale de la position quantificationnelle que, selon cette position, le quantificateur épais doit être considéré comme non restreint (ou, si l'on pense que le quantificateur doit être restreint à telle ou telle catégorie d'objets, que la restriction n'aura aucune incidence particulière sur la façon dont quantificateur vient à être épais). Ainsi, le quantificateur épais sera sans doute primitif pour le quantificationnaliste, et le prédicat épais défini, alors que pour nous, c'est le prédicat qui est primitif (ou relativement primitif) et le quantificateur qui est défini.

Cette différence de point de vue est importante pour l'attitude générale adoptée en ontologie. Le quantificationnaliste épais suit une tradition récente en considérant le concept de quantification comme étant essentiel à notre compréhension de l'ontologie. Selon cette approche, une clarification plus approfondie des affirmations ontologiques doit être obtenue au travers d'une meilleure compréhension de l'interprétation visée du quantificateur, et les inquiétudes que l'on pourrait avoir à propos de l'intelligibilité de telles affirmations dériveront de craintes concernant la question de savoir si le quantificateur est capable de recevoir son interprétation visée. Nous trouvons ainsi un intérêt récent [1] pour la « divergence du quantificateur », pour la possibilité qu'il soit correct de donner son assentiment à « il y a des F » sous une interprétation non restreinte du quantificateur « il y a », et incorrect de donner son assentiment à « il y a des F » sous une autre interprétation non restreinte du quantificateur. La possibilité d'une telle divergence peut alors être utilisée pour désamorcer les débats ontologiques, dans le cas où l'on considère que le réaliste et l'antiréaliste ne peuvent être compris que comme ayant à l'esprit une interprétation différente du quantificateur, ou elle peut être utilisée pour injecter de la signification dans les débats, dans le cas où l'on considère qu'une interprétation

---

1. Intérêt illustré par les contributions de Chalmers, Hirsch et Sider dans D. Chalmers, D. Manley, R. Wasserman (eds.), *Metametaphysics*, *op. cit.*

particulière du quantificateur est ontologiquement supérieure aux autres.

Je demeure pour ma part insensible à ces arguments. Il me semble que ce qui paraît être, selon ces arguments, une interprétation non restreinte différente du quantificateur, c'est ou bien une interprétation restreinte du quantificateur, ou bien l'interprétation d'un pseudo-quantificateur, de quelque chose qui se comporte comme un quantificateur sans en être réellement un, ou bien encore simplement une absence d'interprétation. Et je suis impressionné par les contre-arguments. Même s'il y a quelque plausibilité dans la suggestion que les opposants d'une dispute ontologique pourraient utiliser « il y a » en différents sens, il n'y a aucune plausibilité dans la pensée que lorsqu'un philosophe donné change d'avis à propos d'un problème ontologique, il passe, d'une manière ou d'une autre, d'une interprétation du quantificateur à une interprétation distincte. Il est également difficile de voir, dans le cas où les opposants dans une dispute ontologique *se trouveraient* utiliser le quantificateur en différents sens, pourquoi ils ne seraient pas capables de donner un sens du quantificateur plus global, par rapport auquel la dispute ontologique pourrait alors être comprise.

Mais mon propos plus large est que ces excursions dans la sémantique de la quantification, quel que puisse être par ailleurs leur intérêt, sont en grande partie sans rapport avec la compréhension de l'ontologie. On doit, bien sûr, utiliser le quantificateur pour formuler des affirmations ontologiques, puisqu'elles sont de forme universelle et doivent par conséquent être exprimées en disant que *tout* objet de telle ou telle sorte est ou n'est pas réel. Mais cet usage du quantificateur est relativement clair et ne pose pas de problème spécial pour l'ontologie par opposition à une autre discipline. L'aspect crucial et distinctif des affirmations ontologiques réside non pas dans l'usage du quantificateur, mais plutôt dans le recours à un certain concept de ce qui est réel ; et c'est seulement en se concentrant sur ce concept, plutôt que sur notre compréhension de la quantification, qu'une clarification plus approfondie doit être obtenue ou que les inquiétudes à propos du débat doivent au bout du compte être justifiées.

Mais comment, si cela est possible, peut-on clarifier plus avant le concept de ce qui est réel ? Un premier pas modeste peut être fait en reliant le concept que ce qui est réel au concept de réalité. Notre terme pour ce qui est réel, tel que nous l'avons compris jusqu'à présent, est un prédicat ; il s'applique à des objets – aux nombres, aux chaises, aux électrons, et ainsi de suite. Mais il y a un opérateur de phrases apparenté, qui peut être exprimé au moyen d'expressions telles que « dans la réalité » ou « il est constitutif de la réalité que » (et qui peut être symbolisé par « $R[\ldots]$ », où « … » tient lieu d'une phrase). Ainsi, un réaliste à propos des nombres peut soutenir que dans la réalité, il y a une infinité de nombres premiers, alors que l'antiréaliste ne le peut pas, même s'il est parfaitement prêt à concéder qu'il y a en fait une infinité de nombres premiers. Ou encore, le réaliste normatif peut soutenir que diverses choses sont, dans la réalité, bonnes ou mauvaises, alors que l'antiréaliste ne le peut pas, même s'il est disposé à concéder que diverses choses sont en fait bonnes ou mauvaises.

L'opérateur de réalité étant donné, nous pouvons par définition dire d'un objet qu'il est réel si, pour quelque manière possible d'être de cet objet, il est constitutif de la réalité que cet objet soit de cette manière (en symboles,

$Rx =_{df} \exists\varphi R[\varphi x])$ [1]. Ainsi, les nombres 1 et 2 sont réels selon cette explication, par exemple, s'il est constitutif de la réalité que 2 est plus grand que 1, et cette chaise est réelle s'il est constitutif de la réalité qu'elle se trouve là-bas ; et, en général, les objets réels sont les objets *de* la réalité, ceux qui figurent dans les faits par lesquels la réalité est constituée. Nous avons ici une progression d'idées – du quantificateur, comme dans l'explication quinienne originale, à l'opérateur en passant par le prédicat ; et l'ontologie trouve son foyer, pour ainsi dire, dans une conception de la réalité telle que donnée par l'opérateur.

Ce dernier pas, aussi modeste qu'il puisse être, permet de jeter plus de lumière sur la nature de l'ontologie, et sur la manière dont notre position diffère de positions voisines. Il rend visible, en premier lieu, que notre position n'est pas une version du meinongianisme. Les meinongiens disent typiquement que certaines choses – telles que les objets fictionnels ou intentionnels – sont non existants ou non réels – alors que d'autres objets – tels que les choses matérielles – sont existants. Mais cette distinction, quelle que soit la manière dont elle doit être comprise, semble orthogonale à notre propre distinction entre ce qui est réel et ce qui ne l'est pas. Car il n'y a aucune raison pour laquelle les objets intentionnels, par exemple, ne devraient pas figurer en tant que constituants de la réalité malgré leur humble statut de non existants, ni de raison pour laquelle les choses matérielles ne devraient pas se trouver hors de l'ensemble des constituants de la réalité malgré leur statut élevé d'existants.

---

1. Le quantificateur « pour quelque φ » dans cette formulation devrait être compris comme un quantificateur du second ordre ; et il est essentiel que x ait une occurrence actuelle dans la proposition φx.

Notre explication du réel en termes de réalité aide aussi à expliquer en quoi l'ontologie est une partie de la métaphysique. Car la métaphysique – ou, du moins, l'aspect pertinent de la métaphysique – peut être comprise comme s'intéressant à la manière dont les choses sont dans la réalité. Ainsi, une métaphysique complète déterminera toutes les vérités de la forme « dans la réalité, … ». Une métaphysique complète déterminera par conséquent une ontologie complète, puisque les objets de l'ontologie seront ceux qui figureront dans les compléments propositionnels « … » ; et il est plausible que ce ne soit qu'en pratiquant la métaphysique, *i.e.* en déterminant la manière dont les choses sont dans la réalité, que nous serons en position de déterminer ce que doit être l'ontologie.

Nous pouvons également voir à partir de notre explication que certaines tentatives naturelles pour « renforcer » une affirmation ordinaire par une affirmation ontologique sont de fait vouées à l'échec. Selon l'une de ces tentatives, on obtient une affirmation ontologique à partir d'une affirmation ordinaire en la préfixant d'un opérateur de réalité (l'affirmation est faite depuis l'intérieur de la « boîte ontologique »). Selon cette suggestion, un engagement ontologique envers des F sera exprimé non pas par $\exists x Fx$, mais par $R[\exists x Fx]$.

Mais l'affirmation préfixée n'est ni nécessaire ni suffisante pour un engagement ontologique partiel envers des F (tel qu'exprimé par $\exists x(Fx \ \& \ Rx)$ ou, de manière équivalente, par $\exists x(Fx \ \& \ \exists \varphi R[\varphi x])$). Elle n'est pas nécessaire, puisqu'affirmer la réalité d'un F est compatible avec un rejet de la réalité d'un fait existentiel de la forme $\exists x Fx$, basé sur la thèse que seuls les faits particuliers sous-jacents de la forme Fx sont réels ; et elle n'est pas suffisante, puisqu'affirmer la réalité du fait qu'il y a un F est compatible, selon une « théorie de faisceau » qui ne reconnaît que des faits généraux, avec le rejet de la réalité de tout fait particulier de la forme Fx. Et il en va de même, semble-t-il, pour n'importe quelle autre affirmation préfixée.

Nous avons ici une objection supplémentaire à la position quantificationnelle standard, dans la mesure où les affirmations du réaliste sont considérées comme sujettes à des exigences – telles que celle de la vérité stricte et littérale ou celle de la vérité fondamentale – qui vont au delà de celles que l'on considère habituellement comme étant en vigueur. Car quelqu'un pourrait être disposé à affirmer en tant que vérité stricte et littérale, par exemple, que cette chaise se trouve là-bas, et par là même être un réaliste à propos des chaises, et cependant vouloir nier qu'il y a des chaises, sous prétexte que cette affirmation existentielle, comme n'importe quelle autre, est seulement une manière « figurée » de pointer vers une instance. De la même manière, un antiréaliste à propos des chaises pourrait contester la vérité stricte et littérale de n'importe quel énoncé particulier à propos des chaises, tout en n'étant pas disposé à affirmer qu'il n'y a pas de chaises, sous prétexte que cette affirmation universelle, comme toutes les autres, est simplement un « billet d'autorisation » qui n'est pas en soi-même capable d'être strictement vrai ou faux. Ainsi, les positions à propos de la vérité stricte ou littérale des affirmations quantificationnelles peuvent interférer avec la capacité de telles affirmations d'exprimer les diverses formes particulières de positions réalistes et antiréalistes.

On pourrait également tenter de renforcer les affirmations ordinaires en préfixant tous les énoncés quantifiés (qu'ils soient enchâssés ou pas) de l'opérateur de réalité. Cela revient effectivement à utiliser le quantificateur épais, ontologiquement chargé, à la place du quantificateur fin, ontologiquement neutre. Selon cette suggestion, on ne dit jamais « quelque » ou « tout » au sens fin, on dit seulement « **quelque** » ou « **tout** » au sens épais. Cependant, ce que l'on souhaite dire, en tant que réaliste à propos des nombres, c'est que tout nombre au sens *fin* est réel ($\forall x(Nx \supset \exists \varphi R[\varphi x])$) ; et l'usage exclusif du quantificateur épais est insuffisant pour formuler une telle affirmation.

Ce qui est significatif à propos des affirmations ontologiques, telles que nous les avons comprises, c'est qu'elles nous demandent de « quantifier dans » la portée de l'opérateur de réalité ($\forall x(\ldots R[\ldots x \ldots])$). Il est naturel de penser que lorsque nous pratiquons les mathématiques, la science, ou une autre discipline, nous adoptons un point de vue qui est interne au domaine d'enquête en question, mais que lorsque nous faisons de l'ontologie ou de la métaphysique, nous adoptons un point de vue qui est externe à tout domaine particulier d'enquête[1]. Selon la présente approche, cette distinction est une affaire de portée – le point de vue interne correspondant aux affirmations faites depuis l'extérieur de la portée de l'opérateur de réalité, et le point de vue externe aux affirmations faites depuis l'intérieur de sa portée. L'élément de « quantification dans » correspond par conséquent à une comparaison entre la manière dont sont les choses d'un point de vue interne et la manière dont elles sont d'un point de vue externe. Dans la formulation du réalisme à propos des nombres, par exemple, nous devons considérer chacun des nombres

---

1. Cette distinction remonte bien entendu à Carnap « Empiricism, Semantics and Ontology », bien que ce dernier n'associait aucune signification cognitive au point de vue externe. Comme le suggère la présente discussion, il peut y avoir un certain intérêt à développer la logique de l'opérateur de réalité et la sémantique qui le régit.

du point de vue interne, pour ensuite demander comment il est du point de vue externe.

Depuis « Empiricism, Semantics and Ontology » de Carnap, on a souvent pensé que, quel que soit le domaine d'enquête, il fallait adopter l'un de ces points de vue à l'exclusion de l'autre, soit en s'engageant dans l'enquête elle-même, soit en l'évaluant depuis l'extérieur. Ainsi, les deux suggestions précédentes de renforcement des affirmations ordinaires peuvent être vues comme résultant de l'adoption d'un point de vue exclusivement externe – relativement aux affirmations de l'ontologie dans un cas, ou à l'usage du quantificateur dans l'autre cas. Mais si je suis dans le vrai, la pleine force des affirmations ontologiques que nous avons besoin de formuler ne peut être proprement mise en évidence qu'en adoptant les deux points de vue. C'est seulement en se tenant en dehors de la réalité que nous pouvons occuper un point de vue depuis lequel la constitution de la réalité peut être adéquatement décrite.

Quelque éclairantes que puissent être les précédentes remarques pour quelqu'un qui serait déjà disposé à accepter une conception métaphysique de la réalité, il est probable qu'elles feront peu pour dissiper les préoccupations de celui qui ne l'est pas. Y a-t-il autre chose qui pourrait être avancé pour sa défense ?

Nombreuses ont été les tentatives pour clarifier l'idée du réalisme dans la littérature récente ; et un examen critique de quelques unes d'entre elles se trouve dans mon article « The Question of Realism »[1]. Une tentative qui a récemment reçu quelques faveurs en rapport avec l'ontologie consiste à identifier ce qui est réel avec ce qui est fondamental ; et on pourrait de la même manière identifier

1. K. Fine « The Question of Realism », *op. cit.*

ce qui est le cas dans la réalité avec ce qui est le cas fondamentalement [1].

Mais aucun n'est en fait suffisant pour l'autre. En effet, supposons avec Thalès que le monde soit totalement composé d'eau, mais également, avec Aristote, que l'eau soit indéfiniment divisible. Alors l'eau sera réelle, mais aucune quantité d'eau ne sera fondamentale puisqu'elle sera toujours constituée de plus petites quantités d'eau. Ou encore, si nous supposons que le formalisme est vrai, alors il faudra dire que les nombres et les faits arithmétiques sont fondamentaux, puisqu'il n'y a rien de plus fondamental qui puisse les constituer, même s'ils ne sont pas réels ou ne sont pas le cas dans la réalité. Ainsi, les deux notions, bien qu'intimement liées, doivent être maintenues séparées pour les fins de l'enquête ontologique.

Pour ma part, je ne vois pas comment définir le concept de réalité en des termes essentiellement différents ; le cercle métaphysique des idées auquel il appartient est un cercle dont il ne semble pas possible de sortir. Il y a néanmoins certaines considérations qui militent fortement en faveur de l'adoption de ce concept. Elles sont longuement discutées dans « The Question of Realism », mais laissez-moi cependant mentionner ici brièvement deux points centraux qui émergent de cette discussion.

Nous semblons avoir originellement une bonne saisie *intuitive* du concept. Démocrite pensait que le monde ne consiste en rien d'autre que des atomes dans le vide. Je considère qu'il s'agit d'une position intelligible, qu'elle soit correcte ou non. Je suppose également que son idée

---

1. Voyez D. Chalmers (« Ontological Anti-Realism », *op. cit.*), C. Dorr (« What We Disagree about When We Disagree about Ontology », *op. cit.*), J. Schaffer (« On What grounds What » § 2.3. 5, dans D. Chalmers, D. Manley, R. Wasserman (eds.), *Metametaphysics*, *op. cit.*) pour quelques positions de cette sorte.

que le monde ne consiste en rien d'autre que des atomes dans le vide peut être considérée comme un raccourci pour la thèse selon laquelle le monde ne consiste en rien d'autre que cet atome-ci ayant cette trajectoire-ci, cet atome-là ayant cette trajectoire-là, ..., ou quelque chose de la sorte. Je suppose de plus que cette position n'entre pas en conflit avec sa croyance en l'existence de chaises et autres choses similaires. Certainement, l'existence des chaises crée à première vue une difficulté pour la position, mais pour autant que l'existence des chaises peut être vue comme ne consistant en rien d'autre que des atomes dans le vide, la difficulté peut être évitée. Je suppose finalement que s'il avait été disposé à admettre que le monde ne consiste en rien d'autre que des atomes *et* des objets macroscopiques, alors il n'aurait pas été disposé à admettre que le monde ne consiste qu'en des atomes.

Mais celui qui est disposé à me suivre aussi loin aura de ce fait épousé une conception métaphysique de la réalité. Car alors, on pourra considérer qu'une chose est constitutive de la réalité si elle fait partie du complément « ... » dans une affirmation vraie de la forme « le monde ne consiste en rien d'autre que ... ». Et ainsi, il sera constitutif de la réalité que tel ou tel atome possède telle et telle trajectoire, mais pas qu'il y a une chaise là-bas, même s'il est en fait vrai qu'il y a une chaise là-bas. Bien entendu, le sceptique a toujours la possibilité de douter de la cohérence de la position de Démocrite. Il suit simplement de l'existence des chaises, pourrait-il dire, qu'il *y a* plus dans le monde que des atomes dans le vide, puisqu'il y a aussi des chaises. Mais j'espère ne pas être le seul à penser qu'un tel philosophe est ou bien coupable d'une forme grossière de stupidité métaphysique, ou bien trop sophistiqué pour son propre bien.

Il semble, en second lieu, que nous ayons une bonne saisie *pratique* de la notion. Nous savons en principe comment trancher des questions à propos de la constitution de la réalité même si nous avons des difficultés à les trancher dans des cas particuliers. Les éléments essentiels de la méthode ont déjà été mentionnés. En effet, pour défendre la thèse selon laquelle le monde ne consiste en rien d'autre que des atomes dans le vide, Démocrite doit soutenir que le fait qu'il y a des chaises ne consiste en rien d'autre que des atomes dans le vide, ou expliquer d'une autre manière comment l'existence des chaises est compatible avec sa vision du monde. Dans la mesure où il y parvient, nous avons une raison d'accepter sa vision du monde, et dans la mesure où il n'y parvient pas, nous avons une raison de la rejeter.

Cette explication de notre méthode pour régler les disputes ontologiques requiert que nous ayons une saisie, non seulement d'une conception absolue de la réalité, d'un *il n'y a rien de plus que ...*, mais également d'une conception relative, d'un *il n'y a rien de plus dans ... que ...*, puisque c'est à travers notre évaluation des affirmations relatives que nous tentons de juger de la plausibilité des affirmations absolues. De nombreux philosophes semblent avoir pensé que notre possession d'une bonne saisie pratique de telles notions dépend de notre capacité à les définir en d'autres termes, de telle sorte que les questions de la métaphysique et de l'ontologie deviennent par là même des questions de sémantique, d'épistémologie, ou de science dans son ensemble. Je considère qu'il s'agit d'une sérieuse erreur méthodologique : une réflexion minutieuse montre que notre saisie intuitive de ces notions est un guide suffisant en lui-même pour leur emploi correct ; et la tentative de définir ces notions en d'autres termes a seulement servi à fausser notre compréhension des questions métaphysiques et des méthodes au moyen desquelles elles doivent être résolues[1].

1. Mes remerciements à Ruth Chang, Mike Raven, ainsi qu'à l'audience d'un colloque de philosophie à l'USC et à celle d'une réunion de la Southern Society for Philosophy and Psychology pour les nombreux commentaires utiles.

Deuxième partie

L'IDENTITÉ, LA CONSTITUTION, LE VAGUE

Introduction

L'ontologie doit se pencher sur la nature des choses et donc, pour les choses matérielles, sur leur constitution matérielle. Entre la statue et le bronze qui la constitue, existe-t-il une relation d'identité, la statue n'étant qu'un bloc de bronze avec telle forme, ou bien la statue est-elle plus que le bloc de bronze qui la constitue ? Et si l'on fond le bronze pour constituer un bloc puis une nouvelle statue de forme différente, n'a-t-on pas montré que la statue n'était pas le bloc de bronze ? Car si la statue a disparu, le bloc existe, bien que prenant diverses formes. Mais faut-il en conclure qu'il existait deux objets sur le piédestal, la statue et le bloc ou bien que la statue n'existe pas réellement ? La constitution permet ainsi de s'interroger sur l'identité des choses et sur leurs conditions de persistance[1].

Quatre options sont possibles. 1) La thèse courante[2] consiste à distinguer deux objets coïncidants avec l'un qui

---

1. Voir M. Rea (ed.), *Material Constitution*, Lanham (MD), Rowman & Littlefield, 1997 et F. Drapeau-Contim, *Qu'est-ce que l'identité ?*, Paris, Vrin, 2010.

2. D. Wiggins, *Sameness and Substance Renewed*, Cambridge, Cambridge UP, 2001.

constitue l'autre. Les deux objets partagent toutes leurs parties matérielles [1] et la question que doit affronter un défenseur de cette thèse est celle du fondement de la distinction entre les deux objets puisqu'ils sont identiques quant à leur partie. 2) L'éliminativiste considère que l'on ne peut pas distinguer les deux objets et que la statue n'est pas une substance supplémentaire. Seul le bloc de matière existe et l'on peut continuer à parler d'une statue tout en sachant que l'on parle d'un bloc de matière arrangé à la manière d'une statue [2]. 3) La théorie de la sorte dominante défend l'idée selon laquelle quand on a l'impression que deux objets coïncident parfaitement, un seul des deux objets existe, celui dont la sorte domine. Dans notre exemple, la statue existe mais pas le bloc de bronze car la sorte *statue* domine la sorte *masse* [3]. 4) A moins que, bien qu'ayant les mêmes parties, la statue et le bronze ne soient pas identiques car l'identité absolue n'existe pas, mais les deux objets sont seulement identiques relativement à certaines catégories [4]. Si *a* est le nom de la statue et *b* celui du bloc, on ne pourrait dire que *a* est identique à *b simpliciter* mais seulement que *a* est identique à *b* relativement à telle

1. Un problème similaire se pose si l'on considère des objets ayant des parties temporelles en tous points identiques. S'agit-il de deux objets ou d'un seul ? Voir D. Lewis, « The Paradoxes of Time Travel », *American Philosophical Quarterly*, 13, 1976, p. 145–152.

2. Voir P. van Inwagen, *Material Beings*, Ithaca, Cornell UP, 1990. Mais van Inwagen ne défend pas un nihilisme complet puisqu'il reconnaît que des composés vivants, par leur activité, constituent des objets non éliminables.

3. M. Burke, « Preserving the Principle of One Object to a Place : A Novel Account of the Relations among Objects, Sorts, Sortals and Persistence Conditions », *Philosophy and Phenomenological Research*, 54 : 591–624, 1994.

4. P. Geach, *Reference and Generality*, Ithaca, Cornell UP, 1962.

catégorie : *a* et *b* sont la même statue mais pas le même bloc.

Dans le premier texte, Michael Rea examine une forme de défense de la thèse 1 en reconsidérant les notions d'identité et de mêmeté. Déjà présente chez Aristote, la mêmeté accidentelle, sans être la relation de composition, pourrait éclairer cette relation. La statue et le bronze pourraient être un selon le nombre bien que de deux espèces différentes. Il faudrait donc compter une seule chose sur le piédestal, tout en reconnaissant qu'il y a une statue et une masse de bronze qui sont accidentellement la même chose. Elles ne sont pas identiques car leurs conditions de persistance varient mais elles sont les mêmes de manière contingente, pour un certain temps.

Peter Unger défend la position 2, l'éliminativisme qu'il nomme nihilisme, puisqu'il refuse les objets composés, les objets avec des parties propres constitutives de l'objet. Dans le texte traduit, ici c'est la personne qui est analysée mais l'argument est de portée plus générale. Unger reprend le problème de l'existence déjà abordé entre autres par Hume en le radicalisant par un argument sorite[1]. Si l'on ôte une particule à un objet, l'objet semble toujours exister sans différence significative. Si l'on répète l'opération jusqu'à la disparition des composants, doit-on encore parler de l'objet sans composant et sans qu'il ait significativement changé ? Selon Unger, seule la négation de l'existence initiale de l'objet permet d'éviter cette conclusion absurde, et il en va de même si cet objet est une personne composée de cellules car l'on peut appliquer le même sorite de décomposition à l'organisme humain.

---

1. D. Hyde, « Sorites Paradox », *The Stanford Encyclopedia of Philosophy* (Winter 2011 Edition), E. N. Zalta (éd.), http://plato.stanford. edu/archives/win2011/entries/sorites-paradox/

Mais peut-être les arguments sorites de Unger, tout comme les incertitudes sur la constitution matérielle, ne font-ils que souligner le vague de certains prédicats. Pour certains prédicats comme grand (ou bleu, jeune, etc.), il est difficile de tracer une limite précise entre les cas où le prédicat vaut pour l'objet et les cas contraires. Ainsi, il est difficile de dire si une personne mesurant 1,80 m est grande ou non. Ce vague est peut-être dû à notre *ignorance* quant aux cas-limites d'application du prédicat, c'est la théorie épistémique du vague[1], ou bien à une indécision quant à l'*usage* du prédicat, c'est la théorie sémantique du vague. Van Inwagen défend une thèse plus générale, celle d'une énigme du vague, qui concerne les deux options. Seule une théorie raisonnable du vague pourrait nous l'expliquer et éviter le mystère du vague. Cette théorie suppose qu'il y a des cas limites pour certains prédicats vagues. Or, Van Inwagen montre que si l'on accepte qu'il existe des prédicats vagues, il faut en conclure qu'il y a des existences vagues[2] et des paradoxes sur les limites d'application des concepts. Or les existences vagues posent problème : x existe ou non et n'a pas une existence ontologiquement vague. La théorie épistémique qui veut se garder d'un vague ontologique pour mieux le situer dans notre connaissance ne peut éviter la supposition du vague ontologique. De son côté, la théorie sémantique qui poserait des degrés de vérité mène à des paradoxes qui font douter de sa pertinence. D'où la conclusion de Van Inwagen : nous ne comprenons pas bien ce qu'est le vague.

1. T. Williamson, *Vagueness*, London, Routledge, 1994.
2. Voir F. Nef, *L'objet quelconque*, Paris, Vrin, 1998, 4ᵉ partie, chap. 1 et 3 ; P. Engel, « Les objets vagues le sont-ils vraiment ? », dans S. Chauvier (ed.), « Gareth Evans », Caen, *Cahiers de philosophie de l'Université de Caen*, 2004.

MICHEAL REA

LA MÊMETÉ SANS L'IDENTITÉ :
UNE SOLUTION ARISTOTÉLICIENNE
AU PROBLÈME DE LA CONSTITUTION
MATÉRIELLE [1]

I

Les objets matériels ordinaires peuvent être caractérisés de manières très diverses et plus précisément, ils peuvent être caractérisés comme une diversité de choses différentes. Par exemple, une statue de bronze peut-être considérée comme une statue ou comme une masse de bronze ; un arbre peut être considéré comme un arbre ou comme un amas de cellules ; un hamac peut être considéré comme un hamac ou comme un morceau de corde ou peut-être même comme un filet. Le fait que ces objets puissent être caractérisés de manières si différentes est dû au fait que leurs parties sont unifiées de différentes manières et que nous avons associé des termes sortaux à chacune de ces diverses espèces d'unité. Par exemple, les parties d'une statue en bronze sont organisées à la fois à la manière d'une statue et d'une masse ; et puisqu'elles sont organisées

---

1. Traduction par Y. Schmitt de « Sameness without identity », *Ratio*, XI, 1998, p. 316-328.

de ces deux manières en même temps, nous sommes conduits à dire qu'elles composent une statue *et* qu'elles composent une masse. En apparence, tout ceci semble inoffensif, mais il y a derrière ces apparences de difficiles problèmes philosophiques.

L'un de ces problèmes est le problème de la constitution matérielle. Considérez, par exemple, la statue en bronze d'Athéna (appelons la « *Athéna* »). Sur le piédestal sur lequel *Athéna* se tient, nous pouvons identifier une statue ; nous pouvons aussi identifier un morceau de bronze ; et il semble raisonnable de se demander : « Quelle relation entretiennent la statue et le morceau de bronze ? » Une des réponses est que la pièce de bronze *constitue* la statue : c'est la masse de matière à partir de laquelle la statue est faite. Mais cette réponse entraine une autre question : « Qu'est-ce que la constitution ? » Beaucoup, au moins au départ, inclinent à dire que la constitution est *l'identité*. Après tout, il n'y a qu'un seul objet sur le piédestal *d'Athéna*, donc *Athéna* doit être identique au morceau de bronze qui la constitue. Mais cette réponse n'est pas satisfaisante puisque les statues et les morceaux de bronze ont des conditions de persistance différentes : par exemple, le morceau de bronze peut survivre au fait d'être refondu pour donner une statue de Ghengis Khan tandis que la statue ne le peut pas. L'autre solution est de dire que la constitution *n*'est *pas* l'identité, mais il semble que cette réponse ne convient pas davantage. Si la statue n'est pas identique au morceau de bronze, alors il semble qu'il doive y avoir deux objets placés sur le piédestal *d'Athéna* – mais bien sûr il n'y en a qu'un. Ainsi ce que nous devrions dire de la relation entre la statue et le morceau de bronze n'est pas clair.

D'une manière générale, le problème de la constitution matérielle se pose à chaque fois qu'il semble qu'un objet *a* et un objet *b* partagent intégralement les mêmes parties tout en étant essentiellement reliés à ces parties de différentes manières. De tels scénarios sont déroutants parce que nous sommes tentés de dire à la fois que *a* est identique à *b* et que *a* est distinct de *b*. Le problème est particulièrement difficile à régler parce que nos intuitions favorables aux deux positions sont bien enracinées en nous et que les options pour résoudre ces difficultés sont limitées. J'ai défendu ailleurs [1] que pour chaque perplexité qui soulève ce problème, il n'y a en réalité que trois solutions :

(α) Rejeter l'idée que si *a* et *b* partagent intégralement les mêmes parties alors *a* est identique à *b*.

(β) Rejeter l'idée que si *a* est identique à *b* alors nécessairement *a* est identique à *b*.

(γ) Rejeter un élément de l'histoire qui conduit au problème (i.e., nier que *a* existe ou nier que *b* existe ou nier que *a* et *b* sont essentiellement reliés à leurs parties de différentes manières).

Aucune de ces options n'est attirante au départ. Chacune est contre-intuitive, nous demandant de nier une affirmation par ailleurs plausible à propos d'objets familiers ou à propos de relations que ces objets ont avec leurs parties.

Durant les trente dernières années, on a dépensé beaucoup d'encre pour résoudre les différentes difficultés issues de ce problème. Malgré cela, il y a au moins une solution qui a été presque complètement ignorée [2].

---

1. M. Rea, « The problem of material constitution », *Philosophical Review*, 104 : 525-552 et « Introduction », in *Material Constitution : a Reader*, M. Rea (ed.), Lanham (Md), Rowman & Littlefield, 1997.

2. Je dis « presque » car Nicholas White (« Identity, Modal Individuation, and Matter in Aristotle », in *Midwest Studies in Philosophy*,

Pratiquement tous ceux qui ont écrit sur le problème de la constitution matérielle ont assumé qu'adopter (α), c'est adopter la possibilité qu'il existe deux objets matériels distincts au même endroit au même moment. En réalité, cette supposition est fausse. Nous pouvons accepter (α) sans accepter la possibilité de la co-localisation si nous sommes prêts à suivre Aristote en faisant la distinction entre différentes espèces de mêmeté numérique. Je n'adopte pas ce type de solution (bien que j'aie de la sympathie pour elle)[1]. Mon but est simplement de montrer qu'il y a plus à dire sur (α) que ce que la plupart des auteurs récents ont reconnu. Si les positions d'Aristote sur la mêmeté sont correctes, alors le problème de la constitution matérielle peut être résolu sans nier la nécessité de l'identité, sans rejeter certains éléments des histoires qui mènent au problème *et* sans adopter la possibilité qu'il existe des objets matériels co-localisés.

II

La notion aristotélicienne de « mêmeté accidentelle » sera au cœur de notre discussion. Ce que je propose (assurant la défense maintenant et ensuite de la solution décrite dans cet article) est que nous comprenions la constitution dans les termes de cette relation. Je ne propose pas *d'identifier*

---

vol. 11, *Studies in Essentialism*, P. French *et al* (eds.), Minneapolis, University of Minnesota Press, 1986, p. 475–494) décrit une solution qui a recours aux théories aristotéliciennes auxquelles j'aurai aussi recours. Le problème est qu'à la fin, il est difficile de savoir si la solution que White décrit est supposée être plutôt comme celle que je décris ou plutôt comme la solution co-localisationnaliste que je rejette.

1. M. Rea, « Constitution and Kind Membership », *Philosophical Studies*, 97, 2000, p. 169–193.

la constitution avec la mêmeté accidentelle ; je veux plutôt simplement suggérer que les deux relations se ressemblent beaucoup par de nombreux aspects.

L'histoire de la mêmeté accidentelle commence avec des « objets loufoques » [1]. D'après Aristote, quand Socrate s'assoie, quelque chose appelé « Socrate-assis » commence d'exister. Socrate-assis est une « unité accidentelle ». Ce n'est pas une substance, mais (comme une substance) il a une structure « hylémorphique » : Socrate est la « matière » et être-assis est la « forme » ou le principe unifiant. Cet objet commence à exister quand l'être-assis en vient à être (métaphysiquement) prédiqué de Socrate ; il cesse d'exister dès que Socrate n'est plus assis. La mêmeté accidentelle est la relation obtenue entre Socrate et Socrate-assis aussi longtemps que les deux existent. C'est une relation plus faible que la stricte identité mais plus forte que la co-localisation [2].

Tel est ce que dit Aristote. Mais, comme on le fait souvent remarquer, cet aspect de l'ontologie d'Aristote est plutôt difficile à prendre au sérieux pour des lecteurs modernes. Ni les unités accidentelles ni la relation de mêmeté accidentelle ne semblent avoir de place parmi les relations et les objets familiers des ontologies contemporaines. Pourquoi alors devrions-nous croire qu'il y a des choses comme Socrate-assis ? Et quelle est cette relation mystérieuse de mêmeté accidentelle ?

---

1. Cette expression est originalement due à Gareth Matthews, voir « Accidental Unities », in *Language and Logos*, M. Schofield, M. Nussbaum (eds.), Cambridge, Cambridge UP, p. 251–262.

2. Cf. *Topiques* A7, 103a23–31 ; *Physique* A7, 190a17–21, 190b18–22 ; *Métaphysique* D6, 1015b16–22, 1016b32–1017a6 ; *Métaphysique* D29, 1024b30–1.

La seconde question est acceptable et y répondre est mon but principal dans cette section. Mais la première question est une fausse piste. Le fait est que beaucoup d'entre nous croient qu'il y a des choses *comme* Socrate-assis, et c'est pourquoi nous pensons qu'il y a un problème de constitution matérielle. Par exemple, nous croyons qu'il y a des poings et des statues, des arbres et des êtres humains. Mais, comme Socrate-assis, toutes ces choses peuvent être caractérisées comme des composés hylémorphiques dont la matière est un objet matériel (e.g., une main, un morceau de bronze, ou un morceau de tissus vivants) et dont la forme est une propriété (peut-être très complexe). Bien sûr, cette caractérisation brouille certaines distinctions importantes : elle semble dire que les parties du corps non séparées, les artefacts, les organismes et les morceaux de matière qui constituent les organismes sont tous sur un pied d'égalité avec des objets quand, en réalité, ils ne le sont pas (d'après Aristote). Mais, comme même Aristote l'aurait admis, qu'ils soient ou non sur un pied d'égalité, nous *croyons* qu'il y a toutes ces choses (c'est-à-dire que nous croyons qu'en un sens ou un autre, chacune de ces choses existe). Et ce que j'affirme ici c'est simplement que parmi ces choses auxquelles nous croyons, il y a des choses qui peuvent être construites comme des composés hylémorphiques qui (i) ont, comme matière, d'autres choses auxquelles nous croyons et (ii) existent seulement tant qu'une certaine propriété est prédiquée de cette matière. Mais dire cela, c'est simplement dire que nous croyons qu'il y a des unités accidentelles (au moins quelques unes). Et si nous prenons au sérieux notre croyance aux unités accidentelles – si nous ne rejetons pas ces objets en les réduisant à leurs parties comme, disons, Peter van Inwagen le fait [1] – alors nous nous trouvons confrontés au problème de la constitution matérielle.

Ainsi, les « objets loufoques » d'Aristote ne sont en réalité pas si loufoques que cela. Mais qu'en est-il de la relation de mêmeté accidentelle ? Comment la comprendre ? La littérature sur cette question, nous apprend les faits suivants à propos de la mêmeté accidentelle : (i) c'est la relation qui se situe entre l'unité accidentelle et la substance originaire [2] ; (ii) ce n'est ni une identité nécessaire ni une identité contingente (parce qu'Aristote nous dit que si a et b sont accidentellement les mêmes, ils sont d'une certaine manière les mêmes et d'une autre manière différents ; mais si a et b sont identiques – que ce soit nécessairement ou de manière contingente – ils ne sont différents en aucune manière [3]) ; et (iii) c'est une espèce de mêmeté numérique : si a et b sont accidentellement les mêmes, alors ils sont

---

1. Voir P. van Inwagen, *Material Beings*, Ithaca, Cornell UP, 1990, notamment chap. 10.

2. Je dois noter que les exemples grâce auxquels Aristote nous présente la mêmeté accidentelle sont tous des exemples dans lesquels les relata sont une authentique substance et un composé dont les constituants sont cette substance et une propriété comme être-assis. Néanmoins, je ne vois pas de raison de supposer que la relation *ne peut pas* se situer entre, disons, un morceau de bronze et la statue qu'il constitue, bien qu'aucun des deux ne soit une authentique substance.

3. On pourrait objecter ici que les objets qui sont seulement identiques de manière contingente *diffèrent* par leurs propriétés modales, et donc que la mêmeté accidentelle n'est finalement pas réellement différente de l'identité contingente. Mais ceci ne correspond pas à la conception des théoriciens de l'identité contingente. Les théoriciens de l'identité contingente nient que les objets aient des propriétés modales. Ceci les autorise à respecter la loi de Leibniz tout en niant que l'identité soit nécessaire (Voir par exemple A. Gibbard, « Contingent Identity », *Journal of Philosophical Logic*, 1975, 4, p. 187-221).

« un selon le nombre » bien qu'ils ne soient pas selon
Aristote « un selon l'être »[1].

Ce dernier point mérite quelques commentaires.
J'admets que (pour parler sans nuances), pour tout a et b,
a et b sont les mêmes numériquement seulement dans le
cas où a et b peuvent être *comptés* comme une chose. Ainsi,
en disant que la mêmeté accidentelle est une espèce de
mêmeté numérique, Aristote dit simplement que la mêmeté
accidentelle est l'une des relations dont les *relata* doivent
être comptés comme une chose. Or, la plupart des
philosophes contemporains admettent que, pour tout a et
b, a et b doivent être comptés comme une chose seulement
dans le cas où a est identique à b. S'ils ont raison, alors
cela n'a pas de sens de dire qu'il y a une relation qui n'est
pas l'identité mais qui est néanmoins une sorte de mêmeté
numérique. Mais je ne suis pas convaincu qu'ils aient
raison. Cela ne participe certainement pas du « sens
commun » de penser que, pour tout a et b, a et b doivent
être comptés comme une chose seulement dans le cas où
a est identique à b. Comme Denis Robinson l'a montré,
quand nous comptons selon le sens commun, nous
individuons les objets par leur matière[2]. Quand nous
vendons nos meubles de salle à manger, nous ne faisons
pas payer la table, les chaises *et* les morceaux de bois qui

---

1. Tout ceci est défendu par S. Cohen « Aristotle's Alternative to
Referential Opacity » non-publié ; F. Lewis, *Substance and Predication
in Aristotle*, New York, Cambridge UP, 1991 ; G. Matthews, « Accidental
Unities », *op. cit.* et « On Knowing How to Take Aristotle's Kooky
Objects Seriously », 1992, accessible en ligne sur le site de l'auteur et
N. White, « Identity, Modal Individuation, and Matter in Aristotle »,
op. cit. Concernant les textes d'Aristote, voir p. 112, note 1.

2. D. Robinson, « Can Amoebae Divide Without Multiplying ? »,
Australasian Journal of Philosophy, 1985, 63, p. 299–319.

les constituent. Mais alors pourquoi penser que les philosophes devraient compter les choses différemment ?

La réponse évidente est que les philosophes font des distinctions là où le sens commun n'en fait pas. Les philosophes reconnaissent qu'une statue de bronze n'est pas *identique* au morceau de bronze qui la constitue ; ainsi, on pourrait arguer qu'un philosophe est obligé de compter deux choses là où le sens commun n'en compte qu'une. Mais pourquoi devrions-nous être d'accord avec cela ? Par chance, nous avons de fortes intuitions philosophiques qui soutiennent :

> (1) Pour toute région R, il y a (au moins) deux objets dans R seulement dans le cas où il existe un x et il existe un y tel que x est dans R et y est dans R et $x \neq y$.

Mais nous avons aussi de fortes intuitions philosophiques qui soutiennent :

> (2) Une statue occupe la région occupée par *Athéna* ; un morceau de bronze occupe la région occupée par *Athéna* ; la statue dans cette région n'est pas identique au morceau de bronze ; et un seul objet occupe cette région.

Si nous n'avions pas d'intuitions pour soutenir (2), il n'y aurait aucun problème de constitution matérielle. Mais, bien sûr, si (2) est vrai, (1) est faux ; et je ne vois aucune raison valable de préférer (1) à (2).

« Mais, direz-vous, (2) n'est-il pas déraisonnable ? Comment comptons-nous les objets si nous n'en comptons pas *deux* dans une région où il y a une statue et un morceau de bronze distinct de la statue ? » Voici une réponse à cette question qui me semble raisonnable, cohérente avec notre pratique courante de comptage et qui n'implique pas que (1) soit vrai : nous comptons un objet (et seulement un) dans chaque région que remplit de la matière unifiée d'une manière à constituer un objet. Nous comptons une *statue* dans chaque région que remplit de la matière organisée à la manière d'une statue ; nous comptons une masse dans chaque région que remplit de la matière organisée à la manière d'une masse ; et nous comptons un *objet* dans chaque région que remplit de la matière organisée soit selon une de ces manières soit selon les deux (ou selon n'importe quelle autre manière de constituer un objet). Ainsi, quand nous reconnaissons une statue et une masse dans une région particulière et nions que la statue est identique avec la masse, nous sommes forcés de dire qu'il y a de la matière dans la région organisée à la fois à la manière d'une statue et à la manière d'une masse, et qu'être une statue est quelque chose de différent par rapport à être une masse ; mais tout ceci est cohérent avec le fait qu'il n'y a qu'un objet dans cette région[1].

---

1. On pourrait noter ici qu'il y a un argument plus direct (et plus aristotélicien) pour soutenir la conclusion que nous n'avons pas deux choses dans la région remplie par *Athéna*. Selon Aristote, « chose » et « objet » sont d'authentiques noms comptables ; ainsi, la question « combien de *choses* (ou *d'objets*) occupent la région remplie par *Athéna* ? » est simplement une mauvaise question. Cela a un sens de demander combien de *statues* remplissent la région, ou combien de *blocs* remplissent la région ; mais la réponse à chacune de ces questions est évidemment « un ». C'est certainement vrai mais je ne pense pas que cela rende inutiles mes remarques sur les objets comptables. La raison en est que, même si Aristote n'acceptait pas que « objet » et « chose » soient des noms comptables, de nombreux philosophes l'acceptent actuellement. L'inférence du fait qu'il y a une statue et une masse (distinct de la statue) remplissant complètement la région occupée par *Athéna* à la conclusion qu'il y a deux choses ou deux objets matériels remplissant cette région n'est pas du tout inhabituelle. Et ceux qui sont enclins à faire cette inférence ne sont pas susceptibles d'être impressionnés par celui qui simplement nie que « chose » et « objet » sont des noms comptables. Ce dont nous avons besoin, c'est de quelque chose de plausible sur les

Revenons maintenant à la caractérisation de la mêmeté accidentelle. La mêmeté accidentelle n'est pas l'identité, mais c'est une sorte de mêmeté numérique. De ce fait, il s'ensuit (presque évidemment) que (iv) la mêmeté accidentelle n'est pas la co-localisation. J'admets que, nécessairement, si a et b sont numériquement le même à un certain moment, alors a et b partagent toutes leurs parties à ce moment là. La mêmeté accidentelle implique donc une communauté complète de parties. Mais la co-localisation ne l'implique pas. Par exemple, un événement et un objet matériel peuvent occuper complètement la même région de l'espace-temps sans partager toutes leurs parties. De même, (même si c'est plus controversé) deux classes, une classe et un événement, et peut-être même deux événements [1] peuvent complètement occuper la même région de l'espace-temps sans partager l'ensemble de leurs parties. Bien sûr, j'ai orienté la discussion de telle sorte que je ne parle plus seulement d'objets matériels ; mais l'objectif ici est seulement de montrer que la co-localisation n'implique pas une complète communauté de parties, et c'est exactement ce que ces exemples montrent.

Par conséquent, la mêmeté accidentelle est une relation plus faible que l'identité mais plus forte que la co-localisation. Elle se rencontre à chaque fois que de la matière est organisée de différentes manières à la fois et à chaque fois que cela arrive, nous pouvons identifier différentes sortes d'objets à la même place mais néanmoins les compter (avec raison) comme une seule chose. S'il y a une telle

objets comptables qui nous autoriserait à ne compter qu'un seul objet dans un lieu où il se trouve que nous devrions en compter *deux* (ou plus). Et c'est précisément ce que j'ai exposé.

1. Selon Jonathan Bennett (*Events and Their Names*, Indianapolis, Hackett, 1988), deux jeux d'échec peuvent être co-localisés sans partager toutes leurs parties.

relation, cela nous donne une solution facile au problème de la constitution matérielle. Il nous suffit de dire que chaque fois que nous avons un objet *a* et un objet *b* qui partagent toutes leurs parties mais qui sont essentiellement reliés à leurs parties de différentes manières, les *a* et *b* pertinents sont numériquement les mêmes mais pas identiques. Évidemment, cette solution a un prix intuitif mais pour ceux qui sont convaincus que l'identité est nécessaire, que (disons) les statues et les blocs ont des conditions de persistance différentes et que la théorie co-localisationniste ne respecte pas nos intuitions sur le comptage, le prix pourrait bien mériter d'être payé.

III

Maintenant que j'ai complètement décrit la solution aristotélicienne, je voudrais finir en la défendant contre quatre objections. Je ne prétends pas que ce soient les seules objections que l'on peut opposer à cette théorie mais elles me semblent faire partie des plus évidentes et donc des plus importantes [1].

Première objection : dans la dernière section, j'ai dit que pour une région quelconque de l'espace R, il y a une statue dans R seulement au cas où R est remplie par de la matière arrangée à la manière d'une statue ; il y a un bloc dans R seulement au cas où R est remplie par de la matière arrangée à la manière d'un bloc ; et il y a *un objet* dans R seulement au cas où R est remplie par de la matière arrangée de l'une de ces manières ou des deux (ou de n'importe

---

1. Je suis reconnaissant envers Mary Louise Gill et différents membres d'une rencontre à l'Université du Delaware pour avoir attiré mon attention sur la première et la quatrième objections.

quelle autre manière de constituer un objet). J'ai dit ceci pour aider à rendre la notion de mêmeté accidentelle plus plausible, mais on peut se demander si cette conception du comptage est même *cohérente* avec la doctrine de la mêmeté accidentelle. Car, une fois que nous acceptons cette théorie, il semble que nous pouvons donner un argument très simple pour arriver à la conclusion que (par exemple) *Athéna* est *identique au* bloc de bronze (appelons-le « Bloc$_A$ ») qui la constitue. L'argument procède ainsi :

1. *Athéna* est identique à l'objet dont la matière est arrangée à la manière d'une statue.
2. Bloc$_A$ est identique à l'objet dont la matière est arrangée à la manière d'un bloc.
3. L'objet dont la matière est arrangée à la manière d'une statue est identique à l'objet dont la matière est arrangée à la manière d'un bloc.
4. Donc : *Athéna* est identique à Bloc$_A$.

Evidemment, si mes remarques sur le comptage m'engagent à adopter les prémisses de cet argument, alors elles impliquent la négation de l'affirmation que *Athéna* et Bloc$_A$ ont entre eux la relation de mêmeté accidentelle.

En réalité, malgré tout, il y a au moins une prémisse dans cet argument que je *n'ai pas* à adopter : la prémisse (3). On pourrait penser que (3) s'ensuit simplement du fait qu'il y a *un* objet dont la matière est arrangée à la fois à la manière d'un bloc, et à la manière d'une statue. Mais en réalité (3) s'ensuit de cela seulement si les théories d'Aristote sur la mêmeté sont fausses. La mêmeté numérique, selon Aristote, n'implique pas l'identité. C'est-à-dire que selon sa théorie, il *ne* s'ensuit pas du fait qu'il y a un objet dont la matière est arrangée à la fois à la manière d'un bloc et à la manière d'une statue que l'objet dont la matière est arrangée à la manière d'un bloc soit identique à l'objet arrangé à la manière d'une statue. Ainsi, ce ne sont pas mes remarques sur le comptage qui à elles seules m'engagent à admettre la conclusion que *Athéna* est identique à Bloc$_A$, mais c'est seulement la conjonction de ces remarques avec l'affirmation que les théories d'Aristote sur la mêmeté sont fausses. Mes remarques sur le comptage *prises en elles-mêmes* sont parfaitement cohérentes avec les théories d'Aristote sur la mêmeté.

Seconde objection : j'ai dit qu'il y a un (et seulement un) objet dans une région seulement au cas où la région est remplie par de la matière unifiée de manière à constituer un objet. Alors, considérons une région R qui est remplie par de la matière arrangée à la fois à la manière d'un bloc et à la manière d'une statue. Quel *est* l'objet dans R ? Quelles sont ses propriétés essentielles ? Si en effet, il y a simplement un objet dans R, ces questions devraient recevoir des réponses simples. Mais en réalité, il semble qu'elles n'en aient pas (du moins aussi longtemps que nous persistons à dire qu'il y a une statue et une masse dans R). Ainsi, il semble que, contrairement à ce que j'avais dit, il n'y a pas seulement un objet dans cette région.

Cela me semble être l'objection la plus stimulante à cette solution. Néanmoins, la réponse suivante me paraît assez raisonnable : la réponse correcte à la première question est que l'objet est à la fois une statue et un bloc ; à la seconde question, il n'y a pas de réponse correcte. Selon l'idée que j'ai défendue, dans une région remplie de matière arrangée à la fois à la manière d'une statue et à la manière d'un bloc, il y a une statue, il y a un bloc et la statue est numériquement le *même objet* que le bloc (bien qu'elle soit distincte du bloc). Cela semble suffisant pour nous engager à affirmer que l'*objet* « est » à la fois une statue et un bloc, tant que nous n'en inférons pas que la statue est identique au bloc ou que l'objet a les propriétés essentielles à la fois des statues et des blocs. Avec cette théorie, cependant, il est difficile de voir comment on pourrait donner une réponse correcte à la question « quelles sont ses propriétés essentielles ? » puisque l'on ne sait pas à quoi, du bloc ou de la statue, « ses » est supposé faire référence. Le pronom est ambigu et il nous faudrait donc lever l'ambiguïté avant de pouvoir donner quelque réponse correcte à cette question. Cela implique-t-il qu'il y a deux objets dans la région ? Il semblerait puisque nous sommes habitués à trouver des ambiguïtés sur les pronoms seulement quand un pronom réfère à *deux* entités numériquement distinctes à la fois. Mais si les théories d'Aristote sur la mêmeté sont correctes, nous devrions nous attendre aussi à trouver une ambiguïté sur les pronoms dans les cas de mêmeté accidentelle. Ainsi, inférer du fait que le pronom est ambigu qu'il doit exister deux objets dans la région, c'est simplement *présupposer* que les théories d'Aristote sur la mêmeté sont fausses.

Troisième objection : malgré ce que j'ai dit dans la section précédente, on pourrait avoir encore des doutes sur les avantages de cette solution par rapport à la solution co-localisationniste. Après tout, un des points avantageux de la solution aristotélicienne est qu'elle nous autorise à compter *un* objet au lieu de deux sur le piédestal d'*Athéna*. Mais est-ce suffisant pour justifier l'ensemble de l'outillage de la mêmeté accidentelle ? Pourquoi le co-localisationniste ne pourrait-il pas simplement concéder que les deux manières de compter (la sienne et l'aristotélicienne) sont également légitimes ? Pourquoi ne pas simplement dire qu'il est légitime de compter l'identité comme le font les co-locationistes et qu'il est légitime de compter les régions remplies de l'espace comme le font les aristotéliciens ? Cela ne nous donne-t-il pas ce que nous voulons sans toute la confusion sur différentes sortes de mêmeté numérique ?

De fait, non. Ce qui n'est pas satisfaisant dans la théorie co-localisationniste (pour ceux qu'elle ne satisfait pas), ce n'est pas simplement que leur manière de compter est anormale, mais qu'elle leur semble erronée ou même incohérente. Par exemple, Harold Noonan s'est plaint que le co-localisationniste semble « manifester un mauvais exemple de double vision »[1] ; et Peter van Inwagen (dans ses travaux antérieurs mais peu importe) signale qu'il est tout simplement incapable de comprendre leurs théories[2]. On voit mal ce qu'il en serait si deux objets matériels étaient à la même place en même temps. Il semble simplement évident qu'il y a exactement *un* objet dans une région si et seulement si il y a de la matière dans cette région qui est unifiée de manière ou d'une autre pour constituer un objet. Bien sûr, ce n'est pas un argument contre le co-localisationniste, et rien n'empêche le co-localisationniste de répondre de la même façon à l'aristotélicien en disant qu'*il* ne comprend pas ce qu'il en serait s'il y avait différentes sortes de mêmeté numérique. Pour autant, cela n'explique pas pourquoi l'outillage de la mêmeté accidentelle est nécessaire : la manière co-localisationniste de compter semble être plus qu'inappropriée ; elle semble erronée et peut-être

1. H. Noonan, « Reply to Lowe on Ships and Structures », *Analysis*, 1988, 48, p. 222.
2. P. van Inwagen, « The Doctrine of Arbitrary Undetached Parts », *Pacific Philosophical Quarterly*, 1981, 62, p. 123–37.

incohérente. Ainsi, si nous voulons adopter (α), nous avons besoin d'une raison de principe pour éviter de compter à la manière du co-localisationniste, et c'est exactement cette raison que nous offre la doctrine de la mêmeté accidentelle.

Quatrième objection : on pourrait douter que la solution proposée dans cet article soit réellement *aristotélicienne* comme je l'ai appellée. Car on pourrait penser qu'au lieu de résoudre le problème de la constitution matérielle en ayant recours à la mêmeté accidentelle, Aristote aurait plutôt adopté une solution « éliminativiste ». La solution éliminativiste est une solution qui nie l'existence d'au moins un des objets mentionnés dans chaque casse-tête de la composition matérielle. Ainsi, par exemple, on pourrait penser que dans l'exemple d'*Athéna*/Bloc$_A$, Aristote aurait dit qu'il n'y a pas de bloc ; il y a seulement *Athéna*. Et on pourrait penser qu'Aristote aurait dit que, dans le cas du corps humain et de la masse de tissus qui le constitue, il n'y a pas non plus de masse ; il y a seulement le corps. La raison en est, pour le dire vite, que pour Aristote, les formes sont hiérarchiquement ordonnées. Ainsi, par exemple, la forme *être humain* est une forme au sens paradigmatique le plus basique du terme alors que la forme *masse de tissus* ne l'est pas. Et la « forme » *statue*, bien qu'elle ne soit pas une forme paradigmatique authentique, peut au moins être plus légitimement appelée une forme que la forme « bloc de bronze ». Donc, on pourrait penser qu'Aristote reconnaitrait simplement l'objet caractérisé par la forme primaire dans chaque cas et rejèterait l'autre.

Même si cette objection est correcte, elle ne détruit pas l'objectif principal de cet article qui est simplement de présenter et de progresser un peu dans la défense d'une solution qui a été largement ignorée dans la littérature contemporaine. Mais l'objection mérite une réponse puisqu'il y a réellement de bonnes raisons de penser qu'Aristote aurait adopté la solution de la mêmeté accidentelle que j'ai explorée ici. Pour l'interprétation éliminativiste, l'ontologie d'Aristote rencontre des difficultés. Par exemple : supposez qu'un homme en *vient à exister* à partir d'une masse de tissus organiques. Si la conception éliminativiste est correcte, alors la masse de tissus est *détruite* quand l'homme vient à exister. Mais alors, cela signifie que le changement (de cette sorte là, en tout cas) est seulement le remplacement d'une chose par une autre : il n'y a rien qui persiste pendant ce changement ou qui lui sert de base. Mais dans *Physique* A, 7, Aristote semble nier que le changement substantiel soit seulement le remplacement d'une chose par une autre ; il soutient explicitement que, dans chaque cas, quelque chose *doit* être à la base du changement. Ainsi, la théorie éliminativiste semble être opposée à ce qu'Aristote considère comme l'analyse correcte du changement.

En outre, la théorie éliminativiste ne fournit, semble-t-il, à Aristote qu'une solution *incomplète* au problème de la constitution matérielle. Prenez, par exemple, un hamac qui est aussi un filet à poissons (et supposez que l'artisan a conçu le hamac pour qu'il serve ces deux buts). Nous pourrions raisonnablement supposer qu'il y a des changements qui détruiraient le filet à poissons et non le hamac et vice versa ; nous sommes donc confrontés au problème de la constitution matérielle. La solution éliminativiste peut-elle marcher ici ? Puisqu'il semble qu'aucune des formes ne prime sur l'autre, la solution ne marchera, semble-t-il, que si Aristote est prêt à nier que le hamac et le filet à poissons existent *tous les deux*. Mais Aristote ne semble pas vouloir aller jusqu'à cette extrémité – au moins si l'on suit ses remarques en *Métaphysique* H, 2. Il y accepte toutes sortes d'artéfacts : les livres, les coffrets, les lits, les seuils de porte et ainsi de suite. Bien sûr, ce ne sont pas d'authentiques substances ; mais pour Aristote, dire que quelque chose n'est pas une authentique substance n'est pas du tout la même chose que de dire qu'elle n'existe pas. Mais s'il ne nie pas l'existence des hamacs et des filets à poissons, alors il doit dans ce cas admettre une *autre* solution au problème de la constitution matérielle.

Etant donné ces problèmes et le fait qu'Aristote croit par ailleurs à la relation de mêmeté accidentelle, je trouve difficile de croire qu'Aristote n'aurait pas accepté la solution par la mêmeté accidentelle que j'ai explorée dans cet article. La solution de la mêmeté accidentelle ne souffre d'aucun des problèmes mentionnés à l'instant. Dans le cas de l'homme venant à l'existence à partir d'une masse de tissus, nous pouvons dire que la masse existe toujours (et ainsi supporte le changement) bien qu'elle ne soit pas identique à l'homme : l'homme et la masse ont une relation de mêmeté accidentelle (ou au moins une relation très similaire). Je m'empresse de signaler qu'ici j'étends la notion de mêmeté accidentelle au-delà de ce que certains considèreraient comme son usage « correct ». En outre, je ne nie pas que la doctrine de la mêmeté accidentelle est confrontée à sa part de questions difficiles. Mais puisqu'Aristote croit par ailleurs à une telle relation, ce sont des questions auxquelles il est confronté qu'il fasse ou non appel à la mêmeté accidentelle pour résoudre le problème de la constitution matérielle. Pourquoi donc n'aurait-il pas recours à la mêmeté accidentelle pour résoudre le problème ? Il me semble beaucoup plus raisonnable d'attribuer à Aristote cette sorte de vraie solution plutôt que de lui attribuer la solution problématique et incomplète qu'est l'éliminativisme décrit ci-dessus [1].

1. Une version antérieure de cet article a été lue à la rencontre de la division Est de l'APA à New York. Je voudrais remercier celle qui a commenté ce texte, Mary Louise Gill, ainsi que Michael Bergmann, Michael Loux, Gareth Matthews, Trenton Merricks, Alvin Plantinga, Philip Quinn, et Dean Zimmerman pour leurs utiles commentaires et critiques.

PETER UNGER

JE N'EXISTE PAS [1]

Il semble absolument évident que, à la question
« existé-je ? », la seule réponse correcte soit l'affirmative ;
bien sûr, la réponse doit être « oui ». On pourrait dire que
Descartes a fait de cette idée le pivot de sa philosophie,
tant il la trouvait convaincante. Et même Hume, dans son
style typiquement sceptique, à plusieurs reprises, s'est
interrogé sur la justesse d'une réponse affirmative. Mon
professeur, Sir Alfred Jules Ayer, à qui je dédie cet essai,
s'est à plusieurs reprises exprimé conditionnellement sur
la question, d'une manière que j'incline à adopter :

> On devrait admettre que la phrase « j'existe », quand on
> en fait usage, exprime une affirmation qui, comme les
> autres affirmations, est capable d'être soit vraie soit
> fausse. Quoi qu'il en soit, elle est différente des autres
> affirmations en cela que, si elle est fausse, elle ne peut
> pas, de fait, être posée. Par conséquent, personne qui
> prononce ces mots d'une manière intelligente et correcte,
> ne peut les prononcer pour poser une affirmation qu'il

---

1. Traduction par I. Pariente-Butterlin de « I do not exist » paru dans
Perception and Identity, G. F. Donald (éd.), London, The Macmillian
Press, 1979 et repris dans *Philosophiocal Papers*, Oxford, Oxford UP,
vol. 2.

sait être fausse. S'il parvient à poser cette affirmation, elle doit être vraie [1].

Bien sûr, Ayer a raison de souligner la position absurde dans laquelle se trouve une personne qui tenterait de nier sa propre existence. C'est un prix que je suis prêt à payer : dans ce bref essai, j'ai bien l'intention de nier ma supposée propre existence, et j'adopterai une position que je tiens pour plus radicale encore que celle de Hume. Il ne faut pas en imputer la cause à un désir d'être plus provoquant qu'aucun de mes prédécesseurs, mais plutôt à certains arguments qui me sont venus à l'esprit et qui semblent assez éloignés de leur pensée. On peut s'y attendre de la part d'un étudiant d'Ayer, et comme je l'ai indiqué, j'ai de la sympathie pour la position tout à fait paradoxale que me font adopter ces arguments. Mais j'ose espérer que cela n'influe pas sur la manière dont je conduis mes pensées, à quelque égard que ce soit. Bien au contraire, l'ampleur de ce que j'adopte pourra ainsi apparaître ainsi que des défauts des conceptions dominantes qui furent jusque là ignorés. À cet égard, j'entends esquisser ici les principales lignes du raisonnement que j'ai mené contre ma propre existence.

En exposant ainsi mes arguments, je mets quiconque au défi de me dissuader de suivre la pente du nihilisme radical que la raison semble réclamer. J'en conviens, je dois présenter mes idées avec le plus de vigueur possible, non pas afin de manifester une confiance en moi démesurée, mais plutôt pour obliger les autres, en les provoquant, à répondre sans attendre et à se dévoiler complètement. Pour moi, je ne vois rien de vraiment faux dans ces pensées

1. A.J. Ayer, *The Problem of Knowledge*, London, MacMillan, 1956, p. 50.

inconfortables, que je dois à présent affronter bravement. Plus j'y réfléchis et plus je suis convaincu de leur vérité ou de leur justesse essentielles, car toutes les erreurs que j'y aie jamais trouvées sont des erreurs superficielles, qui ne requièrent tout au plus que des changements mineurs dans la formulation. Il s'ensuit que ma tendance à déployer tous les efforts possibles pour développer dans ses plus menus détails le nihilisme qui en découle, aussi laborieux et douloureux que cette tentative puisse être, ne fait que grandir. Peut-être vaudrait-il mieux contrecarrer cette inclination, mais elle ne pourrait l'être que par un argument rationnel décisif.

Pour aggraver encore la situation paradoxale dans laquelle je me trouve, je remarque qu'un autre auteur, Samuel Wheeler, a globalement adopté la même position, du moins à première vue. Dans un article précurseur, « Reference and Vagueness », Wheeler a émis l'hypothèse qu'il se pourrait bien qu'il n'y ait personne d'autre ; j'aurais tendance à penser qu'il entendait cela à l'inclusion de lui-même[1]. Certes, il ne donne pas d'argument positif en faveur de la thèse nihiliste, mais il désamorce les idées dominantes qui tendraient dans l'autre direction. Il me semble donc trouver un courant d'idées favorable chez un autre, sans qu'aucune force contraire ne me convainque d'aller dans une direction opposée ; en sorte que cette situation incite mes pensées à suivre le chemin qui les mène, bien que lentement et difficilement, vers leur propre négation destructrice d'elles-mêmes. Il est possible qu'une réponse au défi que j'ai lancé me détourne de ce travail entièrement vain que je crois devoir entreprendre.

---

1. S.C. Wheeler, « Reference and Vagueness », *Synthese*, 1967, XXX, n° 3-4, p. 367-379.

La position à atteindre est la suivante : je n'existe pas, et vous non plus. La perspective scientifique, en particulier celle qui s'est développée durant les derniers siècles, contraint à poser ce résultat. Maintenant, il n'y a rien là de particulièrement dramatique pour la condition humaine. Car, en ce qui concerne tout ce dont on prétend communément que cela existe, on peut soutenir, de la même manière, qu'en fait cela n'existe pas. Il n'y a donc ni tables ni chaises, et pas non plus de rochers, de pierres, d'étoiles ordinaires. Il n'y a pas non plus de plantes ni d'animaux. Il n'existe ni personne particulière ni être conscient, et cela m'inclut moi, Peter Unger : je n'existe pas. J'en ai dit assez sur la position à conquérir. J'en viens maintenant aux principaux arguments en sa faveur, que je présenterai brièvement.

I. LE SORITE DE LA DÉCOMPOSITION

On croit souvent que les tables, aussi bien que les chaises, sont le paradigme des entités ou des choses existantes. Je soutiens néanmoins qu'elles n'existent pas du tout. Ce sont, si vous voulez, de pures fictions mais rien n'a jamais dépendu en quelque façon de l'usage que je pourrais faire de ces termes purement conventionnels. Mon argument prendra la forme d'une preuve indirecte, dans laquelle je réduirai à l'absurde l'hypothèse de leur existence.

Au regard de nos conceptions scientifiques modernes, s'il y a des tables, alors chacune d'elle est, selon l'expression que l'on préfèrera, composée de, constituée de ou bien comprend ou bien encore consiste en une pluralité d'atomes, ou mieux encore de « particules élémentaires », mais seulement en nombre fini. Maintenant, rien ici ne dépend de l'expression « est constituée de », ou de toute autre expression équivalente. Pour le dire en un mot, le point décisif est le suivant : s'il n'y a aucun atome présent ici et maintenant, il n'y a pas de table ici et maintenant. Cette idée n'est pas cruciale pour mon argument ; un analogon « moins scientifique » fonctionnerait tout aussi bien, pourvu qu'il conserve la même structure logique. Néanmoins il est bon que la nature des choses soit apparemment aussi coopérative.

Maintenant, relativement à la conception commune de la matière, qui pour quelque chose comme une table est, bien évidemment, presque définitive, il est possible de soustraire ou d'ajouter sans danger un atome, ou seulement quelques uns, cela ne fera aucune différence significative. Si vous aviez une table au départ et si vous lui retirez délicatement un atome quelque part à sa surface, il y aura bien toujours une table qui sera présente. Si on combine ces idées simples les unes aux autres, elles ne nous laissent aucune raison de penser qu'il n'y a pas réellement de table. Il ne faut pas être grand clerc pour le voir, le raisonnement est plutôt simple, et il est plutôt juste et pertinent au regard de la question que nous discutons.

Car, s'il y a une table ici, alors elle n'a qu'un nombre fini d'atomes – disons, un billion de billions, peu importe. La soustraction nette de l'un d'entre eux nous laisse donc avec la supposée table d'un billion de billions d'atomes moins un ; après qu'on en a soustrait deux, la supposée table en a un billion de billions moins deux ; et ainsi de suite. Après qu'on en a soustrait un billion de billions, nous avons une table qui n'est plus constituée d'aucun atome. De cette manière très simple, je suggère que nous avons réduit à l'absurde l'hypothèse selon laquelle la table en question existe, ou a jamais existé. Dans la mesure où cet argument peut être très largement généralisé, nous devons conclure qu'à proprement parler il n'existe pas d'objets tels que les tables.

Pour faire avancer la discussion, il pourrait être utile que je donne à l'argument que je viens de présenter quelque chose comme une forme ou un style formel. Nous sommes partis d'une supposition d'existence :

(1) Il existe au moins une table.

Mais, au regard de notre perspective scientifique, nous pouvons ajouter cette deuxième prémisse :

(2) Pour tout ce qui pourrait exister, si c'est une table, alors cela consiste en une pluralité d'atomes, mais seulement en un nombre fini.

De ces deux prémisses, nous pouvons déduire qu'il y a au moins une table qui consiste en une pluralité d'atomes, mais en un nombre fini. Quoi qu'il en soit, le point nodal de mon argument pourrait bien venir, comme on le supposera, d'une troisième et dernière prémisse :

(3) Pour tout ce qui existerait, si c'est une table (qui consiste en une pluralité d'atomes, mais en nombre fini), alors la soustraction d'un seul atome, ou de quelques uns, d'une manière tout à fait inoffensive et non nocive, ne changera rien au fait qu'il y ait une table dans cette situation.

Selon moi, ces trois prémisses sont incohérentes. Je soutiens qu'affirmer cette incohérence conduit à rejeter et à nier la première prémisse, quoi qu'on puisse penser alors des deux propositions restantes.

Indépendamment de questions mineures liées à la formulation, je doute qu'il y ait beaucoup d'esprits qui soient portés à nier la deuxième prémisse. Plus nombreux seront ceux, je l'imagine, qui seront tentés de nier la troisième et dernière proposition. Elle a été formulée d'une manière qui, je le reconnais, ne rend pas les choses tout à fait claires et évidentes. Je reconnais que je devrais tenter de proposer quelque interprétation qui clarifie cette affirmation, dans la mesure où elle semble mériter cet effort, ne serait-ce que brièvement.

J'ai dit qu'il était possible de soustraire un atome d'une manière inoffensive et non nocive. Il me faut préciser ce que j'entends par là. D'abord, j'entends que cet atome doit être enlevé nettement et entièrement. Le processus par lequel on soustrait un atome ne doit pas conduire à mettre autre chose à la place, ou n'importe où ailleurs ; et il ne doit pas non plus se produire de quelque autre manière que ce soit. En outre, ce qu'on soustrait doit être, pour ainsi dire, complètement éliminé. Deuxièmement, j'entends que cette soustraction se produise en causant le moins de dégâts possible sur ce qui reste, en particulier au regard de la question de savoir, à supposer que cette question ait vraiment du sens, s'il reste ou non une table. En d'autres termes, pourrions-nous dire, il est très peu souhaitable qu'un atome soit délogé par une bombe d'une position centrale ; bien plutôt, on le délogera doucement d'une zone périphérique. En outre, il nous faut concevoir des conditions les plus favorables, ou au moins les moins destructrices possible, de température, de pression, d'électricité, de magnétisme et ainsi de suite. En outre, s'il se présente une situation dans laquelle, au regard des variations de ces conditions, il est impossible d'enlever un seul atome sans atteindre un point de rupture substantiel, alors nous en enlèverons aussi peu que possible en fonction de ce point de rupture. Enfin, j'en termine avec ces problèmes d'interprétation par une remarque concernant la supposée question de savoir si une entité peut être autant qu'il est possible de l'être, ou en quelque manière pas loin d'être, une table. Bien évidemment je fais la supposition que cette question a un sens, mais seulement dans le cheminement du raisonnement qui mène à établir son absurdité. C'est un argument indirect.

Une fois que nous avons procédé à cette clarification, il se pourrait que nous soyons en mesure de diviser ce que dit notre prémisse selon deux embranchements. La première hypothèse serait une assertion de type « causal » : il n'y a pas de point de rupture où, en dépit de toutes les précautions que l'on pourra prendre pour conserver les choses en l'état, toute la chose, ou du moins une partie non négligeable d'elle, s'effondre, ou semble se transformer en tout à fait autre chose, ou disparaît, ou tout ce qu'on voudra d'autre. En fait, les choses se font bien plutôt graduellement. Vouloir nier cela, selon moi, c'est aller tout aussi bien contre la science que contre le sens commun. Et, deuxièmement, notre prémisse énonce que, dans ce processus plutôt graduel, la différence que font plus ou moins les petites soustractions successives d'un atome à chaque fois, n'est jamais aussi importante que la différence dont on prétend qu'elle a bien lieu, entre le fait qu'une table soit là et le fait qu'il n'y ait pas de table. Nier cette prémisse, donc, reviendrait à affirmer qu'il vient un moment où on met un terme à l'existence de la table rien qu'en enlevant un atome, ou, comme on peut le supposer, rien qu'en enlevant n'importe lequel ou n'importe lesquels des millions qui restent. Et selon moi, autant attendre un miracle.

Maintenant, comme on l'a déjà dit, notre dernière prémisse suppose des conditions, et une manière de faire, qui sont presque idéales. Il ne faut pas y voir un défaut. Néanmoins, cela pourrait donner à penser que l'argument a pour ainsi dire un air de conte de fées, et qu'il est plutôt irréaliste. Mais des conditions très proches des conditions les plus favorables se produisent presque toujours. Et il est possible d'enlever peu à peu de très petites parties, même si elles ne sont pas aussi petites qu'un atome, pour développer un argument qui mène à la même conclusion. Quand bien même il y aurait des aspects de conte de fées dans mon argument, ils ne pourraient pas constituer un contre-argument.

À condition qu'elle soit finement formulée, notre troisième prémisse nous pousse à la croire. Il reste alors une possibilité d'échapper à notre conclusion juste mais inconfortable : nier le raisonnement qui a été utilisé. Dans cette perspective, certains pourront objecter que ce qui est faux est précisément « la logique » que j'ai employée. Si on choisissait quelque « logique alternative », répondent-ils, en lieu et place du système de règles et de formules que j'ai employé, alors il serait possible d'assurer l'intégrité de nos tables. Je ne crois toutefois pas qu'on puisse capturer ou saisir le bon raisonnement dans un tel système, ni que la question soit celle du choix de l'une ou l'autre des pièces supplémentaires de l'apparat logique, qu'on utilisera comme des marteaux et des clous. Ici, la question n'est pas celle, dirais-je, d'une logique ou d'une autre. Sans qu'il soit ici question que je renonce à mon scepticisme, la question est celle de savoir si mon raisonnement sonne juste, s'il a été bien ajusté et approprié au sujet que nous explorons. Maintenant, si je me suis trompé dans mon raisonnement, ou si je n'ai pas été juste avec son objet, alors une telle erreur ou un tel manque de justesse serait mis en évidence. Toutefois, mis à part quelques problèmes de formulation, et avec quelques hésitations qui sont bien au goût sceptique, je doute que cela se fasse. Bien sûr, je ne suis pas un mathématicien. Je pense qu'une approche ouverte de ces questions par ceux qui inclinent davantage aux mathématiques leur fera voir les choses plutôt de la manière que je préconise.

Si on prend les choses à un niveau plus profond d'analyse, peut-être pourra-t-on souligner à nouveau que mon argument n'est pas dépendant de l'existence des atomes, ou qu'à tout le moins cette dépendance n'est pas fondamentale. Peut-être n'y a-t-il pas d'atomes, et peut-être, dans le fait de « soustraire un atome », ce qui se joue est quelque chose qui implique, disons, un plein sous-jacent, qui est la seule réalité physique existante. S'il en est ainsi, alors l'argument proposé pourrait n'être accepté que de manière provisoire ; peut-être ne joue-t-il qu'à un niveau superficiel. Quels que soient les changements ou les conceptions qui pourront s'imposer, j'ai du mal à imaginer qu'il puisse y en avoir un tel que les tables soient réinstallées.

Un point est lié à cette analyse, et on l'a déjà entrevu. Bien que mon argument ait besoin d'une nature graduelle des choses, aucune théorie profonde qui nous expliquerait la nature de la réalité matérielle n'est vraiment importante. Bien qu'il soit pratique de disposer ici d'unités toutes prêtes à soustraire – des molécules, des atomes, et des particules – la plus petite unité créée pour l'occasion fera tout aussi bien l'affaire. Ainsi, d'une supposée table, on pourra soustraire un petit morceau ou une écharde, jusqu'à ce qu'il n'en reste plus une.

À la manière de G. E. Moore, certains pourraient faire l'objection suivante contre mon argument. Premièrement, ils affirmeront être plus certains de l'existence des tables que de quoi que ce soit que je puisse avancer contre une telle existence supposée. Alors, ils diront, avec une prudence et une modestie manifestes, que parmi tout ce que j'ai avancé, quelque chose qu'ils ne sont pas sûrs d'avoir identifié, est faux, qu'il doit y avoir au moins un maillon faible, ou une faute, dans mon raisonnement. Maintenant, il se pourrait bien que cette réponse mooréenne soit souvent, ou même habituellement, une réponse appropriée à une attaque philosophique dirigée contre le sens commun. Toutefois, est-elle toujours bonne, appropriée ou correcte? Faut-il toujours croire le sens commun, tandis que la philosophie, avec les sciences, serait toujours à écarter? Je ne peux pas croire qu'il en soit ainsi, ni qu'il n'y ait aucune exception qui puisse être faite à cette doctrine mooréenne, par ailleurs répandue. Qu'en est-il donc du cas qui nous occupe : ne doit-il pas être précisément une exception à ce principe? Nous avons vu, selon ce que j'ai posé, que pour nier mon argument, il faut supposer un miracle : la soustraction douce et sans danger d'un seul atome, ou de quelques uns seulement, que les sens ne peuvent pas percevoir à moins qu'ils y soient aidés, nous fait passer d'une situation dans laquelle il y a une table à une situation dans laquelle il n'y a pas de table du tout. Qui plus est, la soustraction de n'importe quel atome, ou de n'importe lesquels parmi des millions d'atomes, ou de groupes d'atomes qu'on pourrait soustraire, suffira pour assurer ce passage. Après tout, c'est ici qu'il y a un problème. Le sens commun peut-il être assez puissant pour soutenir une supposition qui relève autant d'un miracle? Je ne le pense pas.

À la différence de ce qu'on en a fait quand on l'a appliqué aux tables et aux chaises, notre argument ne semble pas porter de la même manière, et même ne semble pas porter du tout, contre les objets physiques. En premier lieu, nous ne pouvons pas souscrire à une transposition de (2) et dire que pour toute chose qui pourrait être, si elle est un objet physique alors elle consiste en de nombreux atomes, mais en un nombre fini. Car un atome est lui-même un objet physique, et ne consiste pas lui-même en atomes, et encore moins en une pluralité d'atomes. Et les choses ne s'arrangeront pas si nous nous mettons en quête d'un composant plus fin que les atomes, car je suppose que ce que nous aurons trouvé pourra aussi être considéré comme un objet physique s'il est un composant d'un objet physique. Et on ne peut pas non plus accepter sans hésiter une transposition de (3). À la différence de ce qui se passe avec une table, si vous avez un objet physique et que vous soustrayez un atome, il se pourrait bien que vous n'ayez plus aucun objet physique du tout. Car cet atome, qu'on a à présent enlevé, pourrait bien avoir été le seul objet physique à enlever dans les environs. Maintenant, rien de tout cela ne revient à supposer que les objets physiques existent. Toutefois, dans la mesure où cet argument n'est pas absolument dirimant contre leur existence, ils semblent en quelque sorte être des choses tout à fait extraordinaires, soit qu'ils existent vraiment, soit que seulement on suppose leur existence.

Tout bien considéré, on pourrait dire, du moins je l'espère, que l'argument que j'ai utilisé, est un élément plutôt simple du raisonnement. J'appelle ce type d'argument le sorite de la décomposition. Un argument parallèle, qui va dans l'autre sens, vient à l'esprit de lui-même, le sorite de l'accumulation, tout aussi bien que des variations et des combinatoires de ces deux formes de raisonnement. En particulier, les variations contrefactuelles devraient intéresser beaucoup d'auteurs contemporains.

Notre argument concernait les tables qui ont certains traits plus ou moins spécifiques, si du moins elles existent. En un sens, ce sont des choses fonctionnelles ; elles sont typiquement des objets faits de la main de l'homme ; et ainsi de suite. Mais aucun d'entre eux, on le reconnaîtra, n'a quoi que ce soit à voir avec le sujet dont il s'agit ici. Nous pourrions tout aussi bien utiliser cet argument pour nier l'existence de choses telles que les bâtons, les montagnes et les lacs, les planètes, les étoiles (ordinaires) et les galaxies, les bateaux et les convois, les pièces de vêtements et de monnaie, les corps de régiment et les corps des généraux, et ainsi de suite, tant qu'on voudra. De telles choses, dans la mesure où elles ne sont pas susceptibles de décomposition peuvent faire l'objet de cette forme d'argument : certaines particules sub-atomiques pourraient en fournir un bon exemple. Ce qui est plus important est que des choses susceptibles de décomposition « définies avec précision » et d'une manière pertinente échappent aux présents arguments. On m'accordera que je ne vais pas à présent nier l'existence de la plupart des molécules, même de celles « plutôt grandes », non plus que de certaines structures de cristal. Cependant, quelque chose comme un cabriolet Chevrolet 1968 bleu, bien que n'étant pas quelque chose de vaguement décrit, tombera sous le coup de nos sorites. Tandis que la plupart des êtres physiques et chimiques s'en sortent relativement sains et saufs, les entités biologiques, au-delà du niveau moléculaire, semblent n'être rien d'autre que des fictions. Je rejette donc non seulement les corps des animaux, y compris des êtres humains, mais aussi leurs organes comme le foie, le cœur et le cerveau, les tissus, et même les cellules individuelles comme les neurones.

De semblables arguments de la décomposition font apparaître tout aussi clairement, que de nombreuses substances, en fait, n'existent pas du tout. À la différence de l'eau ou de l'or, qui pourraient bien être réels, mais qui ne se décomposent pas en gouttes ou en gouttelettes, les jus et les coulées ne sont que des fictions. Et aussi, parmi ces sortes de choses qui n'existent pas, on trouve, je crois, l'air et la terre, la viande et la chair, le bois, la pierre, le tissu et le papier, et ainsi de suite.

Quoi qu'il en soit, aucune de ces choses qui ont été placées dans la matrice de notre raisonnement n'est vraiment aussi intéressante, je l'imagine, que nous-même. On accordera donc que j'en vienne maintenant à une nouvelle section, consacrée à cette question, dans laquelle je conduirai un raisonnement explicite pour nier, non sans paradoxe mais peut-être avec succès, précisément ce que Descartes aurait voulu que je considère comme certain : ma propre existence présente.

2. UNE PREUVE CONTRE MA PROPRE EXISTENCE

Le développement de la perspective scientifique, dû en particulier à des avancées au cours des derniers siècles dans le domaine de la biologie et de la chimie, rend pour le moins très probable qu'il n'existe aucun être fini non plus qu'aucune personne finie. En particulier, et de manière plus classique, cette perspective nous indique que moi-même je n'existe pas ; que je n'ai jamais existé et qu'il n'y a aucune probabilité que je n'existe jamais.

Pour atteindre ce résultat paradoxal, j'emploierai de nouveau le sorite de la décomposition. En effet, la « croissance normale de l'être humain depuis sa conception » fournit, elle aussi, à ce que je crois, un solide sorite de l'accumulation. Elle instancie naturellement ce sorite, pourrions-nous dire, même si, dans la mesure où le développement cellulaire n'est pas clairement arithmétique, il faudra inventer une mesure d'accroissement : ce qui se passe à la première seconde ; ce qui se passe à la suivante ;

et ainsi de suite. Toutefois, le caractère très artificiel d'une décomposition pas à pas pourrait bien bousculer l'esprit. Il se pourrait bien qu'ainsi elle augmente les chances qu'une telle conclusion, aussi inconfortable soit-elle, a de se voir adoptée. Maintenant, on ne peut pas encore atteindre au mode le plus convaincant de décomposition. Nous ne pouvons pas, par exemple, soustraire une cellule à la fois, tout en maintenant le reste en vie et en bon état de fonctionnement. Même si la question n'est pas absolument pertinente, je penserais, pour ma part, que nous ne sommes pas trop loin de pouvoir le faire, peut-être dans seulement quelques siècles. En tout état de cause, j'espère bien qu'on ne le fera pas quand on le pourra. La nature nous autorise ici à imaginer une décomposition ; c'est cela qui est pertinent.

Comme je l'ai indiqué, l'unité de diminution que je choisirais est la cellule. C'est à ce niveau à présent qu'il est intéressant pour nous d'argumenter. Dans la mesure où une cellule se compose de millions d'atomes, un sorite de décomposition basé sur l'atome peut montrer que les cellules n'existent pas. Ainsi, le succès d'un argument contre moi-même ou même contre mon corps et basé sur la cellule fait apparaître assez clairement que dans notre argument contre les tables, il n'était pas fondamental du tout de se situer au niveau de l'atome.

Je pose à présent les trois prémisses suivantes, en miroir de notre précédent argument contre les tables :

(1) J'existe,

(2) si j'existe, alors je suis constitué de cellules, nombreuses mais en nombre fini,

(3) si j'existe (et si je suis constitué de cellules nombreuses mais en nombre fini), alors la soustraction d'un seul atome, ou de quelques uns, d'une manière tout

à fait inoffensive et non nocive, ne fera pas de différence quant à mon existence.

Comme précédemment, ces trois propositions forment un ensemble inconsistant. Elles posent que je suis toujours là, même si je n'ai plus aucune cellule alors que mon existence dépend des cellules. Pour échapper à cette inconsistance de manière convaincante, voici ce qu'il nous faut supposer. Même sous les conditions qui me seraient les plus favorables, la soustraction d'une seule cellule, ou de seulement quelques unes d'entre elles, n'importe laquelle ou lesquelles dans cette situation, ferait la différence entre mon existence et plus de moi du tout. Toutefois, si vraiment j'existe, est-il réellement possible que mon existence tienne ainsi à ce fil ? Je ne le pense pas. Donc je n'existe pas.

De manière un peu plus informelle, voici l'idée : une cellule de plus ou de moins ne fera pas de différence entre mon existence et plus de moi du tout. Donc, enlevez-moi une cellule et je suis toujours là. Enlevez-m'en une autre : de nouveau, il n'y a pas de problème. Au bout d'un moment, toutefois, il n'y a plus de cellules du tout. En fait, comme rien n'est venu les remplacer dans la structure concernée, on ne sait pas trop ce qu'il y aura, peut-être, de l'eau salée. Par hypothèse, je suis toujours là. Mais au regard de ce qui pourrait correspondre à une perspective ouverte par les sciences, une telle affirmation est tout à fait absurde. Ainsi la supposition de mon existence a-t-elle été réduite à l'absurde.

Comme précédemment, il est important de discuter notre troisième et dernière prémisse. Grâce à la discussion précédente et au parallèle qu'on peut faire entre les discussions, on pourra sans risque passer plus rapidement sur certains points. Toutefois certains sont nouveaux et apparaîtront dans le présent contexte qui, même dans un bref essai, méritent qu'on s'y arrête.

En premier lieu, on doit remarquer que dans le précédent raisonnement à propos des tables, nous ne nous sommes pas retrouvés pris dans des questions liées à l'identité ou à la persistance. J'ai soutenu qu'aucune table, la même ou n'importe quelle autre, n'a survécu aux changements obtenus par décroissance et que par conséquent, il n'y avait pas de table du tout dans le premier état. En revanche, le présent argument met en cause l'identité et même la persistance dans le temps, sauf dans sa forme contrefactuelle : c'est moi-même qui dois survivre. Cela n'introduit pas pour nous de véritables problèmes. En fait, nous pourrions bien plutôt abandonner complètement les questions liées à l'identité et construire un argument général contre la supposée existence des personnes ou des êtres finis afin de compléter le parallèle avec l'argument portant sur les tables. Pour nous mettre à l'abri des questions qui pourraient être soulevées par les formes variées d'existences puisqu'il pourrait bien exister des êtres extra-terrestres, nous devrions prendre l'atome comme unité ou même la particule plutôt que la cellule. C'était en l'honneur de Descartes, si je puis dire, et pour bien en faire apparaître la particularité, que j'ai centré l'argument sur moi, presque sans attendre et que je me suis ainsi retrouvé engagé dans des questions liées à l'identité. Mais il n'est pas essentiel de s'engager dans ces questions.

En second lieu, on soutiendra, je le suppose, que mon argument à propos des tables n'impliquait aucune considération sur la vie ou la conscience. Concentrons-nous sur ce point. Car comment de telles voies dans lesquelles nous nous trouvons à présent engagés, pourraient-elles nous conduire à affirmer notre propre existence ou celle de n'importe quel être fini ? Je ne pense pas que ce soit là une manière bien pertinente de procéder. Tentons à présent d'interpréter radicalement notre troisième prémisse pour clarifier les implications qui sont les siennes. Dans l'interprétation qui me paraît la plus convaincante, la vie et la conscience aussi bien que la « capacité » à vivre et être conscient seront effectives aussi longtemps qu'on en aura besoin pour admettre la conclusion visée par notre argument car, selon notre troisième prémisse, par hypothèse, la « manière » d'enlever les cellules est la moins nocive et la plus favorable – c'est-à-dire, la moins nocive ou la plus favorable pour moi ou pour mon identité. Comment cela pourrait-il se passer ?

Au niveau actuel de raisonnement où nous nous situons, le scénario suivant est, selon moi, plus ou moins le bon. À un certain stade du processus de décroissance, sans qu'il soit très avancé, il semble évident que des systèmes d'assistance à la vie seront mis en marche pour me permettre de continuer à me porter aussi bien que possible. Il se pourrait que je sois placé *in vitro* ; qu'on me perfuse avec des liquides nutritifs ; qu'on me fournisse une stimulation électrique, toutefois pas de manière telle que « mes expériences ou mes pensées » soient provoquées par cet appareillage ; et ainsi de suite. On me retire mes cellules l'une après l'autre. Celles qui restent sont maintenues en vie et sont maintenues en état de fonctionner « au plus haut niveau dont elles sont capables d'accomplissement de leurs tâches ». L'appareillage fourni dans la situation décrite n'est pas venu remplacer les cellules enlevées et ne fait pas partie de moi. Dans le cas présent, un courant électrique ne sera rien d'autre qu'un moyen de maintenir la vie, exactement comme l'est à présent un pacemaker. Même si on peut trouver d'autres cas qui impliquent le remplacement d'une partie naturelle par une autre, artificielle, on ne comprendrait pas le présent cas adéquatement si on le rapportait dans ces termes. Si on désigne ce qui aurait le plus de raisons d'être considéré comme étant moi alors, à un moment donné, on est amené à un cerveau dans une éprouvette, puis à un demi-cerveau. Jusque là tout va bien; mais ensuite nous passons à un tiers de cerveau, puis à un seizième de cerveau. Un peu plus tard, il ne reste plus que trente-cinq neurones qui se combinent et vivent ainsi. Et à la fin, il ne reste plus qu'une seule cellule vivante et puis elle aussi a disparu. Où disparaîtrai-je de la scène? Est-il plausible, à l'inverse, que la soustraction d'une seule cellule, sous de telles conditions particulièrement favorables, puisse signifier que je disparais de la réalité? Quand bien même cela pourrait être une possibilité logique, ce n'est pas convaincant. En revanche, la conclusion de mon argument est tout à fait convaincante : je ne disparais à aucun moment parce que je n'étais pas là au début.

Nous pouvons accorder qu'à une époque, la pensée qu'il y avait des âmes ou des essences individuelles, une pour chaque personne, a pu être très convaincante. Même maintenant, de nombreuses personnes croient en de telles choses et aussi à l'esprit, une force vitale, sinon aux entéléchies, aux fantômes, aux esprits, et ainsi de suite. J'imagine que nombre de ceux qui ont une telle croyance pensent qu'une personne n'est pas seulement réelle, mais qu'elle est aussi une entité immatérielle et indivisible. Ainsi, je l'espère, ils ont un fondement pour espérer la survie après la mort du corps et peut-être même l'immortalité.

À l'époque de Descartes, par exemple, il est bien possible que toutes ces suppositions devaient être crues ou qu'elles entraînaient l'adhésion. Toutefois, elles ne s'accordent pas bien, selon moi, avec la perspective scientifique qui s'est développée. C'est la raison pour laquelle je crois qu'elles n'offrent pas de véritable alternative aux conclusions consternantes qui ont été tirées ici.

À n'en pas douter, mon sorite de la décomposition, contre ma propre existence, a demandé quelque effort spéculatif. Toutefois, cette spéculation, pour autant qu'on puisse spéculer, est loin d'être extravagante. Bien plutôt, elle cause un choc à l'esprit et nous conduit à réexaminer le processus du développement cellulaire. Il se pourrait qu'alors nous raisonnions justement à propos de l'embryon qui grandit à partir de l'œuf fertilisé, et il se pourrait qu'alors nous concluions de manière moins spéculative qu'exactement comme vous, je n'existe pas. Contre cet argument plus « naturel », je suppose que certains pourraient objecter que moi-même, au commencement, je n'étais rien d'autre qu'un œuf fertilisé. Maintenant, même si j'ai de l'admiration pour toutes les tentatives pour être cohérent, je pense que dans le cas qui nous occupe, la tentative dispose de peu d'arguments convaincants et qu'elle est, en tout cas, erronée. Néanmoins si toutefois quelqu'un s'obstine dans cette direction, je l'encouragerai à considérer la question suivante : une cellule spermatique ou un œuf, et encore moins un œuf fertilisé, est-il une entité existante ? Les arguments de la composition et de la décomposition, me semble-t-il, pourraient tout aussi bien être utilisés afin de réfuter l'existence de chacun d'entre eux.

3. LA SUBSTANCE DE L'ARGUMENT
ET LA NON-PERTINENCE DES INVENTIONS LOGIQUES

Dans la droite ligne de la perspective scientifique adoptée ici, la cible de cet argument est la même dans mon cas et dans celui de la table, d'une pierre ou d'hypothétiques yo-yos. Réexaminons les choses du point de vue d'hypothétiques yo-yos, car ils nous fournissent un exemple qui est assez léger pour être rafraîchissant, et assez peu chargé en émotions pour être traité calmement. De nouveau, les principales discussions semblent tourner sur une possible troisième prémisse :

Pour tout ce qui peut exister, si c'est un yo-yo (qui est constitué d'atomes, nombreux mais en nombre fini), alors la soustraction nette d'un seul atome, ou de quelques uns, d'une manière tout à fait inoffensive et non nocive, ne fera pas de différence quant à la présence d'un yo-yo ou à son absence dans cette situation.

Maintenant, comment une telle prémisse pourrait-elle être fausse et ne pas dire le vrai, comment pourrait-elle être inexacte et inacceptable ? Mis à part quelques questions mineures de formulation, il semble clair qu'il n'y a que deux manières de la contester.

Premièrement, concernant « le côté des choses telles qu'elles sont dans le monde », il se pourrait que la nature ait protégé les yo-yos, ou au moins l'un d'entre eux, en leur accordant une place bien particulière dans le monde, à l'écart des autres choses, une essence, si vous voulez. Mais comment une telle chose se pourrait-elle obtenir ? La question est, je crois, très importante, en sorte que, même si je suis amené à répéter ce que j'ai déjà dit, il nous faut tenter de préciser les différentes possibilités. Premièrement, il se pourrait que les yo-yos soient protégés

si, soit au commencement du processus, soit à un moment
postérieur à celui-ci, nous ne pouvions tout simplement
pas leur retirer un seul atome. Ou bien, si nous sommes
réalistes et si nous supposons que cette option n'est pas
vraisemblable, ils pourraient encore être sauvés si de
nouveaux atomes se précipitaient pour remplacer tous les
anciens atomes qui ont été ôtés à des endroits cruciaux.
Ou bien, si cela n'est pas possible comme il le semble
bien, on pourrait supposer qu'à un certain point, même
dans les conditions les plus favorables pour un processus
graduel pertinent, une explosion spontanée pourrait se
produire et leur destruction soudaine préserverait ainsi
l'existence du précédent yo-yo. Ou bien, si cela échoue,
ce qui semble plutôt cohérent avec toute l'expérience
actuelle du monde, un dieu sur son Olympe ou une loi
appropriée de nature pourrait, peut-être au moment de la
soustraction du quatre million douzième atome, transformer
un yo-yo qui se trouverait en danger et en diminution en
vibraphone de telle sorte que la pertinence de nos concepts
n'ait jamais à être mise à l'épreuve de cette manière. Et
ainsi de suite, autant qu'on veut. Il y a donc plusieurs
possibilités logiques pour que la nature conspire, s'il en
est, à ce que les choses correspondent à notre terme de
« yo-yo ». Mais on peut être confiant, aucune n'est vraiment
efficiente. Pour penser le contraire, dirais-je, il faut attendre
un miracle : si vous voulez, *un miracle d'une illusion
métaphysique*.

Dans un monde qui leur est aussi défavorable, comme
assurément il paraît l'être, la seule chance pour les yo-yos
réside « du côté de nos termes et de nos concepts ». Mais
qu'y a-t-il à attendre d'eux ? Pour le moins, nous avons
besoin d'un concept de yo-yo qui soit atomiquement précis.
Certains concepts de molécules semblent avoir une telle

précision : quand vous enlevez un atome d'hydrogène quelque part, et que vous ne le remplacez pas, vous n'êtes plus dans une situation où vous avez la même molécule. Mais le concept de yo-yo fonctionne-t-il exactement comme ça ? Je crois que nous nous donnons une exigence trop haute si nous attendons de nous que nous fonctionnions ici d'une manière aussi précise. Par conséquent, supposer cela pour nous et « yo-yo », c'est attendre un autre miracle, peut-être un *miracle de la compréhension conceptuelle*. D'un autre côté, les yo-yos requièrent ainsi un miracle ; pour quiconque ne croit pas aux miracles, il n'y a pas de croyance rationnelle dans les yo-yos.

Nos raisonnements nous révèlent une contradiction implicite dans nos croyances. Cherchant à être raisonnables, nous devons en abandonner au moins une. Nier une deuxième prémisse possible, c'est avoir des yo-yos se balançant autour de nous sans aucun atome, sans aucune matière dans cette situation, et ceci est encore plus miraculeux que les deux merveilles que nous venons de considérer. Le seul moyen de demeurer cohérent, dans ces conditions et qui soit tout de même une solution raisonnable et réaliste est donc de nier l'existence des supposés yo-yos, car dans toute cette histoire, nous n'avons rien fait d'autre qu'enquêter sur les complications dans lesquelles nous sommes entraînés quand nous nous engageons sur leur existence. Si on prend bien la mesure de ce point, on verra l'absence de pertinence des remarques qui portent sur les cas clairs, les paradigmes, les ressemblances de famille et autres remèdes émollients qui ont eu une grande influence, mais qui, par chance à présent, sont de moins en moins utilisés. Et il est peut-être plus important de constater, dans ces temps plus techniques que nous pouvons ainsi apercevoir la vacuité de la proposition qui a la faveur de certains

philosophes qui nous proposent d'échapper à cet argument
grâce à l'assignation, aux phrases qui seraient concernées,
de valeurs de vérité autre que la vérité et la fausseté [1]. Car,
quelles que puissent être ces valeurs, elles ne réduisent
pas d'un pouce le miracle nécessaire à l'existence des
yo-yos ; tout au plus donnent-elles l'occasion de présenter
d'une manière légèrement différente la description qu'on
pourrait en faire.

Supposons que nous ayons devant nous un yo-yo. Au
fur et à mesure qu'on lui soustrait un à un des atomes sans
les remplacer, nous continuons à examiner chacune des
propositions singulières qui soutiennent qu'à l'instant
considéré, il y a un yo-yo devant nous. Nous commençons,
comme dans toute *reductio*, par leur assigner le vrai comme
valeur de vérité. Au fur et à mesure que les choses avancent,
à un moment donné atomiquement décompté, nous sommes
pour la première fois en situation de ne pas lui assigner le
vrai comme valeur de vérité ! À la place, lorsque quelque
atome périphérique est enlevé doucement et qu'ainsi il ne
devrait se produire aucune différence signifiante avec ce
qui était devant nous auparavant, nous sommes pour la
première fois tentés d'abandonner notre position initiale
et d'assigner *quelque autre* valeur de vérité. Peut-être la
nouvelle valeur ne sera-t-elle pas le faux ; ce pourrait être
une valeur indéfinie ou quelque valeur numérique légèrement
inférieure à l'unité, disons 0,999, ou bien quelque autre
nouveau candidat inattendu. Mais quoi que ce puisse être,
nous en serons toujours réduits à espérer un miracle. Car,
dans la mesure où nous ne recevons pas l'aide du miracle

---

1. Un exemple récent d'un philosophe qui propose de traiter du
vague au moyen de valeurs de vérité exotiques est David H. Sanford
dans sa « Borderline Logic », *American Philosophical Quaterly*, XII,
(1975) n° I, p. 29-39. Sanford fait référence à d'autres philosophes qui
partagent sa position.

d'une illusion métaphysique – c'est-à-dire que le monde est décidément graduel – cela relèverait d'une sensibilité miraculeuse à l'égard des « yo-yos » que de rendre sensible la différence quelle que soit la manière dont nous déciderions de désigner une aussi remarquable modification. Notre concept de yo-yo est si sensible qu'il suffit qu'un seul atome soit ôté à la périphérie pour que la vérité ou l'unité soient soudainement détruites ! Espérer une telle chose est, selon moi, encore espérer un miracle de compréhension conceptuelle. Donc, de nouvelles valeurs de vérité aussi bien que l'inventivité logique qu'elles pourraient provoquer sont globalement dépourvues de pertinence pour les questions qui nous occupent.

Et cela ne nous aidera pas davantage de nous en remettre à une distinction entre les propositions et les phrases, qui exprimeraient ou échoueraient à exprimer des propositions pertinentes. Examinons la proposition « il y a maintenant un yo-yo devant nous ». Nous commencerons peut-être, comme précédemment, avec un paradigme donné du yo-yo, et alors nous jugerons que notre phrase exprime une proposition vraie. Alors, nous enlevons un par un des atomes périphériques et nous demandons pour la première fois si la phrase a une autre valeur de vérité quand est soustrait un nouvel atome. Supposer que la soustraction d'un seul atome fasse apparaître quelque chose d'autre paraît à juste titre assez incroyable ; ce n'est rien qu'une autre forme de notre attente d'un miracle de la compréhension conceptuelle. Cependant, si on n'attend pas de miracle métaphysique alors, si la phrase n'exprime pas une vérité quand nous n'avons aucun atome devant nous, nous devons en conclure que notre phrase n'exprime jamais une vérité [1].

---

1. Sur ces questions, je dois beaucoup aux discussions que j'ai eues avec David Sanford.

Au regard de la question de nos supposés yo-yos, alors il semble qu'on ne puisse apporter que deux réponses : croire aux miracles ou accepter le nihilisme. Et, je crois que le même choix s'impose pour les supposées tables, les pierres et même avec mon propre moi. On peut tourner les choses comme on veut, il n'y a pas d'autre choix ici. Les habitudes et les émotions entraînent d'un côté alors que la raison semble bien faire pencher de l'autre.

4. LA PORTÉE DE CES PROBLÈMES

L'argument que j'ai employé est bien sûr dérivé du « paradoxe du tas », un ancien problème soulevé par Eubulide, le grand penseur de Mégare. Nous pourrions en donner la reconstruction suivante : Eubulide a montré qu'il y a et qu'il n'y a pas de tas. Premièrement, nous pouvons supposer que les tas existent. Deuxièmement, nous notons que, s'il y a un tas, il est constitué de diverses autres entités – des grains de sable, ou des graines, par exemple. Enfin nous notons que, si on enlève une graine sans la remplacer, et si cette opération est menée de façon à être inoffensive et non nocive, ce qui reste sera un tas. Ainsi, au regard de notre conception de la réalité, les tas, dont parmi nous de nombreuses voix affirment qu'ils sont des choses ordinaires existantes, sont seulement des fictions : il n'y a pas de tas.

Je ne vais pas ici exposer en détail les différences et les similarités entre l'argument original d'Eubulide et les variations que j'ai faites à partir de lui. Cependant, pour autant qu'il exerce une force de conviction, il suffit de souligner que notre perspective scientifique moderne signifie qu'il n'y a qu'une faible différence entre un tas et n'importe quoi d'autre, et il faut comprendre par là ; moi y compris. Néanmoins, pour autant qu'on puisse en suivre les répercussions et les conséquences, mes propres arguments sont infiniment plus efficaces que ne l'était la version originale. Bien que tout cela soit plutôt évident, les détails méritent probablement d'être présentés.

Premièrement, presque toutes nos croyances du sens commun sont potentiellement erronées et même ne doivent être comptées pour rien. Qui plus est, la plupart de nos connaissances acquises lors de nos études n'ont pas plus de valeur, et encore moins dans leurs présentes formulations. Samuel Wheeler commence par présenter cela d'une manière qui est plutôt conjecturale et peut-être quelque peu ironique : « S'il n'y a pas de différence objective entre les personnes possibles et les non-personnes possibles, la plupart de ce que nous croyons en morale ou en psychologie, etc., se trouve dans une situation délicate »[1]. Nous pouvons dire, à présent, qu'il n'y a plus matière à conjectures et que tout ce qui concerne le raisonnement moral aussi bien que la compréhension psychologique semble se trouver en bien mauvaise posture. Et cela vaut, bien sûr, pour toutes les branches du savoir concernant l'homme. L'histoire, le droit et la médecine ne sont qu'un ensemble de fictions, comme l'économie, la linguistique et la politique. Des domaines variés de la philosophie liés entre eux comme l'épistémologie, la philosophie du langage, et la philosophie de l'esprit ne peuvent rien contenir qui soit fondé et vrai. Sauf si les mathématiques sont déliées de toute connexion avec les êtres humains, elles tombent aussi sous le coup de notre sorite. D'autres disciplines semblent s'en sortir tout aussi mal. La biologie, par exemple, est faite de non-entités et elle est fausse, sauf peut-être si elle devient biochimie ou quelque chose de cette sorte. L'astronomie,

---

1. S. Wheeler, « Reference and Vagueness », *op. cit.*, p. 371.

elle aussi, sauf peut-être si elle devient astrophysique ou quelque chose comme ça, semble porter sur n'importe quoi à défaut de notre univers.

Il y a un autre point que nous pourrons souligner : alors qu'ils peuvent, sous certains aspects, concerner le langage pour une large part, nos arguments sorites ébranlent tout langage naturel alors que l'argument d'Eubulide a peine à l'ébranler. En premier lieu, dans la mesure où il n'y a pas d'êtres humains, il n'y a pas de langage humain, ni de pensée. Si nous abandonnons cette position ancienne et si nous supposons le contraire, nous noterons que la plupart des expressions existantes que nous employons, au moins pour une large part, échouent à se mettre en contact avec quoi que ce soit qui puisse être là. Par exemple, les noms propres tels qu'ils sont attribués ne font référence à rien de réel. Nous pourrons confirmer cela par des arguments sorites qui engloberont des non-entités aussi célèbres que Cicéron, Descartes, Vénus, l'Everest et ainsi de suite. Que quelqu'un appelle « Adam » un atome individuel, les choses seraient, sur ce point, différentes. Les pronoms personnels, nous l'avons vu, ne s'en sortent guère mieux. Sauf pour les atomes et ce qui s'en rapproche, aucune de nos manières de faire référence ne semble permettre de s'y retrouver exactement.

Mais en fait, la situation n'est guère plus favorable quant à la question de savoir si les atomes existent ainsi que les autres choses de la même sorte. Car nous ne pouvons pas, en toute bonne foi, nous empêcher très longtemps de déplacer la focale et de nier qu'il y ait un langage humain ou une pensée humaine, ni non plus qu'il existe des êtres humains ou d'autres êtres finis. Et selon un tel point de vue, c'est même l'arithmétique qui semble échapper à notre compréhension puisqu'aucun de nous n'est là pour saisir les réalités ou la vérité qui pourrait y résider. Finalement, c'est l'existence des arguments sorites eux-mêmes qui ne peut être affirmée de manière satisfaisante, puisque personne n'est là pour contempler la vérité de ces raisonnements. La chaîne des propositions nihilistes semble avoir bouclé la boucle.

L'absurdité est, selon moi, indéniable mais elle ne peut pas être imputée à notre raisonnement eubulidien. Au contraire, notre argument sorite nous donne le moyen de nous saisir de ce que sont à proprement parler les inconsistances de notre langage commun et de nos pensées communes ; et cette inconsistance se diffuse partout. Si nous continuons à parler de la manière paradoxale qu'il fait apparaître, voici ce que nous dirions. Pour l'amour de la vérité, ces arguments nous demandent de commencer à refonder radicalement nos moyens de pensée et d'expression. Aucun des moyens mis à notre disposition sur cette terre et suffisamment riche pour nous permettre d'atteindre la plupart de nos buts n'est plus performant que ne l'est l'Anglais. Je n'ai pas découvert de subtilités particulières à notre langue qui soit absente en Chinois ou en Grec ancien. Mais que gagnerions-nous à améliorer les choses ?

Quand nous avons affaire à quelque chose comme un tas, et quand on s'en tient au niveau de l'argument original d'Eubulide, on peut réaliser des avancées raisonnables assez rapidement et assez facilement Car s'il n'y a pas de tas, nous pouvons définir le mot « tos », par exemple, de manière à ce qu'un « tos » soit composé, minimalement, de deux items : par exemple, des graines ou des grains de sable qui soient en contact l'un avec l'autre. Mais s'il n'y a pas de tables, pas d'arbres, ni de chats, que devons-nous définir et, même en gros, quelle en sera la définition? Si je n'existe pas, alors pour ainsi dire, qu'est-ce qui existe à quoi je serais supposé porter un intérêt approprié et intense? Si vous n'existez pas, comme le soutient ici mon argument, qu'est-ce qui existe dans les environs, avec quoi il ne faut pas interférer de manière inappropriée ou qu'il ne faut pas blesser? Je suis vraiment dans le noir sur ces questions fondamentales et je ne vois aucune lumière pour me guider.

Ces problèmes sont, je crois, de la plus haute importance, pour quiconque accorde de la valeur à la philosophie et à la recherche traditionnelle de la vérité. Mais je suis loin d'être optimiste et de penser qu'on puisse, par une tentative pour apporter une réponse appropriée, vraiment sérieuse et encore moins rationnellement efficace, relever le défi que j'ai lancé, et dont découlent de telles difficultés. Car il est très facile d'éviter les pires difficultés en philosophie et de laisser aux autres le soin d'expliquer leurs solutions dans un avenir lointain. Il est plus facile de prétendre avant les autres que nous savons dans quelle direction nous *devons* chercher la réponse sans toutefois en connaître le détail et en laissant l'approbation des autres nous donner une assurance et même des fondations alors que ce devrait être quelque chose comme la lumière de la raison qui nous les donne. Mais j'ai bon espoir qu'une ou deux âmes profondes parviennent à briser les structures communes qui sont en fait vulnérables. Peut-être ces âmes m'éviteront-elles la lourde tâche qui pourrait sembler pénible et inutile, de développer une philosophie adéquate du nihilisme qui semble bien maintenant être la seule philosophie adéquate qui puisse exister. Ou peut-être, au contraire, me donneront-elles des raisons de penser que ce défi est trop lourd pour qu'on puisse le relever correctement : il n'y a aucun espoir rationnel de penser que quelqu'un serait réel. Ce ne serait pas réjouissant, mais ce serait au moins quelque chose. Sinon, je me demande si Eubulide ne l'a pas vraiment bien joué[1].

1. J'ai été aidé, dans la rédaction de ce papier, par des discussions avec de nombreuses personnes ; je dois des remerciements spéciaux à Ralph Silverman et à Samuel Wheeler. Pour une discussion de sujets qui sont en lien avec celui-ci, je renvoie le lecteur à mes articles, « There are no ordinary things », *Synthese*, 1979, XLI, p. 117-154. Pour une analyse détaillée de l'argument du sorite, voir mon « Why there are no people », *Midwest Studies in Philosophy*, vol. IV : « Studies in Metaphysics ». Et pour une discussion des relations entre la discussion de l'approche nihiliste et de l'approche sceptique en épistémologie, voir mon « Skepticism and Nihilism », *Noûs*, 1980, XIV, p. 517-545.

PETER VAN INWAGEN

POURQUOI LE VAGUE EST-IL UN MYSTÈRE [1]

Pour la conception raisonnable du vague, le vague dépend entièrement de la possibilité pour les prédicats d'avoir des cas limites. Spécifier la signification d'un prédicat, c'est donner un ensemble d'instructions pour son usage et aucun ensemble d'instructions ne peut couvrir toutes les situations possibles ; en conséquence, quel que soit le soin que nous apportons pour spécifier les règles d'usage d'un prédicat, il y aura des cas possibles pour lesquels la réponse à la question de savoir si le prédicat s'applique est indéterminée. (Et comme beaucoup d'auteurs l'ont fait remarquer, quand on introduit un nouveau prédicat, il y a de bonnes raisons, des raisons pratiques, de laisser dans l'indétermination la question de savoir s'il s'applique à des cas possibles pour lesquels on *pourrait* rendre cette application déterminée.) Il semblerait donc que tous les prédicats doivent avoir des cas limites possibles, et que de nombreux prédicats ont des cas limites actuels. Ce sont ces cas limites actuels qui rendent compte de tous les cas actuels de vague – à savoir, tous les cas d'assertions qui sont syntaxiquement et sémantiquement incontestables et

1. Traduction par S. Berlioz de « Why vagueness is a mystery », ACTA ANALYTICA, 2002, vol. 17, 2, p. 11-17.

qui pourtant ne sont pas déterminés eu égard à leur vérité ou leur fausseté. (Par exemple quand quelqu'un dit que Fred est chauve ou que Marie est grande).

Mais, tous les prédicats ont-ils des cas limites possibles ? Les mathématiques pures offrent une classe de contre-exemples possibles, mais je les laisse de côté. Il y a certains prédicats spéciaux pour lesquels les partisans de la conception raisonnable du vague accorderont qu'ils n'ont pas de cas limites et cela n'est pas une mince concession de leur part mais un élément important de la conception raisonnable. Ce sont des prédicats qui peuvent être construits en utilisant seulement le langage de la logique du premier ordre – c'est-à-dire une logique du premier ordre avec l'identité car ce n'est que lorsque le signe de l'identité a été ajouté au langage de la logique qu'il est possible de construire des prédicats uniquement à partir de matériaux logiques. Voici deux exemples importants : « $x = x$ » et « $x = y$ ». (Je ne distinguerai pas les prédicats des phrases ouvertes qui en sont des instances typiques). Le premier exprime l'attribut de l'existence (étant équivalent à « $\exists y\, y = x$ ») et le second la relation d'identité. Selon la conception raisonnable du vague, *ces* prédicats n'ont pas de cas limites, car l'existence et l'identité n'ont pas de cas limites. Quine affirme que « l'identité, à proprement parler, ne connait pas de degrés » et Chisholm fait une remarque similaire à propos de l'existence. Il s'agit, selon la conception raisonnable du vague, de prédicats dont la signification est spécifiée par un ensemble d'instructions (des instructions qui déterminent si le prédicat s'applique à un objet donné ou à une séquence donnée) qui sont vagues – qui doivent avoir des cas limites possibles et qui ont souvent et dans des cas importants, des cas limites actuels.

Il ne peut pas y avoir de cas limite d'existence, car un objet doit *être là* pour être le cas limite de *quelque chose*, et s'il est là, il existe. Il ne peut pas y avoir de cas limite d'identité car un objet x et un objet y sont soit deux objets, soit un seul ; s'ils sont deux, ils ne sont pas identiques, et s'ils sont un, ils le sont. S'il y avait des cas limites d'existence, il y aurait des ensembles pour lesquels la réponse à la question de savoir si l'ensemble est vide serait indéterminée. S'il y avait des cas limites d'identité, il y aurait des ensembles pour lesquels la réponse à la question de savoir s'ils ont un membre ou deux membres serait indéterminée. Or ces choses sont tout simplement impossibles. Selon la conception raisonnable, le vague intervient là où la logique laisse le champ libre. Le vague apparait quand nous traçons des limites et il apparaît car il est humainement impossible de tracer une limite telle que chaque objet possible soit à coup sûr à l'intérieur, ou à l'extérieur, de cette limite. Mais en logique, on ne trace pas de frontières.

De mon point de vue, la conception raisonnable du vague, aussi séduisante soit-elle, n'est pas adaptée à une métaphysique acceptable du monde matériel. Toute tentative d'explication détaillée d'une métaphysique du monde matériel qui intègre la conception raisonnable du vague (qui nie qu'il puisse y avoir des cas indéterminés d'identité ou d'existence) aura manifestement des conséquences moins séduisantes, ou plus désastreuses, que le rejet de la conception raisonnable du vague. Il y aurait beaucoup à dire à ce propos. Je pourrais écrire un livre. Je dois me contenter ici d'un exemple. Quand nous tentons de construire une métaphysique du monde matériel, une des questions à laquelle nous devons répondre est : « Quand les choses sont-elles de vraies parties – quand les choses composent-elles ensemble un tout plus grand ? ». Supposez, à titre d'illustration, que nous disons que les choses composent un tout plus grand si et seulement si elles sont en contact physique. Ainsi 20 cubes étalés sur le sol ne composent rien ; quand un enfant en fait une tour, ils composent quelque chose : une tour de cubes. Supposez maintenant que le monde soit fait de deux blocs – exactement de la même taille et de la même forme qui flottent dans un espace vide, par ailleurs supposez qu'à un certain moment, ils ne sont pas en contact et qu'au moment suivant, ils s'agglomèrent et sont en contact. Si la physique actuelle est correcte, il a dû y avoir un moment t où la question de savoir s'ils étaient en contact était indéterminée. (Et ce n'est pas seulement une conséquence de la physique actuelle, cela suit aussi de la conception raisonnable du vague, du moins dans la forme relativement forte que je viens de présenter). Considérez le moment t où la réponse à la question du contact entre les deux blocs est indéterminée. Posez-vous la question : existe-il alors quelque chose de plus grand qu'un bloc ? Il ne peut pas être absolument vrai qu'il existe quelque chose de plus grand qu'un bloc, car ce serait vrai uniquement s'il y avait vraiment quelque chose dont les deux blocs sont des parties et qu'ils étaient effectivement en contact. Un argument parallèle montre qu'il ne peut pas être assurément faux qu'il existe alors quelque chose de plus grand qu'un bloc. Nous avons donc un cas d'indétermination – du point de vue de notre monde possible simple, un cas actuel. Selon la conception raisonnable du vague, il doit en être ainsi parce qu'il y a dans notre monde possible simple quelque chose qui est le cas limite de « est plus grand qu'un bloc ». Mais quel est-il ? Ce n'est pas l'un ou l'autre bloc puisque chacun est un cas déterminé de « *n'est pas* plus grand qu'un bloc ». Et s'ils ont de vraies parties, ce n'est certainement pas le cas pour chacun d'entre *eux*. La chose qu'ils composent pourrait-elle être leur somme méréologique ? Cette suggestion ne convient pas car il n'est pas absolument vrai qu'il y ait une telle chose, et nous ne sommes donc pas en position de dire, « la somme des blocs est leur cas limite de "est plus grand qu'un bloc" ». (Et, bien sûr, même si nous étions en position de faire des assertions impliquant l'existence de la somme des blocs, cela ne nous autoriserait pas à expliquer le cas d'indétermination que nous souhaitons expliquer, car la somme des blocs ne serait pas un cas limite de « plus grand que le bloc » ; elle aurait à peu près certainement le double de la taille d'un bloc). Notre monde possible simple ne semble pas contenir d'autre candidat à la fonction « est un cas limite de » que « est plus large qu'un bloc ». Il semblerait alors que l'assertion « il existe quelque chose de plus grand qu'un bloc » a une valeur de vérité indéterminée, et nous ne pouvons pas expliquer cette indétermination en affirmant que « Il y a quelque chose qui est un cas limite de "est plus grand qu'un bloc" ».

Il est instructif de comparer cet exemple avec un cas dans lequel la conception raisonnable semble fournir une explication correcte de l'indétermination. Supposez que Socrate est plus sage que n'importe qui d'autre ; supposez que Socrate est un cas limite de la sagesse, supposez que tous les autres sont vraiment dénués de sagesse. Alors la réponse à la question de savoir si quelqu'un est sage est indéterminée, et l'explication est simple : il existe quelqu'un au sujet duquel savoir si le prédicat « est sage » s'applique à lui est indéterminé ; il n'existe personne à qui le prédicat « est sage » s'applique de manière déterminée. Mais dans le cas des « deux blocs », je ne peux pas formuler l'assertion qui correspond à « Il existe quelqu'un au sujet duquel savoir si le prédicat "est sage" s'applique à lui est indéterminé » : je ne peux pas dire « Il existe quelque chose pour laquelle savoir si le prédicat "est plus grand qu'un bloc" s'applique à elle est indéterminée. »

Toutefois, si la conception raisonnable est correcte, la *seule* manière d'expliquer l'indétermination de la valeur de vérité de « Il existe quelque chose de plus grand qu'un bloc » est d'asserter que l'existence d'un objet pour lequel savoir si « est plus grand qu'un bloc » s'applique à lui est indéterminé. Si notre monde possible simple est effectivement possible, alors, la théorie raisonnable est fausse. Mais si la théorie raisonnable est fausse, alors le vague est une énigme, car nous n'avons aucune idée de la manière d'expliquer le vague autrement que dans les termes fournis par la théorie raisonnable. Dans notre monde possible simple, l'*existence* est vague : parce que l'existence de la somme méréologique des deux blocs est indéterminée, et non pas parce qu'il existe quelque chose qui est un cas limite de « est une somme méréologique de deux blocs ». Et l'idée de l'existence du vague est une énigme ; nous comprenons le vague, au moins jusqu'à un certain point, quand on peut l'expliquer en référence à des limites tracées de manière indéterminée ; mais les cas d'existence indéterminée ne peuvent s'expliquer en référence à des limites tracées de manière indéterminée.

Je soutiens ceci : une métaphysique du monde matériel construite avec soin nous présentera soit des cas d'existence indéterminée (et des cas d'identité indétermine que, je ne les discuterai pas) ou aura des conséquences qui comportent des énigmes encore plus insondables que celle de l'existence vague : par exemple, qu'il n'y a rien de tel que vous ou moi, ou que chacun d'entre nous a par essence une durée précise d'existence – par exemple 81.23872 ans. Pour ma part, plutôt que d'accepter l'une ou l'autre de ces deux propositions, je préférerais supposer que le vague est (comme l'auto-référence, la conscience, le temps et la liberté) quelque chose dont nous n'avons pas une compréhension cohérente.

Je voudrais à présent présenter une seconde énigme qui appartient au vague, énigme (autant que je sache) sans lien avec la précédente. Examinons un cas de vague « ordinaire », un cas impliquant un prédicat vague, par exemple « est grand ». Entendons par « homme », un mâle adulte européen du nord. Il est évident que certains hommes sont vraiment *grands*. Par exemple, nous pouvons sans hésitation, ni excuses ni réserves, ou sans peur d'être contredit appliquer le mot « grand » à un homme de 200 cm. Et il est également évident que certains hommes ne sont vraiment pas grands – par exemple, un homme de 150 cm. Mais tout le monde ne tombe pas dans ces deux catégories. Une espèce de frontière en quelque sorte les sépare. On comprend tout de suite que la frontière ne peut pas avoir de limites précises. Si c'était le cas, il y aurait alors une hauteur qui marquerait la limite inférieure de la catégorie « vraiment grand, grand indéniablement ». Mais cette hauteur n'existe pas. Ce n'est pas 186 cm, et pas davantage pour n'importe quelle autre hauteur particulière. C'est à dire qu'elle n'existe pas.

Il y a donc une seconde frontière qui sépare « vraiment grand » de la frontière qui sépare « vraiment grand » de « vraiment pas grand ». Il est facile de voir qu'il ne peut rien y avoir qui appartienne à la grandeur et qui soit, comme l'espace, la frontière *finale*. La frontière finale aura des limites nettes et il y aurait ce qui, comme nous l'avons vu, n'existe pas : une hauteur qui marquerait la dernière limite inférieure de la catégorie « vraiment grand ». Voudrions-nous alors penser la grandeur selon une gradation continue ? Voudrions-nous penser les degrés possibles de grandeur comme formant un continu structuré comme les nombres réels ? Si cette suggestion est la bonne, certains hommes, comme ceux qui mesurent 200cm sont grands au degré 1 et d'autres comme ceux qui mesurent 150 cm, sont grands au degré 0. Et entre ces deux points limites, s'étendra un spectre continu de degrés de grandeur. (Un homme de 181,5 cm sera sans doute grand en référence à un de ces degrés intermédiaires).

Toutefois, à la réflexion, cette suggestion est vraiment énigmatique. Peut-il y avoir quelque chose dans le monde physique – dans lequel j'inclus non seulement les humains et leurs dimensions, mais aussi les dispositions des francophones à appliquer le mot « grand » en diverses circonstances – qui puisse lier un homme précis (et ce dernier dans un moment précis) et le mot français « grand » à un nombre réel précis – par exemple à $\pi/7$ plutôt qu'à un nombre réel qui diffère de $\pi/7$ à la milliardième décimale près ? Même si nous supposons qu'il y a un nombre fini de degrés de grandeur (et ce n'est pas simple de le faire d'une manière explicite et bien motivée : quel serait ce nombre fini, et pourquoi a-t-il été choisi plutôt que son successeur ?), l'idée peut sembler mystérieuse. S'il y a vingt trois degrés de grandeur, qu'est ce qui lie le degré 3 (ou un autre) à une taille de 186 cm ?

Certains d'entre vous ont peut-être déjà remarqué qu'il y a ici quelque chose qui est plus qu'un mystère. Il y a un réel paradoxe. Ce paradoxe m'a été signalé par Mark Heller [1]. Supposez que nous considérions quelque chose

1. Il a ensuite été mentionné dans le livre *The Ontology of Physical Objects : Four-Dimensional Hunks of Matter*, Cambridge, Cambridge UP, 1990. Voir chap. 3, section 8 et 9.

(partition ou grandeur ou autre) qui arrive par degrés, dont l'un de ces degrés correspond à la pleine possession de la propriété ou à la pleine participation dans la relation. Si, la grandeur arrive par degré, alors assurément, « 1 » est un des degrés, car on doit penser qu'un homme de 200 cm est grand au degré 1. Mais alors, quelle est la hauteur la plus petite pour laquelle un homme de cette taille est grand au degré 1 ? (ou, si « les hauteurs » composent un continuum, quelle est la limite la plus basse de l'ensemble des tailles telle qu'un homme qui a une des tailles de cet ensemble est grand au degré 1 ?). Il semble absurde de supposer qu'une telle hauteur existe. Quelle serait-elle et comment les composants du monde physique pourraient faire pour la fixer ? Aurait-elle pu être différente ? Est-il possible qu'un composant « moins grand » qui est associé au mot allemand « lang » soit différent de celui qui est associé au mot français « grand » ? Et pourtant, comment pourrrait-il ne pas y avoir une telle hauteur ? Le nombre réel 200 a la propriété exprimée par l'énoncé ouvert « si x mesure la taille en centimètres d'un homme, alors cet homme est grand au degré 1 ». Et l'ensemble des nombres qui ont cette propriété a une limite p inférieure, car ni le nombre 150 ni aucun autre nombre inférieur n'a cette propriété. Mais si un ensemble non vide de nombres réels a une limite inférieure, alors il a une limite inférieure la plus grande ; cette phrase exprime une propriété « non négociable » de la ligne réelle. Je n'ai aucune idée de la manière dont on peut résoudre ce paradoxe.

Troisième partie

LE TEMPS ET LA CAUSALITÉ

Introduction

Hume fait du temps et de la causalité les deux connexions fondamentales du monde, tout en exerçant à leur égard une sévère réserve issue de son scepticisme – ces connexions restent « secrètes » et il est difficile de de leur accorder une portée ontologique au sens où le réalisme comprendrait qu'il existe réellement des connexions causales et temporelles. Dans l'ontologie contemporaine, que ce soit celle d'Ingarden, de Lewis ou de Armstrong, causalité et temps sont soumis à une analyse à la fois sémantique et ontologique, dans une optique réaliste – ces connexions ne sont plus secrètes. La question classique depuis Kant de la préséance du temps sur la causalité, ou de la causalité sur le temps est alors posée à nouveaux frais[1].

Le temps, peut être l'objet d'un doute métaphysique quant à son existence. Le philosophe hégélien McTaggart a construit un argument en faveur de l'irréalité du temps, qui a influencé toute la littérature métaphysique. La raison en est que cet argument s'appuie sur une différence

---

1. *Cf.* M. Tooley, *Time, Tense and causality*, Oxford, Oxford University Press, 2000.

extrêmement profonde, celle des séries temporelles A (passé, présent, futur) et B (antérieur/postérieur). Ces deux séries sont en effet différentes par le fait que les déterminants de la seconde ne subissent pas de modification avec le passage du temps – si x est antérieur à y à t, et si $t' > t$, x est antérieur à y à t' – alors que les déterminants de la première sont modifiés avec le passage du temps – si x est futur à t, et si $t' > t$, x peut être présent à t'. L'argument en faveur de l'irréalité du temps consiste à montrer que la série A est contradictoire (puisque des prédicats contraires peuvent être attribués aux événements – un événement peut successivement être futur, présent, puis passé) et que la série B est incapable de générer du changement. L'argument de McTaggart consiste à montrer que la série A est nécessaire mais qu'elle est incohérente et que cette incohérence ne peut être annulée en réduisant la série A à la série B, car la série B n'engage pas le changement, alors que le temps est changement.

En ce sens l'argument de McTaggart est autant une analyse du changement qu'une analyse du temps et on retrouve cette importance du changement dans le texte de Hugh Mellor « le temps de nos vies ». Il discute toute une série de difficultés ontologiques liées au temps, en rapport avec la science moderne, la physique relativiste notamment. Ces difficultés découlent surtout de la conception du temps comme une dimension des objets, qui a été adoptée récemment par de nombreux philosophes, dont Theodore Sider [1]. Pour les objets, qui s'étendent dans les trois dimensions de l'espace et dans le temps, le temps serait une dimension supplémentaire – le Socrate adolescent serait une partie de l'objet quadri-dimensionnel « Socrate ».

---

1. Th. Sider, *Four-Dimensionalism : an Ontology of Persistence and Time*, Oxford, Oxford University Press, 2005.

Bref, les objets auraient des parties temporelles, tout comme ils ont des parties spatiales. Si c'est le cas, deux problèmes ontologiques se posent : tout d'abord comment distinguer les propriétés et les parties temporelles (par exemple la propriété d'être adolescent pour Socrate et la partie temporelle « adolescence de Socrate »), ensuite quel est le mode d'être des objets quadri-dimensionnels – existent-ils tout entier à chaque instant, ou bien sont-ils des sommes de parties à travers le temps et existent-ils partiellement à chaque instant ? On aura reconnu dans cette dernière question l'opposition classique entre l'endurance et la perdurance, comme des modes d'être à travers le temps (le quadri-dimensionnalisme est du côté de la perdurance). Hugh Mellor ne tranche pas toutes ces questions et défend un scepticisme modéré, ce qui revient à refuser une projection de la physique relativiste dans l'ontologie.

Un autre problème métaphysique est celui de l'existence temporelle : est-ce que ce qui existe est ou bien passé, ou bien présent, ou bien futur (éternalisme), ou bien uniquement présent (présentisme) ? Soit un cartable qui n'existe plus (il a été détruit), est-ce qu'il existe au sens d'un cartable-passé-qui-a-existé ? Ou bien, n'y a-t-il absolument rien, rien dans le passé, rien dans le présent – donc il n'existe pas ? C'est là toute l'essence du présentisme : si une chose n'existe pas dans le présent, elle n'existe pas. On a pu dire que les objets passés ou futurs dans le présentisme étaient des particuliers nus, au sens d'entités dépourvues de propriétés – peut-être faudrait-il aller plus loin et soutenir que les objets passés ou futurs ne sont rien du tout, ce qui pose des problèmes sérieux : comment un objet n'aurait que des propriétés au présent, ou présentes ? Particuliers nus ou limitation au présent, on est en présence de problèmes ontologiques redoutables.

David Lewis en quelques lignes de *The Plurality of Worlds* a lié le problème du présentisme ontologique, tel que nous venons de l'esquisser et celui des propriétés temporaires (*temporary extrinsics*), comme être debout, puis être assis quand on va à l'opéra. D. Lewis rejette l'idée que seules existent les propriétés présentes, mais il est évidemment conscient de s'exposer alors au problème que les objets pourraient avoir des propriétés contradictoires, par exemple être debout et assis à l'opéra et non debout ou assis. Si je n'ai que des propriétés qui existent au moment présent, ce qui permet d'éliminer le monstre « être debout et assis », c'est absurde à première vue car par exemple je n'aurai pas la propriété d'avoir étudié le japonais, ce qui semble être le cas, mais si je dois accepter des propriétés passées et futures, je serai un réceptacle d'incohérences. J'aurai par exemple la propriété d'être gros et la propriété d'avoir été maigre, ce qui est absurde car dans quelques instants j'aurai la propriété d'avoir été gros et j'aurai donc deux propriétés contraires, avoir été gros et avoir été maigre. Ce problème métaphysique que pose le présentisme appliqué aux propriétés passées n'est pas une difficulté byzantine, c'est bien plutôt une autre manière de poser la question absolument centrale du changement. Si changer c'est passer de l'attribution d'une propriété à une autre propriété à un moment ultérieur, la question de la permanence ou pas des propriétés détermine ce qu'il en est de la nature du changement. Dean Zimmerman explore systématiquement les relations entre le présentisme, l'actualisme modal (il n'existe qu'un seul monde, le monde actuel) et le fait de prendre le temps au sérieux (de ne pas l'éliminer ou le réduire au temps physique). Prendre le temps au sérieux c'est aussi refuser de réduire la série A de McTaggart à la série B.

HUGH MELLOR

LE TEMPS DE NOS VIES [1]

Au début du siècle passé est paru un article qui allait transformer la philosophie du temps. L'article en question, « L'irréalité du temps », écrit par James Ellis McTaggart, fut publié en 1908 [2]. Comme le titre l'indique, dans cet article, McTaggart défend l'argument selon lequel, dans la réalité, il n'y a rien de tel que le temps. Mais cette affirmation, bien que déjà surprenante, n'est pas ce qui rend l'article si remarquable. Après tout, la même affirmation fut proposée bien avant McTaggart, notamment par Kant en 1781 [3], et au sens de McTaggart, elle reste soutenue par ceux qui pensent que le temps n'est que l'une des quatre dimensions d'un « univers bloc » qui ne change pas. Pourtant, la plupart de ceux qui adoptent une telle position ne sont pas influencés par les arguments substantiels de McTaggart, mais par le commentaire de Minkowski,

---

1. Traduction par B. Le Bihan de « The Time of our lives » paru dans *Philosophy at the new Millenium*, A. O'Hear (ed.), Cambridge, Cambridge UP, 2001, p. 45-59.

2. J.M.E. McTaggart, « L'irréalité du temps » (1908) dans S. Bourgeois-Gironde, *McTaggart : temps, éternité, immortalité*, 2000, Paris, Éditions de l'éclat, p 91-117.

3. E. Kant, *Critique de la raison pure*, Paris, Garnier-Flammarion, 2001.

également exposé en 1908[1], selon lequel la relativité a condamné le temps et l'espace à « se dissiper en de simples ombres » d'un espace-temps unifié.

À vrai dire, le plus significatif de la pensée de McTaggart ne réside pas tant dans ses arguments, mais plutôt dans sa manière de les formuler. Ici comme ailleurs, la clé pour résoudre une question difficile réside dans la façon de la poser : pour McTaggart cela signifia tracer une distinction, désormais célèbre, entre deux descriptions de la manière dont les choses ont lieu. Une première façon consiste à déterminer si elles sont passées, présentes ou futures, et si elles ne sont pas présentes, à décrire à quel point elles sont éloignées dans le passé (hier, la semaine dernière, il y a dix ans de cela) ou dans le futur (demain, la semaine prochaine, dans dix ans). Les événements ainsi ordonnés par leurs relations temporelles avec le présent forment ce que McTaggart appelle les « séries A ». Mais il propose une autre manière d'ordonner les événements, ce qu'il appelle les « séries B » : les événements sont plus au moins antérieurs ou postérieurs, non plus par rapport au présent cette fois, mais les uns par rapport aux autres. Ainsi, la grande contribution de McTaggart à la philosophie du temps fut de montrer à quel point les questions les plus importantes à propos du temps sont en fait des questions à propos de ces deux séries.

Afin de comprendre pourquoi il en va ainsi, nous devons commencer par comparer le temps à l'espace dont les dimensions ressemblent bien évidemment plus à celle du temps qu'à d'autres manières d'ordonner les choses, par exemple selon leur température. La raison en est que le

1. H. Minkowski, « Space and Time », trad. dans *The Principle of Relativity*, A. Einstein *et al.* (eds.), London, Methuen, 1908, p. 75.

temps et l'espace forment une configuration quadridimensionnelle de possibilités – c'est-à-dire de points spatio-temporels – l'un et l'autre permettant à deux choses de coïncider ou d'être en contact, c'est-à-dire, d'être capables d'interagir immédiatement en un point. Ainsi, dire de l'espace-temps qu'il possède quatre dimensions revient à affirmer que les choses peuvent *échouer* à coïncider de quatre manières différentes, en ayant différentes localisations dans au moins l'une de ces dimensions. En d'autres termes, le temps et l'espace se distinguent de toute autre chose par le fait que les personnes et les choses peuvent – littéralement – entrer en contact les uns avec les autres, en occupant un même lieu au même instant. Qu'ils partagent la même température, couleur, forme, ou toute autre propriété, n'est pas pertinent pour savoir si oui ou non ces objets sont en contact, et ainsi capables d'interagir immédiatement. Par conséquent, face à la question « Qu'est-ce que le temps ? », un premier élément de réponse, le plus facile, le plus général, et qui nous enseigne de quelle manière le temps diffère de toute autre chose à l'exception notable de l'espace – et qui, soit dit en passant, est relativement indépendant de la théorie de la relativité restreinte – est que le temps est l'une des quatre dimensions de l'espace-temps.

Cette réponse laisse ouverte, bien entendu, une autre question à propos de la manière dont le temps diffère des autres dimensions de l'espace-temps ; or, rien dans la relativité ne fournit un élément de réponse ou ne disqualifie cette question. McTaggart propose une réponse : le temps est la dimension du *changement*. Et il en va bien sûr ainsi : le changement d'une chose est la possession de propriétés incompatibles à différents instants. Le mouvement, par exemple, est un changement de lieu : le fait d'occuper d'abord un certain lieu, avant d'ensuite en occuper un second ; de même, changer de couleur revient à posséder d'abord une certaine couleur, puis une autre ; il en va de même pour la taille, la forme, la température et pour toute autre propriété changeante. Un changement est la variation dans le temps d'une ou de plusieurs propriétés d'une chose.

Mais en quoi ce fait devrait-il permettre de distinguer le temps de l'espace ? Après tout, une grande quantité de propriétés varient également à travers l'espace. Prenez cette vénérable arme philosophique, le tisonnier, et imaginez qu'on le plonge dans le feu, faisant ainsi en sorte que l'une de ses extrémités soit brûlante et que l'autre soit froide. Pourquoi ne devrions-nous pas appeler cette variation spatiale de température un changement ? Il ne suffit pas de répondre que ce que nous *signifions* par changement est une variation dans le temps et dans l'espace. En effet, cela ferait alors surgir la question : pourquoi faisons-nous cette distinction entre variation temporelle et variation spatiale ? Et si nous la faisons, comment allons-nous alors distinguer le temps de l'espace ? Si nous définissons le changement comme la variation dans le temps mais pas dans l'espace, il devient alors impossible de définir le temps comme étant la dimension du changement.

Mais est-ce vraiment impossible ? McTaggart pense que nous le pouvons, car il pense qu'il doit y avoir plus dans le changement que le simple fait de posséder différentes propriétés à différents instants. Supposez que votre chauffage central se lance à 6h00 et achève de chauffer votre maison à 7h00. Qu'est-ce qui fait de cette montée de température, nous demanderait McTaggart, un changement ? Pas simplement le fait que votre maison est froide à 6h et le fait qu'elle est chaude à 7h, car ces faits ne changent jamais. Si votre maison est froide à 6h, il ne pourra pas être le cas plus tard qu'elle *n'a pas* été froide à cet instant ; de même, si elle était chaude à 7h, elle ne peut plus ne pas avoir été chaude à ce moment-là. S'il y a de tels faits, alors ce sont des faits à tout jamais. Mais alors, comment deux faits qui ne changent pas peuvent-ils constituer un changement ?

Selon McTaggart, ils ne le peuvent tout simplement pas. Les changements ne concernent pas les faits que votre maison est plus ou moins froide à 6h ou chaude à 7h, mais le fait que votre maison est chaude ou froide *maintenant*. Ainsi à 6h, c'est-à-dire quand il est *maintenant* 6h, le fait pertinent est que votre maison est *froide maintenant* ; et à 7h, c'est-à-dire quand il est *maintenant* 7h, le fait pertinent est que votre maison est *chaude maintenant*. Ce sont ces faits qui changent. Le fait que votre maison est froide maintenant *n*'est *pas* toujours un fait, puisque c'est un fait à 6h mais pas à 7h ; de la même manière, le fait que votre maison est chaude est un fait à 7h, mais pas à 6h. Ce sont ces faits, se produisant et disparaissant, qui font du réchauffement de votre maison un cas de changement.

Ainsi pour McTaggart, ce qui fait d'une variation temporelle un changement, c'est qu'elle implique un changement dans les faits qui décrivent comment sont les choses *maintenant*. Et ces faits changent parce que le *temps* présent change constamment. Ce qui rend votre maison d'abord froide maintenant puis chaude maintenant, étant donné qu'elle est froide à 6h et chaude à 7h, c'est que d'abord il est maintenant 6h et qu'ensuite il est maintenant 7h. Quand il est maintenant 6h, tout ce qui a lieu à 7h est une heure plus tard dans le futur, ce qui signifie que cela sera présent au bout d'une heure ; et quand, une heure plus tard, il est maintenant 7h, tout ce qui a eu lieu à 6h, a eu lieu il y a une heure, ce qui signifie que cela fut présent il y a une heure de cela. En bref, ce qui rend le changement possible est ce que l'on a coutume d'appeler l'écoulement ou le passage du temps et par conséquent, de tout ce qu'il contient en son sein, du futur au passé, *via* le présent. Ainsi, ce qui rend différent le temps de l'espace, en en faisant la seule et unique dimension du changement, est le fait que le temps s'écoule à la différence de l'espace.

Selon McTaggart surgit alors une complication : en effet, il défend aussi l'argument selon lequel le temps *ne peut pas* s'écouler, et que par conséquent, il n'y a pas de place dans la réalité pour le changement, ce qui implique selon lui, qu'il n'y en a pas non plus pour le temps. Il admet bien sûr qu'il existe une quatrième dimension constitutive de ce que nous appelons l'espace-temps, une dimension que nous appréhendons par erreur comme étant le temps. Mais puisqu'il pense que la variation dans cette dimension n'entraîne pas plus le changement que la variation dans l'espace ne le fait, il se refuse à l'appeler temps. C'est ce qu'il veut dire lorsqu'il affirme que le temps est irréel.

Avancée en ces termes, l'affirmation de McTaggart devient plus crédible ; et en effet comme je l'ai dit, elle est toujours, en substance, largement acceptée, bien que différemment exprimée et moins défendue pour ces raisons que sur la base d'une inférence incorrecte à partir de la relativité. Mais il reste que même si l'objection de McTaggart contre l'écoulement du temps est toujours débattue, personne ne débat de sa distinction entre les séries A et B, distinction sur laquelle s'appuie son objection. Or c'est précisément cette distinction et ce qu'elle peut nous enseigner, non seulement sur le temps mais également sur nous-mêmes, qui constitue le caractère visionnaire et fructueux du travail de McTaggart sur le temps.

Pour comprendre pourquoi, prenez l'analogue du *présent* en ce qui concerne la personne, c'est-à-dire un *soi*. Nous pouvons mettre en relations les personnes les unes par rapport aux autres de deux manières, similaires aux deux manières qu'utilise McTaggart pour mettre en relations les événements dans le temps. Par ce que j'appelle la manière *personnelle*, analogue aux séries A de McTaggart, nous appréhendons les personnes relativement à nous-mêmes. Cette relation peut être familiale, comme être un parent, un cousin, un beau-père, etc. ; elle peut être spatiale, comme être un voisin ; ou encore sociale ou politique, comme être un employé, ou un chef de parti politique ; ou de n'importe quel autre genre. Ce qui importe ici n'est pas de savoir ce qu'est la relation, mais de savoir si la relation est directe ou indirecte par rapport à *nous* : comme pour *mes* parents, *mes* voisins, les employés de *mon* cousin, le chef du parti auquel appartient le colocataire de *mon* neveu, et ainsi de suite.

Voilà ce que j'entends par la manière personnelle d'identifier et de décrire les personnes, c'est-à-dire de les mettre en relation directe ou indirecte avec nous. Quant à l'autre manière, la manière impersonnelle, analogue aux séries B de McTaggart, elle consiste à mettre les personnes en relation non pas avec nous-mêmes, mais les unes par rapport aux autres, comme lorsqu'on évoque les parents de Jill, les voisins de John, les employés du cousin de David, ou le chef du parti auquel appartient le colocataire de Fred, et ainsi de suite.

Interrogeons-nous maintenant sur la manière dont diffèrent ces deux manières de mettre en relation les personnes, tout d'abord dans la réalité, puis dans la manière de penser la réalité. Dans la réalité, la manière personnelle vient bien sûr se greffer sur la manière impersonnelle, tel un parasite. En effet, cette dernière n'est que le simple résultat de qui est mis en relation avec qui, selon une relation définie, et cela indépendamment du fait que je sois ou non l'une des personnes concernées ; ces relations impersonnelles entre les gens permettent alors de fixer les relations personnelles. Ainsi, si John est le cousin de Hugh et si je suis Hugh, alors John doit être mon cousin ; et il en va de même pour tous les autres cas. Donc, la réalité personnelle ne peut différer de la réalité impersonnelle que s'il y a plus en réalité dans le fait que John soit mon cousin que dans le fait que John soit le cousin de Hugh ; ceci ne peut être le cas que si *ma* particularité d'être Hugh est elle-même une partie ou un aspect substantiel de la réalité.

Vous pourriez penser qu'il en va évidemment ainsi. Cependant comme le montre l'analogie avec l'argument de McTaggart à l'encontre de l'écoulement du temps, cela n'est pas si évident. En affirmant cela, je ne nie absolument pas la vérité de « Je suis Hugh », ou que mon cousin affirme une vérité en énonçant « Je suis John ». La question posée concerne ce qui *rend* vrais ces énoncés. Cela ne peut être le fait qu'en réalité je suis Hugh et non John, puisque cela rendrait faux l'énoncé de John. Il ne peut pas s'agir non plus du fait qu'en réalité je suis John et non Hugh, puisque cela rendrait faux l'énoncé de Hugh. Et cela ne peut pas plus être le fait que je sois à la fois Hugh et John, puisque je ne peux être qu'une seule personne. Ainsi, accepter que des vérités personnelles telle que « Je suis Hugh » soient rendues vraies par des faits personnels qui correspondraient à ces vérités génère des contradictions, en requérant à la fois l'existence du fait que je suis Hugh afin de rendre vrai l'énoncé de Hugh « Je suis Hugh », et l'inexistence de ce fait afin de permettre également que l'énoncé de John « Je suis John » soit vrai.

Mais alors, qu'est-ce qui rend vrais ces énoncés personnels ? La réponse est simple. Par exemple, pour tout X, les énoncés de la forme « Je suis X », « X est mon cousin », et « Je vis à X » sont rendus vrais respectivement par le fait d'être affirmé par X, par un cousin de X, et par quelqu'un qui vit à X. Mais ces faits sont tous impersonnels eu égard à qui affirme quoi, de qui vit où, et de qui entretient une certaine relation avec qui, et cela indépendamment de savoir si je suis l'une de ces personnes – expliquant ainsi pourquoi ces faits n'impliquent pas de contradiction. Et cela explique également pourquoi, lorsque nous cherchons à déterminer sans contradiction ce qui rend vrais les énoncés personnels, nous devons prendre la réalité comme étant elle-même impersonnelle, c'est-à-dire comme ne contenant rien de tel que le fait que *je* suis Hugh, que *je* suis le cousin de Hugh, ou que *je* vis à Cambridge, au delà et en plus de l'existence de Hugh faisant ces choses.

La simplicité et l'évidente pertinence de cet argument à l'encontre d'une réalité personnelle permettent de prendre la mesure d'un fait remarquable : peu de philosophes acceptent l'analogie temporelle, c'est-à-dire l'argument de McTaggart à l'encontre de l'écoulement du temps, argument pourtant tout aussi simple et pertinent. Ici encore nous n'avons pas à nier que lorsqu'à six heures j'affirme « Il est maintenant six heures », cet énoncé est vrai, et que lorsqu'à sept heures j'affirme « Il est maintenant sept heures », cet énoncé est également vrai. Mais encore une fois, la question importante est de savoir ce qui *rend* vrais ces énoncés. Il ne peut s'agir du fait que dans la réalité il est maintenant six heures, sous peine de rendre fausse mon affirmation faite à sept heures. Il ne peut pas plus s'agir du fait que dans la réalité il est sept heures, sous peine de rendre fausse mon affirmation faite à six heures. Et il ne peut pas plus être à la fois six et sept heures, car un seul moment peut être présent. Ainsi, si l'on accepte que des vérités à propos des séries A telles que « Il est maintenant six heures » soient rendues vraies par des faits A correspondant aux séries A, on tombe alors dans des contradictions en requérant à la fois l'existence du fait qu'il est maintenant six heures, afin de rendre vrai mon énoncé de six heures « Il est maintenant six heures », et l'inexistence de ce fait afin de permettre également que mon énoncé de sept heures « Il est maintenant sept heures » soit vrai.

Mais alors, qu'est-ce qui rend vrais ces énoncés sur les séries A ? Encore une fois, la réponse est simple. Par exemple, pour tout X, les énoncés de la forme « Il est maintenant X », « X eut lieu la semaine dernière » et « X est attendu demain » sont rendus vrais respectivement par le fait d'être affirmé à X, dans la semaine qui suit X, et le jour avant que X soit attendu. Mais tous ces faits sont des faits de séries B, qui décrivent quand les choses arrivent et sont énoncés, indépendamment de savoir si l'une de ces choses ou énonciations est présente – ce qui explique pourquoi ces faits de type B n'impliquent pas de contradiction. Et cela explique également pourquoi, lorsque nous cherchons à déterminer sans contradictions ce qui rend vrais les énoncés de séries A, nous devons prendre la réalité comme étant elle-même dénuée de faits de type A, c'est-à-dire, comme ne contenant rien de tel que le fait que X existe maintenant, qu'il est passé d'une semaine, ou qu'il est attendu un jour plus tard qu'aujourd'hui.

Aussi simple et pertinent que puisse paraître cet argument, le décrire comme étant contentieux serait un euphémisme. Cependant, je n'ai pas ici la place pour défendre mon objection face aux nombreuses critiques peu

raisonnables mais ingénieuses [1]. Je vais plutôt m'atteler à
la rendre plus accessible et intuitive, en montrant comment
dans un monde purement constitué de séries B, nous
sommes contraints de penser ce monde en termes de séries
A, c'est-à-dire à travers les concepts de passé, de présent
et de futur. Ici encore, il est utile de s'appuyer sur l'analogie
personnelle. Comme Thomas Nagel l'écrivit en 1986, « Si
ce n'est pas un fait à propos du [...] monde que je suis
[Thomas Nagel], alors il reste à expliquer ce que cela peut
être d'autre, car cela semble être non seulement vrai, [...]
mais surtout l'une des choses les plus fondamentales que
nous pouvons affirmer du monde » [2]. De façon similaire,
si j'affirme d'une manière moins autocentrée, que ce n'est
pas un fait qui décrit le monde que tels et tels événements
se produisent maintenant, alors il reste à expliquer ce que
c'est, car cela aussi semble être non seulement vrai, mais
surtout être l'une des choses les plus importantes à affirmer
et en laquelle croire.

Afin de voir ce que nous pourrions dire à ce propos,
commençons par considérer comment ce que nous voulons
et ce que nous croyons affecte la manière dont nous agissons.
En première approche, selon la théorie moderne de la
décision, comme l'écrit Frank Ramsey en 1926, la connexion
consiste en ce que « nous agissons de la manière qui nous
paraît être la plus propice à la réalisation des objets de nos
désirs » [3], une thèse qui est maintenant l'un des ingrédients
classiques (bien que discutable) des théories dites

---

1. Voir L.N. Oaklander, Q. Smith (éd.), *The New Theory of Time*,
New Haven, Yale UP, 1994.
2. T. Nagel, *Le point de vue de nulle part* (1986), Combas, Éditions
de l'Éclat, 1993, p. 70-71 (trad. revue).
3. F. P. Ramsey, « Vérité et probabilité », *Logique, philosophie et
probabilités*, trad. fr. P. Engel (dir.), Paris, Vrin, 2003, p. 57.

fonctionnalistes de la croyance et du désir. Cependant, pour ce qui nous intéresse ici, je n'ai besoin que de l'affirmation qualitative et moins discutable, qu'habituellement nous n'effectuons que ce qui nous permettra selon nous, d'obtenir ce que nous voulons, une affirmation que personne, je l'espère, ne remettra en cause.

Ceci est par exemple ce qui m'a poussé à me déplacer à Londres le 22 octobre 1999 dans le but de donner une conférence au Royal Institute of Philosophy, conférence dont ceci est le texte (moyennant certaines variations minimes et évidentes). Je me suis déplacé là-bas car je voulais donner cette conférence que je pensais devoir y donner ce jour-là. Mais pour que cette croyance puisse causer mon action, ainsi que l'a montré John Perry à l'aide d'autres exemples en 1979[1], il faut qu'elle soit à la fois une croyance personnelle et une croyance du type des séries A. La croyance que Hugh Mellor devait faire une présentation à Londres le 22 octobre 1999 n'aurait pas suffi. Après tout, cette croyance n'a poussé personne d'autre à se déplacer à Londres pour faire une conférence, tout simplement parce que personne d'autre ne possédait la croyance « Je suis Hugh Mellor ». Cette croyance ne m'aurait pas plus poussé *moi* à me rendre à Londres si j'avais oublié qui j'étais, et ainsi cessé de croire que l'intervenant était non seulement Hugh Mellor, mais aussi *moi*. Et il en va de même pour la date. Vouloir être à la conférence et croire qu'elle a lieu le 22 octobre, n'aurait poussé personne à s'y rendre le 22 octobre, à moins de n'acquérir également la croyance du type des séries A « Aujourd'hui nous sommes le 22 octobre ».

---

1. J. Perry, « The Problem of the Essential Indexical », *Noûs* 13, 1979, p. 3-21 ; trad. fr. J. Dokic, F. Preisig (dir.), *Problèmes d'indexicalité*, Standford-Paris, SCLI, 1999.

Il est donc évident *que* nous avons besoin des croyances personnelles et des croyances du type des séries A pour nous faire agir comme nous le faisons. Ce qui est moins évident, c'est *pourquoi* nous avons besoin de ces croyances, une question dont la réponse réside dans un fait négligé à propos de la vérité : la vérité est la propriété de nos croyances qui nous permet d'obtenir ce que nous voulons. Considérons à nouveau mon déplacement à Londres pour donner cette conférence le 22 octobre, déplacement dont la cause est ma croyance que je devais faire ainsi ce jour-là. Cette croyance m'aurait fait aller à Londres quand bien même elle aurait été fausse, c'est-à-dire quand bien même j'aurais fait une erreur, n'étant pas supposé m'exprimer à cette date. Il en va ainsi en général comme il en va pour cet exemple : la vérité (ou la fausseté) de nos croyances n'affecte pas en général ce qu'elles nous font faire. Ce qu'elle affecte est le *succès* ou l'*échec* de ce que nous font faire ces croyances, c'est-à-dire si elles nous permettront d'obtenir ce que nous voulons obtenir en le faisant. C'est uniquement parce que la croyance qui m'attira à Londres le 22 octobre était vraie que mon déplacement me permit de « réaliser l'objet de mon désir », en clair, de donner cette conférence. Ma croyance aurait été fausse, je n'aurais pas eu à donner cette conférence, et alors mon action (de me rendre à Londres), action que ma croyance me poussa à effectuer, aurait été vouée à l'échec, ne me permettant pas de réaliser l'objectif qui m'avait motivé.

Un tel lien entre la vérité de nos croyances d'une part, et le succès de nos actions d'autre part, constitue le cœur des théories de la vérité dites pragmatiques, telles que celle qui fut proposée par William James en 1909 [1]. Je pense en

---

1. W. James, *La signification de la vérité* (1909), Lausanne, Antipodes, 1998.

réalité, à la suite de Jamie Whyte [1], que ce lien nous permet de définir la vérité, bien que ceci encore une fois, n'est pas un point que je doive défendre maintenant. Il me suffit de m'appuyer ici sur le fait indéniable que le succès de nos actions dépend généralement de la vérité des croyances qui causent ces actions. En effet, ce fait suffit à expliquer pourquoi comme tous les agents, nous avons besoin de croyances personnelles et de croyances du type des séries A, et cela dans un monde entièrement impersonnel constitué de séries B.

Cette explication de notre besoin de croyances personnelles et de croyances du type des séries A, débute par le fait évident que le succès de presque toutes nos actions dépend de qui les font et de quand ils les font. Ainsi, pour que mon action de me rendre à Londres dans le but de donner une conférence soit couronnée de succès, elle doit nécessairement être réalisée par la personne qui est censée donner la conférence, c'est-à-dire par Hugh Mellor, et être réalisée à la date prévue, c'est-à-dire le 22 octobre. Donc pour l'instant, tout est clair. Mais pour réaliser les implications de ce fait évident à propos des croyances qui causent nos actions, nous devons nous référer à un autre fait évident : seules les croyances que *je* possède me pousseront à agir, et qu'uniquement *quand* je les aurai. La croyance d'un autre que je devais m'exprimer n'aurait jamais pu *me* faire venir à Londres : la personne qui devait croire cela, c'était moi. De plus, pour que ma croyance ait pu me faire venir à Londres le 22 octobre, il fallait que je la possède non pas le jour précédant, ou le jour suivant, mais ce jour précis.

1. J. T. Whyte, « Success Semantics », *Analysis* 50, 1990, p. 149-157.

Tout ceci découle du fait que les causes n'agissent jamais immédiatement à distance à travers le temps ou l'espace (pour des raisons que je n'ai pas besoin d'examiner ici). Grossièrement, nos actions doivent donc forcément se produire à l'instant et au lieu où les croyances et les désirs qui les causent se produisent, c'est-à-dire où nous sommes quand nous avons ces croyances et désirs. Je dis « grossièrement », car en fait, nos croyances et nos désirs ne causent pas immédiatement nos actions ; elles les causent via des effets tels que la contraction de nos muscles, le mouvement de nos membres, la génération de sons, de lumière, ou même d'ondes radios grâce auxquelles nous agissons à distance sur les gens et les choses [1].

Combinons maintenant tout cela avec le fait qu'habituellement une condition du succès de nos actions est que les croyances qui les causent sont vraies. Il suit alors que pour que le succès d'une action dépende de qui et de quand elle a lieu, celle-ci doit être causée par une croyance dont la vérité dépend également de la même

1. Concernant les affaires qui nous occupent, nous pouvons négliger toutes ces distances et délais. Tout d'abord parce qu'elles peuvent être négligées à propos de ce qu'il est convenu d'appeler les « actions basiques », telles que le mouvement des membres (voir Arthur Danto, « Basic Actions », *American Philosophical Quaterly* 2, 1965, p. 141-148). De plus, même quand elles ne sont pas négligeables, leurs impacts ne concernent principalement que le moment où s'achève l'action et non celui où elle commence. Ainsi, mon action de me rendre à Londres *débuta* presque immédiatement au moment où j'ai acquis la croyance qu'il était temps de partir de Cambridge. Cette croyance est ce qui a causé mon action, c'est-à-dire ce qui a causé son déclenchement à ce moment et à cet endroit, et cela même si l'action s'acheva à soixante miles de là, quatre vingt dix minutes plus tard. Ainsi même dans ce cas, il est vrai d'affirmer que nos actions sont causées par les croyances et les désirs que nous avons quand nous les faisons, ou plus précisément quand nous commençons à les faire.

manière de posséder cette croyance, de qui la possède et de quand on la possède. C'est pourquoi, pour que je me mette en route vers Londres comme je l'ai fait, dans le but de donner une conférence, je devais croire à ce moment là que le conférencier c'était *moi* et que la date de la conférence était *aujourd'hui*. En effet, puisque mon action ne pouvait être couronnée de succès que dans la mesure où elle était effectuée le jour adéquat par le conférencier annoncé, la croyance qui la causa ne pouvait être vraie que si elle était celle de cette personne ce jour-là. Or les seules croyances qui permettent de satisfaire ces deux contraintes sont les croyances du type des séries A comme la croyance qu'aujourd'hui est le jour adéquat et la croyance personnelle que je suis le conférencier.

C'est pour cela qu'en tant qu'agents, nous avons besoin de croyances personnelles et de croyances du type des séries A. Nous en avons besoin afin de nous permettre d'agir *quand* nous avons besoin d'agir, et quand *nous* avons besoin d'agir, afin de permettre le succès de nos actions. Et ceci ne vaut pas seulement pour les affaires de peu d'importance comme d'aller donner ou d'écouter une conférence sur le temps, non cela vaut également pour des choses telles que la vie ou la mort. Aucune espèce dont les membres auraient des réactions non effectuées en temps voulu, non adéquates à la nourriture, aux prédateurs et aux partenaires potentiels, ne pourrait survivre. Elles doivent être effectuées par eux-mêmes et au moment opportun. Ainsi les membres de toutes les espèces dont les actions sont causées, comme pour nous, par leurs croyances et leurs désirs doivent posséder des croyances personnelles et des croyances du type des séries A – et ils doivent généralement les acquérir quand, et uniquement quand, elles sont vraies.

Telle est donc la fonction de base et originelle de nos sens : faire en sorte que l'apparition et la disparition de nourriture, de prédateurs ou de partenaires potentiels me fassent respectivement croire ou ne pas croire que « Je fais *maintenant* face à de la nourriture / un prédateur / un partenaire potentiel », et ceci quand, et uniquement quand, ces croyances ou leurs contraires sont vraies. Et comme dans ces situations, il en va ainsi pour toutes ces situations où nous avons besoin ou nous voulons agir. Seules les croyances personnelles et du type des séries A qui sont formées de façon fiable (c'est-à-dire uniquement formées chez un sujet et à un instant particulier telles qu'elles ont de fortes chances d'être vraies) nous permettront en général, d'agir quand nous avons besoin d'agir dans le but d'agir avec succès. C'est pourquoi j'appelle la conception du temps en termes de séries A centrées sur le présent, cette façon indispensable que nous avons dans la pratique de penser les événements comme étant passés, présents ou futurs, « le temps de nos vies » : il nous serait en effet littéralement impossible de vivre sans lui.

En réalité pourtant, et je l'affirme avec force, le temps n'est pas comme cela : dans la réalité, il n'y a pas de distinctions entre le passé, le présent et le futur, pas plus qu'il n'y a d'écoulement du temps et de changement dans des faits de type A. Mais dans ce cas, qu'est-ce qui distingue le temps de l'espace dans la réalité ? La réponse proposée par A. A. Robb en 1914 et élaborée par Reichenbach en 1928 [1] est qu'il s'agit de la *causalité* : le temps est la dimension causale de l'espace-temps. Cette réponse exploite le fait que les causes ont des effets dans toutes les directions

1. A. A. Robb, *A Theory of Time and Space*, Cambridge, Cambridge UP, 1914 ; H. Reichenbach, *The Philosophy of Space and Time*, New York, Dover, 1928.

spatiales, tel un feu émettant de la chaleur tout autour de lui, quand elles n'en n'ont que dans une seule et unique direction temporelle, puisque les causes précèdent toujours leurs effets. C'est pourquoi rien de ce que nous faisons ne peut affecter quelque chose se produisant avant que nous ne le fassions, et c'est également pourquoi nous ne voyons jamais rien avant que cela n'arrive : en effet, percevoir une chose, c'est toujours, entre autres choses, être affecté par cette chose.

Il existe certes des objections à cette théorie causale du temps, basées sur la possibilité apparente ou présumée de cas de causalités simultanées ou rétroactives. De cela, tout ce que je peux affirmer ici, c'est qu'il est possible de répondre à ces objections [1]. Et je voudrais ajouter à cela que je n'ai pas connaissance d'alternatives sérieuses à une théorie causale de comment diffère le temps de l'espace. En particulier, les autres manières qui furent proposées afin de définir le temps et sa direction – par exemple, comme la dimension et la direction selon lesquelles l'entropie augmente, ou selon lesquelles l'univers est en expansion, ou encore selon lesquelles les radiations se propagent à partir de faibles sources – n'expliquent en rien pourquoi nous n'affectons jamais le passé, ou pourquoi nous ne percevons jamais le futur.

Cependant, ceci ne nous explique pas pourquoi nous devrions appeler la dimension causale de l'espace-temps la dimension causale du *changement*, c'est-à-dire, pourquoi la variation à travers les dimensions non-causales et donc spatiales ne devrait pas également compter comme du changement. Afin de comprendre pourquoi cela est

---

1. Voir mon ouvrage *Real Time II*, London, Routledge, 1998, chap. 10-12.

impossible, nous devons d'abord nous interroger sur ce qui distingue le changement de la simple différence. Pourquoi le fait que *ma* maison soit froide et que *votre* maison soit chaude ne compte que pour une différence, alors que le fait que la mienne est chaude à 6h et froide à 7h compte pour un changement ? La réponse est bien sûr que nous appréhendons une différence de propriétés comme étant un changement, uniquement dans la mesure où il existe une chose unique – la chose qui change – qui possède les propriétés différentes et incompatibles.

Mais encore, comment une chose unique peut-elle posséder des propriétés incompatibles ? Dans le cas spatial d'un tisonnier à la fois chaud à une extrémité, et froid à l'autre, la réponse est qu'elle n'en possède pas : le tisonnier pris comme un tout, n'est ni complètement chaud ni complètement froid, et sa partie qui *est* chaude n'est pas la même que sa partie qui est froide. C'est pourquoi la variation spatiale des propriétés dans une chose unique n'est pas un changement, mais simplement une différence : ce qui possède les différentes propriétés dans de telles situations ce n'est pas la chose elle-même, mais simplement ses différentes parties.

Pourquoi devrions-nous traiter différemment la variation temporelle ? Il est certain que nous la traitons différemment, précisément parce que nous n'appréhendons pas habituellement les personnes ou les choses comme ayant des parties temporelles. Les auditeurs de ma conférence n'ont peut-être pas pensé que j'étais mentalement entièrement présent là-bas, mais ils pensaient certainement que j'étais temporellement entièrement présent : ils pensaient que c'était moi, et pas seulement une partie de moi qu'ils voyaient et écoutaient. Et il en va de même pour le bâtiment dans lequel j'ai donné la conférence. C'est pourquoi toutes les personnes – ou tout du moins toutes celles qui ne sont pas contaminées par la philosophie – appréhendent toute variation dans les propriétés de quelqu'un ou d'un bâtiment, comme étant un changement et non une simple différence : ils leur semblent que dans chacun de ces cas, il y a une entité unique dont toutes les propriétés qui varient sont *ses* propriétés et pas seulement des propriétés de ses parties.

Cependant, beaucoup de philosophes qui adoptent la théorie B, David Armstrong [1] par exemple, affirment que nous sommes dans l'erreur quand nous pensons ainsi et arguent qu'en réalité, les personnes et les choses possèdent *réellement* des parties temporelles. Bien que je sois en désaccord avec eux, je ne réfuterai pas leurs arguments ici. Car même s'il est vrai que nous avons des parties temporelles, l'échec quotidien de notre façon de penser et de nous exprimer, permet toujours de comprendre pourquoi c'est la variation temporelle que nous *nommons* changement. Ainsi la vraie question n'est pas tant de savoir pourquoi nous agissons ainsi, mais plutôt de savoir pourquoi nous nous contentons d'appliquer le concept aux variations le long de la dimension *causale* de l'espace-temps.

La réponse à cette question réside dans un certain fait : nous appréhendons l'identité des choses comme dépendant de la conservation d'au moins certaines de leurs propriétés. Ainsi certaines de mes propriétés, prenons par exemple la propriété d'être humain, peuvent s'avérer être essentielles à mon existence : je ne pourrais perdre ces propriétés, car une chose qui ne les possèderait pas ne serait tout simplement pas moi. Mais il reste que même si aucune propriété ne

---

1. D.M. Armstrong, « Identity Through Time » dans *Time and Cause : Essays Presented to Richard Taylor*, P. Van Inwagen (éd.), Dordrecht, Reidel, 1980, p. 67-80.

m'est essentielle en ce sens, au point qu'il semble concevable que je puisse changer graduellement par étapes, me transformant en une coccinelle ou en un rhinocéros, personne n'accepterait que je puisse survivre à la perte simultanée de *toutes* mes propriétés. Il devient alors clair que pour conserver mon identité lorsque l'une de mes propriétés susceptibles de changer *est* en train de changer, un nombre suffisant de mes autres propriétés *ne* doit *pas* changer.

Mais ce qui empêche la plupart de mes propriétés de changer à travers le temps, c'est précisément ce qui fait parfois varier certaines d'entre elles : la causalité. Certaines de mes propriétés sont relativement constantes : ma taille et mon poids, ou mes conceptions du temps par exemple. Elles sont ce qu'elles sont présentement dans la mesure où à cause – à *cause* au sens littéral de l'absence de quoique ce soit pour produire du changement, elles restent ce qu'elles étaient une minute plus tôt. La causalité d'un état stable pourrait apparaître moins évidente que la causalité de changement ; cependant, elle n'en est pas moins réelle, et se révèle tout autant nécessaire afin d'assurer l'identité nécessaire pour faire d'une différence un changement.

C'est pourquoi une variation spatiale dans les propriétés d'une chose (par exemple entre les deux extrémités d'un tisonnier, l'une chaude, l'autre froide) n'est jamais un changement. Dans la mesure où les causes ne sont jamais simultanées avec leurs effets, aucun tisonnier ne peut posséder une propriété à une extrémité uniquement parce qu'il possède cette même propriété à l'autre extrémité au même instant. C'est cela qui empêche les deux extrémités du tisonnier de constituer une seule et unique chose localisée en deux emplacements à la fois – par opposition à deux parties d'une seule et unique chose – et c'est pour cela que toute différence de propriétés entre les extrémités est uniquement une différence, et non un changement du tisonnier appréhendé comme un tout.

Cette explication de pourquoi nous limitons le changement à la dimension causale de l'espace-temps est relativement nouvelle, et n'est pas pour le moment aussi largement défendue qu'elle le devrait. Quoi qu'il en soit, ce qui importe ici, c'est que personne ne doute du fait dont cette explication cherche à rendre compte, c'est-à-dire du fait que correctement ou incorrectement, nous appliquons uniquement le concept de changement à la variation temporelle. Étant donné ce fait, des changements indéniables se produisent en nous, expliquant pourquoi nous éprouvons le temps comme s'écoulant, alors qu'en réalité il ne s'écoule pas. Ces changements sont ceux que nous devons continuer à assurer dans nos croyances de type A afin qu'elles restent vraies : comme nous l'avons vu, cela est nécessaire afin que nos actions nous permettent d'obtenir ce que nous voulons. C'est pourquoi, par exemple, lorsque je me suis réveillé le matin du 22 octobre, ma croyance antérieure que ma conférence avait lieu *demain*, vraie le jour précédant mais désormais fausse, se transforma en la croyance que ma conférence avait lieu *aujourd'hui*, une croyance fausse le jour précédant mais vraie ce jour-là. Or étant donné que ces deux croyances sont clairement des propriétés incompatibles d'une chose unique (moi), la possession de l'une d'elle le 21 octobre, et de l'autre le matin suivant, fut un réel changement en moi, un changement possédant de réelles causes, comme le fait d'entendre la date à la radio ce matin là, et possédant de réels effets, comme mon déplacement à Londres ce jour là.

Encore une fois, il en va en général comme il en va dans ce cas. Nos croyances à propos de ce qui est passé, présent et futur fluctuent constamment : par exemple, vos croyances à propos de ce que vous lisez en ce moment même varient à chaque seconde. Ces changements, ainsi que ceux que nous faisons constamment dans nos croyances en termes de séries A, sont de réels changements, possédant des causes réelles, ainsi que des effets mentaux et physiques tout aussi réels. Ce sont ces changements qui génèrent notre expérience de l'écoulement du temps. Bien que le temps ne s'écoule pas dans la réalité, dans nos esprits, le temps de nos vies s'écoule réellement : j'espère que la reconnaissance de ce fait participe à rendre plus crédible la théorie qui décrit le temps lui-même en termes de séries B.

Notez cependant qu'il y a deux choses qui ne découlent *pas* de ce que je viens juste de dire. Premièrement, cela n'implique aucune concession à la théorie A du temps lui-même. En particulier cela ne signifie pas que l'écoulement du temps possèderait la réalité d'un phénomène « dépendant de l'esprit », c'est-à-dire que le temps s'écoulerait dans notre monde seulement parce que notre monde contient des esprits qui, d'une manière ou d'une autre, le feraient s'écouler. Les choses ne sont pas ainsi : un monde dans lequel le temps s'écoule, qu'il soit peuplé ou non d'esprits, n'est tout simplement pas possible. Ainsi, en particulier, quoi que puisse être ce qui empêche de réduire la psychologie à la physique, ce n'est pas l'écoulement du temps ; la psychologie ne nécessite pas plus de postuler un tel écoulement que ne le fait la physique.

D'un autre côté, je n'affirme pas plus que les croyances de type A, dont les changements continus nous font expérimenter un écoulement du temps, sont fausses. Ma théorie des croyances de type A, telle que la croyance que j'avais le 22 octobre que c'était la date d'aujourd'hui, n'est pas ce qu'on appelle une « théorie de l'erreur ». Cette croyance que j'avais alors, était absolument vraie, tout autant que l'est la croyance que la Terre est ronde. Il n'est nul besoin de postuler des erreurs dans nos croyances de type A ayant pour contenu qu'un événement est passé, présent ou futur, dans la mesure où nous les avons toutes aux instants adéquats. En conséquence, notre expérience de l'écoulement du temps peut être non seulement réelle mais également vraie, comme quand j'en suis arrivé à croire le matin du 22 octobre que ma conférence avait lieu aujourd'hui. En ce sens, l'écoulement du temps n'est pas plus une illusion que ne le sont par exemple, ce que nous appelons les images miroirs. De la même manière que mes croyances à propos de ce que je vois dans un miroir ne sont pas fausses, car seule est fausse la théorie selon laquelle ce qui les rend vraies est une configuration d'objets visibles mais intangibles, localisés au delà du miroir, de la même manière ce ne sont pas nos croyances de type A qui sont fausses, mais seulement la théorie A qui vise à expliquer ce qui les rend vraies.

Enfin, d'où proviennent ces croyances de types A, en perpétuel changement, qui constituent le temps de nos vies ? De la même manière que notre théorie des miroirs doit être à même d'expliquer comment nous pouvons tirer des croyances vraies à propos de ce que nous observons dans un miroir, dans un monde dénué d'images miroirs, de la même manière, une théorie B du temps doit expliquer comment nous pouvons tirer des croyances vraies de type A dans un monde dénué de faits de type A. Lorsque j'entends une horloge sonner six heures, comment puis-je en inférer qu'il est maintenant six heures, si dans la réalité il n'y a rien de tel qu'un fait qu'il est maintenant six heures ?

Une telle question rhétorique admet la réponse suivante : nous sommes nés avec l'habitude par défaut de laisser nos sens nous faire croire que ce que nous observons se produit *maintenant*. Mais d'où provient donc cette habitude ? Je pense qu'il faut chercher la réponse à cette question dans l'évolution. La lumière qui nous montre les événements proches voyage si rapidement en comparaison avec le temps dont nous avons besoin pour réagir à ces événements, que la démarche consistant à appréhender les événements comme étant présents est généralement utile. Cela est vrai en particulier d'événements tels que l'approche de prédateurs, de nourriture et de partenaires, puisque notre survie ainsi que celle de notre espèce dépendent de notre rapidité à réagir à ces événements. Si nos yeux nous présentaient de tels événements comme étant toujours futurs lorsque nous les voyions, nous ne réagirions pas en temps voulu ; et s'ils nous les présentaient comme étant passés, nous ne réagirions pas du tout ; dans les deux cas nous finirions par disparaître. Ainsi, afin de survivre dans notre monde, nous avons besoin d'une habitude par défaut, celle de croire que ce que nous voyons se produire se produit *maintenant*. C'est précisément pourquoi l'évolution engendra cette habitude en nous : quand c'est important, nos sens nous fournissent presque toujours des croyances de type A, mais seulement au moment précis où elles sont vraies.

Ceci achève mon récit de ce que j'ai appelé le temps de nos vies, un récit que j'ai présenté principalement pour deux raisons. Premièrement, et même s'il est certes sujet à débat, je pense que ce récit est vrai, et je l'espère, intéressant. Mon autre raison est la suivante. De trop nombreux philosophes, et spécialement ceux des notes-en-bas-de-pages-de-Platon, du baratin à la française, de la philosophie-comme-thérapie et des écoles du pinaillage analytique, conspirent avec les scientifiques, perpétuant ainsi le bobard selon lequel la philosophie ne fait aucun progrès et ne résout jamais aucune question. Cette idée trompeuse émerge en partie du travail aux frontières de la philosophie qui consiste à purifier le domaine conceptuel des nouvelles sciences qui émergèrent le siècle dernier – de la relativité à la linguistique théorique en passant par l'informatique – avant de passer à autre chose, de telle manière qu'il arrive souvent que la résolution d'une question philosophique la fasse cesser *ipso facto* de compter comme philosophique. Mais même au sein de la philosophie, on assiste à bien plus de progrès que certains de mes collègues ne l'admettront jamais, ainsi que le montre le parfait exemple de la philosophie du temps, et ceci indépendamment de savoir si l'on peut tenir pour vrai ce que j'en ai dit ici.

En effet, considérez seulement les développements des siècles derniers qui firent avancer et structurent désormais tout travail philosophique sérieux sur le temps. Premièrement, la relativité permit d'affiner grandement notre compréhension de ce qui distingue ou non le temps de l'espace, et en particulier, des rapports entretenus par le temps et la causalité [1]. Il existe ainsi de nouvelles théories sémantiques de ce qu'il est convenu d'appeler les « indexicaux », tels que « maintenant » ou « je » [2], qui montrent pourquoi le discours en termes de séries A, qui décrit des événements comme étant passés, présents ou futurs, ne peut être traduit dans un langage en termes de séries B, possibilité en

---

1. A. Einstein *et al.*, *The Principle of Relativity*, London, Methuen, 1923.

2. Par exemple D. Kaplan, « On the Logic of Demonstratives », *Journal of Philosophical Logic*, 8, 1979, p. 81-98.

laquelle croyaient auparavant les théoriciens B[1]. Ces théories montrent aussi pourquoi cette intraductibilité n'implique aucunement *soit* d'accepter l'écoulement du temps, *soit* de rejeter notre discours quotidien en termes de séries A comme étant faux.

Le débat sur le temps fut ainsi déplacé, de même qu'il le fut grâce à de nouveaux travaux en philosophie de l'esprit, et en particulier, grâce au développement de la théorie béhavioriste dans un premier temps, et de la théorie fonctionnaliste de l'esprit dans un second temps, théories qui relient le contenu de nos croyances et de nos désirs à la manière par laquelle ils nous font agir[2]. Ces théories montrèrent à la fois comment et – en les combinant avec la nouvelle théorie de la vérité citée ci-dessus[3] – pourquoi notre manière de voir le monde en termes de séries A est tout aussi indispensable qu'irréductible.

Ces débats métaphysiques sur la nature du temps progressèrent également grâce à des travaux philosophiques sur la signification et la vérité[4], en montrant comment la signification des énoncés de séries A et B est liée à leurs prétendues conditions de vérité, et ainsi plus récemment et de manière plus utile, à leurs prétendus vérifacteurs : c'est-à-dire à ce qui dans le monde *rend* vrais ou faux de tels énoncés, ainsi que les croyances qu'ils expriment[5].

---

1. Voir par exemple J. Perry, « The Problem of the Essential Indexical », *op. cit.* ; *Real Time II*, chap. 6.
2. P. Smith, O. R. Jones, *The Philosophy of Mind : an Introduction*, Cambridge, Cambridge UP, 1986, chap. 10-13.
3. J. T. Whyte, « Success Semantics », *op. cit.*
4. Voir par exemple D. Davidson, « Truth and Meaning », *Synthese* 17, 1967, p. 304-323 ; D. Kaplan, « On the Logic of Demonstratives », *op. cit.*
5. Voir *Real Time II*, chap. 2-3.

Et ces développements à l'intérieur et à l'extérieur de la philosophie qui ont contribué au progrès réalisé par la philosophie du temps depuis l'apparition de l'article de McTaggart ne sont qu'une partie d'un progrès plus général. On observe également une grande masse de travaux qui connectent la direction et l'origine du temps à des théories de la cosmologie, de la causalité, de la prise de décision, de la thermodynamique, de la mécanique statistique et de la théorie quantique. On observe un travail sémantique et métaphysique sur les théories du changement et de l'identité à travers le temps, sur les liens entre les théories du temps et les théories de la possibilité et de la nécessité, et bien plus encore – comme les publicitaires avaient l'habitude de dire [1].

Bien sûr, de grandes questions philosophiques sur le temps restent ouvertes – ou sont tout au moins toujours débattues – mais cela ne montre guère plus un manque de progrès que ne le montrent les hauts et les bas des théories atomistes en physique. La matière est-elle composée d'atomes? Et bien, oui et non, cela dépend de ce que vous entendez par atome. Le temps s'écoule-t-il? Et bien, oui et non, cela dépend de ce que vous entendez par écoulement du temps. Dans chaque cas, le mystère et le progrès résident dans les détails. Et de la même manière que ce siècle a vu une augmentation considérable des connaissances détaillées de la structure microphysique de la matière, il a également

---

1. Pour une introduction à une partie de cette littérature, voir par exemple : « Time » ainsi que les entrées connexes dans E. Craig (ed.), *Routledge Encyclopedia of Philosophy*, London, Routledge, 1998 ; P. Horwich, *Asymmetries in Time*, Cambridge (MA), MIT Press, 1987 ; R. Flood, M. Lockwood (eds.), *The Nature of Time*, Oxford, Blackwell, 1986 ; J. Butterfield (ed.), *The Arguments of Time*, Oxford, Oxford UP, 2000.

vu une augmentation considérable de notre compréhension philosophique détaillée du temps. Et la plus grande partie de cette augmentation fut inspirée et rendue possible par la distinction de McTaggart entre séries A et B, ou comme j'aime à le penser, entre le temps de nos vies et le temps de la réalité. Dans le siècle à venir, toute personne qui offrira à la philosophie du temps la moitié de ce que fit McTaggart pourra se prévaloir d'une belle performance.

Dean Zimmerman

LES INTRINSÈQUES TEMPORAIRES
ET LE PRÉSENTISME *[1]

David Lewis expose ce qui ressemble à une antinomie
du changement, qu'il appelle « le problème des intrinsèques
temporaires ». C'est avant tout pour résoudre ce problème

* Traduction par M. Cahen de « Temporary Intrinsics and Presentism »,
dans *Metaphysics : The Big Questions*, P. Van Inwagen, D. Zimmerman
(eds), Malden, Mass., Blackwell, 1998, p. 206-219.

1. Cet article est paru dans cette anthologie destinée avant tout aux
étudiants : *Metaphysics : The Big Questions*, P. Van Inwagen,
D. Zimmerman (eds), Malden, Mass., Blackwell, 1998, p. 206-219. Une
version antérieure a été présentée au colloque de la Central States
Philosophical Association en 1990. Je remercie les auditeurs de ce
colloque, tout particulièrement Roderick Chislhom et Mark Heller, pour
leurs critiques et suggestions. (Les excellents commentaires de la version
originale qu'a faits Heller constituent la base de l'article, « Things and
Change » *Philosophy and Phenomenological Research* 52, 1992,
p. 695-704). Plus tard, Trenton Merriks a également fait des commentaires
utiles. Ma plus grande dette est envers David Lewis, qui a fait une critique
complète d'une des dernières épreuves, et m'a permis d'éviter nombre
de graves erreurs – que n'est-il encore ici pour trouver les autres !

Un traitement plus complet du sujet demanderait une discussion des
travaux récents, parmi lesquels T. Merricks, « Endurance and
Indiscernibility », *Journal of Philosophy*, 1994, 91, p. 165-84 ; S. Haslanger,
« Endurance and Temporary Intrinsics », *Analysis*, 1989, 49, p. 119-125 ;

qu'il accepte la métaphysique des parties temporelles[1]. La discussion du problème par Lewis est extrêmement ramassée, elle apparaît comme une digression dans un livre sur la modalité. Je rendrai compte ici dans le détail de ce que je pense être son raisonnement avant de suggérer que, du moins pour les philosophes qui prennent au sérieux la distinction entre le passé, le présent et le futur, son argument ne pose pas de problème particulier.

LA STRUCTURE DE L'ARGUMENT DE LEWIS

L'argument de Lewis en faveur des parties temporelles a la structure suivante. Il présente les raisons de rejeter que « les seules propriétés intrinsèques d'une chose sont celles qu'elle a au moment présent », c'est-à-dire la « seconde solution » qu'il envisage[2]. Mais si, en plus des propriétés intrinsèques que j'ai maintenant, j'ai aussi les propriétés intrinsèques que j'ai à d'autres moments, je finirai par avoir des paires de propriétés telles qu'*être courbé* et *être droit* – paires qui sont, en un sens, incompatibles. L'enjeu est alors de répondre à la question : comment puis-je avoir une paire de propriétés incompatibles?[3] Lewis pense qu'il n'y a que deux façons

P.M. Simons, « On Being Spread Out dans Time : Temporal Parts and the Problem of Change », *in* W. Spohn, B.C. van Fraassen, B. Skyrms (eds.), *Existence and Explanation*, Dordrecht, Kluwer, 1991, p. 131-147; M. Hinchliff, « The Puzzle of Change », J.E. Tomberlin (ed.), *Philosophical Perspectives*, vol. 10, Oxford, Blackwell, 1996, p. 119-136.

1. *Cf.* D. Lewis, *De la pluralité des mondes* (1986), Paris-Tel Aviv, Éditions de l'Éclat, 2007, p. 309-313.

2. *Ibid.*, p. 312.

3. On pourrait répondre qu'il n'y a pas de problème à avoir les deux propriétés si le verbe « avoir » est compris de façon *détemporalisée* – c'est-à-dire de façon à ce que « J'ai les deux » soit équivalent à quelque

possibles de répondre à cette question. La première est inacceptable et la seconde mène à la doctrine des parties temporelles :

(1) Le fait que je sois à la fois courbé et droit est comparable au fait que mon fils soit à la fois grand et petit : grand pour un enfant de deux ans, mais petit par rapport à la plupart des gens. Cette stratégie pour résoudre ce qui semble être une contradiction interprète les propriétés apparemment incompatibles comme étant en réalité des relations à d'autres choses (ici, grand et petit sont des relations à des classes de comparaison différentes). La « première solution » de Lewis est l'application d'une version de cette stratégie aux parties temporelles : les formes et autres propriétés qui semblent intrinsèques « sont des relations déguisées qu'une chose endurante peut entretenir avec certains moments. »[1] Il n'y a pas plus de difficulté à entretenir la relation *courbé-à* avec un moment du temps et *droit-à* avec un autre qu'il n'y en a à entretenir la relation *grand-pour* avec les enfants de deux ans et *petit-pour* avec l'ensemble des citoyens des Etats-Unis. Mais Lewis n'aime pas cette solution ; il pense qu'elle revient à rejeter complètement les propriétés intrinsèques.

(2) Il ne reste qu'une seule voie, dit Lewis, pour éliminer l'apparente contradiction tout en conservant l'incompatibilité entre *être courbé* et *être droit* : c'est de la traiter de la même façon que nous le faisons pour une route cahoteuse et plane. Comment une route peut-elle être les deux ? Tout

chose comme : « J'ai eu, j'ai maintenant ou j'aurai l'une des propriétés, et j'ai eu, j'ai maintenant ou j'aurai l'autre ». Mais alors nous voudrions savoir pourquoi ces propriétés sont qualifiées d'« incompatibles ». En quoi diffèrent-elles d'une paire d'intrinsèques compatibles, telles qu'*être rouge* et *être rond* ?

1. D. Lewis, *De la pluralité des mondes*, op. cit., p. 312.

simplement en ayant une partie cahoteuse et une partie plane. De façon analogue, la seule façon pour moi d'être à la fois courbé et droit est d'avoir une partie qui est courbée et une partie qui est droite. Mais celles-ci ne peuvent pas être des parties spatiales ordinaires, comme mon bras ou ma main. Ma « partie » courbée fait exactement ma taille et a ma forme, elle comprend mes bras, mes jambes, mon torse et ma tête ; et de même pour ma « partie » droite. Et, tout comme les différentes parties spatiales de la route, ces différentes parties doivent être distinctes l'une de l'autre. Ainsi, j'émerge comme un tout étendu à travers la dimension temporelle, avec différentes parties (temporelles) aux différents moments que j'occupe ; tout comme la route est un tout étendu à travers la dimension spatiale avec différentes parties (spatiales) aux différentes places qu'elle occupe.

J'accepte l'assertion de Lewis selon laquelle, si on admet que j'ai plus de propriétés que celles que j'ai seulement maintenant, on doit choisir entre les branches (1) et (2) de l'alternative.

Et il est peut-être vrai que (1) élimine tous les intrinsèques temporaires. A tout le moins, elle élimine les propriétés temporaires monadiques (les propriétés à une place, les propriétés qui ne sont pas des relations) ; et il est aisé de voir pourquoi quelqu'un pourrait penser que les propriétés *réellement* intrinsèques devraient être monadiques[1]. Mais c'est la première affirmation que je

---

1. On pourrait cependant essayer de traiter les propriétés intrinsèques comme des propriétés monadiques, tout en traitant leur *possession* comme une relation entre une chose, une propriété et un temps. Voir, par exemple, P. van Inwagen, « Les objets quadridimensionnels » (1990) dans *Métaphysique contemporaine*, E. Garcia, F. Nef (éd.), Paris, Vrin, 2007, p. 255-268 ; S. Haslanger, « Endurance and Temporary Intrinsics »,

veux remettre en question : pourquoi supposer que je doive avoir plus de propriétés que celles que j'ai maintenant ?

LES TEMPORALISATEURS SÉRIEUX ET LES PRÉSENTISTES

Avant d'examiner la réponse de Lewis, je voudrais clarifier la conception qu'il vise, c'est-à-dire le présentisme. Ce dernier est étroitement lié à la position qui consiste à « prendre la temporalisation au sérieux ». Comme on le verra, il est difficile d'être présentiste sans prendre la temporalisation au sérieux, bien que l'inverse soit possible.

Quand un philosophe dit « Les seules propriétés que j'ai sont celles que j'ai maintenant », il est tentant de répondre : « Cette thèse est soit une vérité inintéressante et tautologique, soit une fausseté évidente ». Si la première occurrence de « ai » est temporalisée au présent, alors l'assertion équivaut à « Les seules propriétés que j'ai maintenant sont celles que j'ai maintenant ». Qui pourrait le nier ? Mais quelle platitude ! D'un autre côté, supposons que ce « ai » soit une instance de ce que les philosophes appellent parfois un verbe « détemporalisé ». Dire que j'ai (de façon détemporalisée) une certaine propriété, par exemple que je suis (de façon détemporalisée) droit, revient à dire quelque chose plus ou moins équivalent à : soit j'étais droit, soit je suis droit, soit je serai droit. Mais « Les seules propriétés que j'ai (de façon détemporalisée) sont celles que j'ai maintenant » n'est vrai que si je ne change jamais, ou si je n'existe qu'un instant. Donc, comprise dans le seul sens où elle peut être vraie (c'est-à-dire avec

op. cit., p. 119-125. Pour une réponse qui considère la modification temporelle de la *possession* d'une propriété comme étant adverbiale, voir M. Johnston, « Is There a Problem About Persistence ? », *Proceedings of the Aristotelian Society*, suppl. vol. 61, 1987, p. 107-135.

le premier « ai » temporalisé au présent), l'affirmation semble trop triviale pour faire l'objet d'un débat philosophique substantiel.

Je suis convaincu *qu'il y a* un profond désaccord entre ceux qui prennent la temporalisation au sérieux et ceux qui ne le font pas. Le point précis sur lequel porte ce désaccord dépend dans une certaine mesure du type de choses que les thèses métaphysiques considèrent comme étant, en première instance, vraies ou fausses. Nous en avons ici un exemple, mais je crois que rien d'important ne dépend de l'acceptation de cette conception précise des porteurs de vérité les plus fondamentaux. Supposez que vous pensiez que les phrases que nous écrivons et que nous prononçons sont vraies ou fausses en vertu du fait qu'elles expriment des *propositions* qui sont vraies ou fausses de façon plus fondamentale. Une proposition est quelque chose qui peut être exprimé de bien des façons différentes, qui peut être cru par une personne et non par une autre et, au moins dans le cas d'une proposition qui ne porte ni sur une phrase ni sur une pensée particulière, qui aurait pu exister et être vraie ou fausse même en l'absence de toute phrase et de toute pensée. Cette conception classique des porteurs ultimes de vérité et de fausseté [1] peut être associée à une théorie temporalisatrice comme à une théorie détemporalisatrice de la nature de la proposition. Dans une interprétation temporalisatrice, le fait qu'une proposition est vraie n'est pas donné une fois pour toutes. Je peux prononcer maintenant la phrase « Je suis courbé » pour exprimer une proposition vraie, mais la proposition en question n'a pas toujours été vraie, et ne le restera pas très longtemps. D'un autre côté, pour une conception

---

1. On la trouve chez Bolzano, Frege, Church, Chisholm, et Plantinga, pour n'en nommer que quelques-uns.

détemporalisée, les propositions sont semblables aux énoncés qui font appel à des verbes détemporalisés : les uns comme les autres soit sont toujours vrais, soit jamais.

La confrontation des approches temporalisées et détemporalisées des porteurs fondamentaux de vérité génère un débat bien connu au sujet de l'importance de la « logique temporalisée ». La logique s'occupe uniquement de décrire les formes les plus générales des inférences qui préservent la vérité. Si les choses qui sont vraies ou fausses peuvent être vraies tout en *ayant été fausses*, ou en étant *sur le point de devenir fausses*, alors des notions temporelles seront impliquées dans certaines formes d'inférence auxquelles les logiciens s'intéressent. Selon la conception temporalisée des vérités, c'est à la logique de décider si, par exemple, la proposition : Il sera le cas que je suis courbé, implique la proposition : Il était le cas qu'il sera le cas que je suis courbé. Ainsi les relations telles que *être vrai simultanément*, et *être vrai avant ou après* se révèleront être, au moins en partie, des notions logiques[1]. D'un autre côté, ceux qui pensent que les porteurs de vérité correspondent à des énoncés détemporalisés considéreront cela comme une bévue : c'est à la science et (peut-être) à la métaphysique qu'il revient d'examiner les relations temporelles, celles-ci ne font pas partie de l'objet de la logique[2].

---

1. Ce point de vue est illustré par A.N. Prior, P. Geach. Voir A.N. Prior, « Changes in Events and Changes in Things », in *Papers on Time and Tense*, Oxford, Clarendon Press, 1968, p. 1-14 ; A.N. Prior, « The Notion of the Present », *Studium Generale* 23, 1970, p. 245-48 ; P. Geach, « Some Problems About Time », repris dans *Logic Matters*, Berkeley-Los Angeles, University of California Press, 1972, p. 302-318.

2. Voir G. Massey, « Temporal Logic ! Why Bother ? », *Noûs*, 1969, 3, p. 7-32.

Le philosophe qui a une approche temporalisée des porteurs de vérité considère que chacun d'eux dit quelque chose de ce qui est le cas *maintenant*. Bien sûr, certaines propositions sont éternellement vraies : en d'autres termes, il y a des propositions qui, soit nécessairement, soit de façon contingente, ont toujours été vraies et le seront toujours. « Deux et deux font quatre » est un exemple du premier type. Et les propositions historiques exprimées par des énoncés détemporalisés tels que mon affirmation, dans une conférence, « Platon croit aux universaux », sont des exemples du second type. Mais les tenants des porteurs de vérité temporalisés insisteront sur le fait que la proposition vraie qui est ainsi exprimée est composée de propositions temporalisées. C'est une disjonction de trois propositions : Soit Platon croit (maintenant) aux universaux, soit il y a cru, soit il y croira [1] C'est une vérité, mais elle est faite de trois autres propositions dont une seule est vraie, et qui chacune concerne ce qui est le cas maintenant. J'appellerai un philosophe qui adopte ce type de position « temporalisateur sérieux ».

Beaucoup de temporalisateurs sérieux sont également *présentistes*. Le présentiste affirme que les seules choses qui existent sont celles qui existent à présent. Le « il était » n'existe plus et le « il sera » n'existe pas encore. Mais les tenants du présentisme sont aussi confrontés à un défi sceptique concernant la signification de leur thèse. La première occurrence de « existe » dans l'assertion présentiste est-elle temporalisée ? Alors le présentiste ne fait que

---

1. Si les verbes détemporalisés mentionnés dans ma conférence relevaient du présent historique ordinaire, la proposition en question ne comprendrait pas le dernier membre de la disjonction ; seul le plus inusité des verbes détemporalisés introduits par un philosophe est utilisé pour exprimer les propositions disjonctives dont des membres concernent le futur.

s'agiter autour d'une vaine tautologie : « les seules choses qui existent maintenant (c'est-à-dire à présent) sont celles qui existent à présent ». Qui le nie ? Ou bien, « existe » est-il ici un verbe détemporalisé, équivalent à « a existé, existe maintenant, ou existera » ? Mais alors, c'est une thèse métaphysique improbable : c'est l'affirmation que tout existe de tout temps, que rien n'existe qui n'ait une histoire éternelle si bien que le présentisme est soit une vérité plate, soit une fausseté intéressante.

Le présentisme n'est ni l'un ni l'autre. C'est une thèse substantielle, une thèse qui ne revient pas à dire que tout existe éternellement. Tout comme le temporalisateur sérieux pense qu'il n'y a, au fond, qu'un seul genre de vérité, la « vérité maintenant », le présentiste pense qu'il n'y a qu'une classe maximale de toutes les choses réelles, et qu'elle ne contient rien qui soit entièrement dans le passé ou dans le futur [1]. En réalité, le présentisme est une thèse sur la catégorie de choses sur lesquelles on devrait « s'engager ontologiquement ».

Les philosophes sont toujours attentifs à l'engagement ontologique de leurs conceptions – quelqu'un étant ontologiquement engagé envers un certain type de choses si ses croyances impliquent que quelque chose de ce type existe. Il y a beaucoup de vérités parfaitement raisonnables qui, au premier abord, semblent requérir l'existence d'entités hautement problématiques – *entia non grata*, comme on les appelait. Voyez, par exemple, ce qui suit :

(1) Jeeves a été surpris par le manque de champagne dans la glacière.

(2) Moriarty est le criminel de roman policier le plus connu.

---

1. Pour un exposé paradigmatique de cette position, voir A.N. Prior, « The Notion of the Present », *op. cit.*

(3) Le courage est une vertu dont beaucoup font preuve.

(4) Il y aurait pu y avoir une personne qui ne fait pas partie de celles qui existent actuellement.

À première vue, ces énoncés traitent de choses telles que le manque, les personnages de fiction, les vertus que beaucoup peuvent avoir, et les personnes seulement possibles. On pourrait penser qu'on pourrait en inférer : il y a au moins un manque, il y a des criminels de fiction, il y a quelque chose dont toute personne courageuse fait preuve, il y a des personnes simplement possibles. Mais chacun de ces énoncés peut sembler difficile à accepter, pour une raison ou une autre.

Un manque de champagne n'est pas un genre de *chose*, une sorte d'anti-champagne invisible localisé quelque part où le champagne devrait être. Dire que Jeeves a été étonné par le manque de champagne revient seulement à dire qu'il n'y avait pas de champagne dans la glacière, et qu'il a été pris de court par la situation.

Il n'y a pas non plus de criminels (parmi les criminels les moins dangereux) qui soient fictifs. Les personnages de fiction ne sont pas un groupe étrange de personnes que, pour quelque raison, nous ne pouvons pas rencontrer comme nous rencontrons les autres personnes, mais qui ne peuvent être connues qu'à travers les histoires. Les énoncés portant, par exemple, sur Moriarty, portent en réalité de façon elliptique sur les histoires écrites par Conan Doyle où apparaît le nom « Moriarty »[1].

---

1. Pour certains des problèmes rencontrés par ce projet, voir P. van Inwagen, « Creatures of Fiction », *American Philosophical Quarterly*, 1977, 14, p. 299-308 ; « Fiction and Metaphysics », *Philosophy and Literature* 7, 1983, p. 67-77 ; « Pretense and Paraphrase » *in* P.J. McCormick (ed.), *The Reasons of Art*, Ottawa, University of Ottawa Press, 1985, p. 414-422.

Il peut sembler moins problématique de supposer qu'il y a des choses appelées « vertus », dont le courage ferait partie. Mais si beaucoup de personnes différentes peuvent manifester (ou posséder, ou exemplifier) le courage en même temps, alors certaines questions embarrassantes se posent immédiatement. Comment une même chose peut-elle se manifester en plusieurs endroits différents en même temps, autrement qu'en ayant une partie dans chacun de ces lieux et seulement là ? Les philosophes particulièrement intrigués par cette question (appelés *nominalistes*) disent que (3) n'implique pas qu'il y a une seule et même chose que toutes les personnes courageuses possèdent. Certains nominalistes diraient que chacune des personnes courageuses a sa propre instance de courage (dans la terminologie de D. C. Williams, un « trope » de courage [1]) et que les énoncés sur le courage portent en réalité sur le grand groupe ou la collection de toutes ces instances.

En ce qui nous concerne, le dernier cas est le plus éclairant. Veut-on vraiment dire qu'il y a des personnes seulement possibles ? Que certaines personnes sont grandes, que d'autres sont petites et que d'autres encore sont non existantes – cas limite d'une petite taille, en l'occurence ? On appelle les philosophes qui répondent « Non » des *actualistes modaux* : ils soutiennent qu'il n'y a pas de chose non actuelle. Mais alors, que veut dire (4) ? Une stratégie consiste à poser des essences individuelles pour les individus non existants, puis d'interpréter le discours qui traite d'individus non actuels comme un discours qui porte réellement sur ces essences. (4) devient alors l'affirmation selon laquelle il y a une essence individuelle

---

1. Voir D.C. Williams, « Les éléments de l'être » (1953) dans E. Garcia, F. Nef, *Métaphysique contemporaine, op. cit.*, p. 29-53.

non exemplifiée qui serait l'essence d'une personne si elle était exemplifiée [1]. Une autre stratégie consiste à dire que (4) revient en fait à l'affirmation selon laquelle il est possible qu'il y ait quelque chose qui soit une personne et qui ne soit pas identique à Jones, Robinson… ni à aucune autre personne actuelle. C'est une assertion sur la vérité possible d'une certaine proposition (qu'il y a quelque chose qui est une personne et qui n'est pas identique avec…). La proposition elle-même ne porte sur aucune chose particulière non actuelle, elle n'est pas équivalente à l'affirmation selon laquelle il y a quelque chose qui est une personne possible et qui n'est pas identique à … [2].

Ce sont là quelques tentatives typiques pour éviter l'engagement ontologique envers des entités indésirables. Les énoncés qui, au premier abord, semblent impliquer l'existence de certaines entités problématiques, reçoivent des gloses ou paraphrases philosophiques qui semblent préserver la vérité en question, tout en évitant d'impliquer l'existence de choses embarrassantes. Le présentiste accomplit précisément le même type de démarche. Mais les vérités qui le gênent sont d'une autre sorte :

(5) Il y avait une personne qui n'est pas une des personnes qui existent à présent.

(6) Il y aura une personne qui n'est pas une des personnes qui existent à présent.

Le présentiste est un « actualiste temporel » – il est dérangé par le fait que (5) et (6) semblent impliquer qu'il

---

1. À comparer avec A. Plantinga, « Actualism and Possible Worlds », *Theoria* 1976, 42, p. 139-160 ; repris dans *The Possible and the Actual*, M.J. Loux (ed.), Ithaca, Cornell UP, 1979.

2. Voir A.N. Prior, *Papers on Time and Tense, op. cit.*, p. 142-43 ; K. Fine, « Postscript at Prior et Fine », in *Worlds, Times and Selves*, Londres, Duckworth, 1977.

y a des personnes qui n'existent pas maintenant, tout comme l'actualiste modal est dérangé par le fait que (4) semble impliquer qu'il y a des gens qui n'existent pas actuellement.

Comment peut-il *y avoir* quelque chose qui n'existe plus, ou qui n'existe pas encore, se demande-t-il? Le présentiste tente alors de montrer que la vérité de (5) et de (6) ne contredit pas réellement sa thèse qu'aucune chose non présente n'existe.

Une façon d'essayer d'établir cela serait d'utiliser à nouveau les essences individuelles : (5) devient la proposition selon laquelle il y a une essence individuelle présentement non exemplifiée qui était exemplifiée auparavant, et qui était alors l'essence d'une personne. Et de façon analogue pour (6). Une autre stratégie consiste à insister sur le fait que la vérité de (5) implique seulement qu'il a été le cas qu'il y a quelqu'un non identique à Jones, Robinson … ou à toute autre personne présentement existante, mais n'implique pas qu'il y a quelqu'un qui existait et qui n'est pas identique avec Jones, Robinson… Et de même pour (6)[1].

Quel est le lien entre le présentisme et le fait de prendre la temporalisation au sérieux? Le présentiste doit, je pense, être un temporalisateur sérieux. A tout le moins, les énoncés détemporalisés qui requièrent apparemment un engagement ontologique en faveur des choses passées et futures doivent être traités comme équivalents aux vérités temporalisées qui n'en requièrent pas. Alors le présentiste ne pourra pas considérer tous les porteurs de vérité fondamentaux comme

---

1. Pour une discussion générale du traitement des individus passés et futurs dans la logique temporalisée, voir A.N. Prior, *Past, Present, and Future*, Oxford, Clarendon Press, 1967, chap. 8. Voir aussi R. Chisholm, « Referring to Things That No Longer Exist », *Philosophical Perspectives*, vol. 4, 1990, p. 545-556.

éternellement vrais et correspondant à des jugements détemporalisés. Selon lui, il est vrai que les choses complètement futures, comme mon premier petit-fils, n'existent pas – et il serait souhaitable que les vérités de ce type puissent changer. Par contre, le temporalisateur sérieux n'est pas nécessairement présentiste. Quentin Smith, par exemple, est un temporalisateur sérieux non présentiste[1]. Selon Smith, toutes les vérités fondamentales sont temporalisées mais les événements et individus passés et futurs, bien qu'ils ne soient plus présents, existent néanmoins. Selon la conception de Smith, l'apparent engagement ontologique en faveur de telles entités ne peut pas être paraphrasé.

Cependant, prendre la temporalisation au sérieux tout en rejetant le présentisme est une position précaire. Car la première raison pour traiter les porteurs de vérité fondamentaux comme variables et vrais *maintenant*, c'est le désir de rendre justice au sentiment que ce qui est dans le passé est bel et bien fini, et que ce qui est dans le futur n'a d'importance que parce qu'il sera finalement présent. C'est pour cette raison que Prior accorde tant d'importance à l'exclamation « Dieu merci, c'est fini ! »[2]. Si le mal de tête d'hier existe toujours, et reste toujours aussi douloureux, pourquoi serais-je soulagé maintenant ? Le seul fait qu'il ne soit plus présent justifie-t-il cette attitude ? Les temporalisateurs les plus sérieux, Smith inclus, concèderont que ce n'est pas le cas. Alors, pour expliquer notre intérêt

1. Voir Q. Smith, *Language and Time*, New York, Oxford UP, 1993 ; en particulier le chap. 5.

2. Voir A.N. Prior, « Some Free Thinking about Time », repris dans D. Zimmerman, P. van Inwagen, *Metaphysics : The Big Questions, op. cit.*, p. 104-107 ; « Thank Goodness That's Over », repris dans A.N. Prior, Papers dans Logic and Ethics, Londres, Duckworth, 1976.

tout particulier pour le présent, Smith dépouille les événements passés et futurs de toutes leurs propriétés intrinsèques intéressantes [1].

Par exemple, le mal de tête d'hier, bien qu'il existe, n'est plus douloureux. Il a une propriété orientée vers le passé *avoir été douloureux*, – une sorte de relation rétrospective à la propriété d'*être douloureux*. Mais à présent il n'est plus douloureux, et c'est pourquoi il ne nous concerne plus [2].

Bien que cette conception rende compte de notre soulagement lorsque la douleur est passée, je la trouve excessivement peu attrayante. Les événements et objets passés et futurs qu'elle pose sont trop fantomatiques pour être réels. Un mal de tête douloureux ne peut pas exister sans être douloureux ; l'explosion d'une citerne ne peut pas exister sans être violente et bruyante ; Platon ne peut pas exister sans avoir ni corps ni âme. Ce qui reste de ces

---

1. Smith n'est pas le seul temporalisateur sérieux à faire cette démarche. Timothy Williamson *semble* bien tracer une distinction profonde et importante entre les choses présentes et les choses passées ou futures – et il ne dit pas, ni même n'insinue, que c'est, ultimement, une distinction simplement relative. (voir T. Williamson, « Existence et Contingency », *Proceedings of the Aristotelian Society*, suppl. vol. 73, 1999, p. 181-203). Il semble donc être engagé à prendre la temporalisation très au sérieux. Et il aboutit à une conception très proche de celle de Smith, où les objets et événements passés et futurs sont dépouillés de toutes leurs propriétés intrinsèques intéressantes – y compris de leur genre : « Une table passée n'est pas une table qui n'existe plus ; ce n'est plus une table » (Williamson, p. 195).

2. L'approche de Smith des événements et choses passés et futurs lui permet également de définir « être présent » – alors qu'il affirme qu'on ne peut pas le faire. Il suffit de faire une classe comprenant tous les genres de propriétés intrinsèques qu'une chose contingente ne peut pas avoir si elle est complètement passée ou future ; et on peut dire que la chose est présente soit si elle est nécessaire (et doit donc être toujours présente), soit si elle a les propriétés appartenant à ladite classe.

choses et événements passés et futurs est trop ténu : le mal de tête d'hier est toujours un événement, mais il n'est plus douloureux ni lancinant ni rien d'autre ; Platon est toujours une substance, je suppose, mais il ne parle pas, ni ne pense, ni ne marche, ni ne dort, ni n'a de localisation spatiale. Ni Platon ni le mal de tête n'ont aucune des propriétés intrinsèques ordinaires qu'ils ont lorsqu'ils sont présents. Les efforts de Smith pour préserver l'intuition qu'il y a derrière « Dieu merci, c'est fini ! » tout en rejetant le présentisme, sont donc, à mon avis, un échec. Les choses passées et futures deviennent des particuliers presque nus, des échos irréels de ce qu'ils furent ou seront. Un temporalisateur sérieux ferait mieux de s'en passer.

Pourquoi Lewis rejette-t-il le présentisme ?

Le temporalisateur sérieux dit qu'il n'est pas vrai que j'aie la propriété d'*être droit* si je suis courbé à présent. J'étais droit et je le serai encore, mais je ne le suis pas à présent ; que j'ai des propriétés intrinsèques incompatibles n'est donc pas un problème. Bien sûr, les philosophes sont libres d'inventer un langage détemporalisé dans lequel « je suis droit » est vrai seulement si je suis droit maintenant, ou si je l'étais, ou si je le serai. Qui peut empêcher les philosophes d'inventer de nouvelles façons de parler ? Mais le fait lui-même que quelqu'un puisse dire cela ne crée aucun problème concernant le fait que j'ai des propriétés incompatibles.

Quelle est la réponse de Lewis à cette solution temporalisatrice du problème des intrinsèques temporaires ? Il semble supposer (à raison je pense) que quelqu'un qui emprunte cette voie doit être présentiste. Mais, du point de vue de Lewis, le présentisme est trop improbable pour être cru. Le présentisme « rejette l'endurance ; parce qu'il rejette purement et simplement la persistance », et « cela va à l'encontre de ce que tout le monde pense », puisque cela implique qu'« il n'y a pas d'autres temps ». « Aucun homme, sauf au moment de son exécution, ne croit qu'il n'a pas de futur, et encore moins qu'il n'a pas de passé ». Et pourtant, dit Lewis, le présentiste nie ces faits évidents [1].

Cette série d'affirmations constitue ce qu'on peut appeler « l'objection de l'absence de persistance » à l'encontre du présentisme. Lewis considère que la thèse de la « Persistance à travers le Changement » (PC) est incontestablement vraie.

(PC) Il y a (au moins) deux moments différents, un où je suis courbé, et un autre où je suis droit [2].

Lewis pense que (PC) est une simple expression de la croyance que j'ai de persister à travers mes changements de postures : il y a des moments où je suis courbé et d'autres où je suis droit. Le présentiste s'engage sur l'inexistence de tous les moments sauf un : le présent. (PC) dit qu'il y a plus d'un moment. Donc le présentisme et (PC) sont incompatibles.

La dissolution du problème des intrinsèques temporaires par le temporalisateur sérieux, présentée au début de cette section, ne requiert pas la vérité du présentisme ; un temporalisateur sérieux non présentiste comme Smith a peu à craindre l'argument de Lewis. Mais la combinaison des thèses de Smith s'est avérée inacceptable ; et donc la réponse temporalisatrice au problème des intrinsèques temporaires est réduite au présentisme ou s'y identifie.

---

1. D. Lewis, *De la pluralité des mondes*, *op. cit.*, p. 313.
2. Cette thèse, et son nom, sont tirés de ma correspondance personnelle avec Lewis, et utilisés avec son accord.

Pour que l'argument de Lewis soit efficace, (PC) doit avoir deux caractéristiques : (i) il doit être accepté par tout le monde après réflexion ; et (ii) il doit impliquer un engagement ontologique en faveur de l'existence de plus d'un moment. Pour être cru de tous, (PC) doit correspondre à l'affirmation banale qui dit que je suis courbé à certains moments et droit à d'autres. La question est de savoir si cette croyance en ma persistance à travers le changement – et la croyance similaire de quiconque peut se souvenir d'avoir changé de position – implique qu'il existe d'autres moments que le présent.

Si les énoncés exprimant les croyances ordinaires affichaient clairement leurs engagements ontologiques, alors une réponse affirmative serait justifiée. Mais tout le monde admettra que beaucoup de propositions exprimant des croyances de bon sens n'affichent pas ainsi leur engagement ontologique. Ce serait exactement comme si Bertie Wooster répondait à Jeeves qui lui signale le manque de champagne dans la glacière : « Eh bien, au moins, il y a quelque chose dans la glacière ». La plaisanterie reposerait alors sur le fait que, en général, s'il y a ceci ou cela dans la glacière, alors il y a bien quelque chose dans la glacière, mais que lorsque ceci ou cela est un manque de quelque chose, ce n'est pas le cas. Pourquoi ? Parce que l'assertion selon laquelle il y a un manque de quelque chose est juste une façon originale (et désuète) de dire qu'il n'y a pas ce quelque chose – et cela est compatible avec le fait qu'il n'y a rien du tout dans la glacière.

Comparez (PC) à un cas exactement analogue impliquant un engagement ontologique envers des entités non actuelles. Je suppose que la plupart d'entre nous croient que nous aurions pu nous trouver dans des situations qui auraient donné à nos vies un cours qu'elles n'ont, de fait, pas pris.

Il y a certaines expériences et certains événements possibles qui, s'ils étaient arrivés, m'auraient empêché de devenir philosophe. Mais cette affirmation m'engage-t-elle envers l'existence d'expériences et d'événements non actuels? Je ne le pense pas

Quelques personnes ont cru à l'existence d'univers alternatifs, tout aussi réels et concrets que celui-ci, mais où les choses se passeraient de façon différente – des mondes dans lesquels, par exemple, les forces de l'Axe gagneraient la Seconde Guerre Mondiale, et où les Etats-Unis seraient partagés entre l'Allemagne et le Japon[1]. David Lewis, en fait, croit à l'existence littérale d'univers alternatifs, tout aussi concrets que notre monde actuel, dans lesquels toutes les façons dont les choses pourraient se passer se déroulent effectivement[2]. Mais Lewis est une des exceptions qui confirment la règle. Nous autres, nous ne pouvons pas arriver à croire qu'il y a un événement tel que la victoire de l'Axe, un événement dont, heureusement, nous ne sommes pas spatio-temporellement voisins. Ce n'est pas que nous ignorons habituellement ces événements non actuels parce qu'ils sont « loin » de nous, inaccessibles depuis notre monde. Nous pensons plutôt qu'ils n'existent tout simplement pas.

---

1. Tel est le monde du roman d'histoire alternative *Le Maître du haut château* de K. Dick. Dick est devenu convaincu que de tels cours alternatifs d'histoire ne sont pas de simples fictions, mais qu'ils sont réels. Il a affirmé avoir été capable de se rappeler d'événements passés au cours de vies dans d'autres mondes.

2. Pour les raisons propres à Lewis de croire en d'autres mondes concrets que celui-ci, voir *De la pluralité des mondes* (pour les sens dans lesquels ses mondes sont *concrets*, voir sect. 1,7 du livre). Je voudrais souligner que, contrairement à Dick, les raisons de Lewis sont purement théoriques et *a priori*, non empiriques.

Comment savons-nous que nous ne sommes pas, implicitement, engagés envers l'existence de ces événements simplement possibles ? Eh bien, on se demande simplement s'ils existent – si on pense qu'il y a ce genre de choses, si on pense que nous sommes vraiment en relation avec elles. La réponse est un « Non » retentissant. Alors, si nous sommes philosophes, nous tentons de trouver des paraphrases plausibles de nos croyances qui semblent porter sur des possibilités non actuelles – paraphrases qui nous semblent restituer plus ou moins ce qu'on a cru, mais qui n'impliquent ni l'existence de situations où je suis présent mais qui n'arrivent pas, ni des mondes entiers remplis de personnes et d'événements non actuels. Si de telles paraphrases s'avéraient impossibles, alors peut-être nous sentirions-nous forcés de reconsidérer notre jugement selon lequel nos croyances concernant les possibilités alternatives ne nous engagent pas implicitement à l'existence de ce genre de choses. Mais ce n'est pas ainsi que les choses se passent en philosophie : il y a d'ordinaire plusieurs façons de plumer un canard philosophique. En général, face à un problème philosophique donné, plusieurs approches rivales se présentent comme favorites, avec beaucoup à dire *pro* et *contra* chacune d'elles. C'est le cas ici : il y a toujours beaucoup de projets assez plausibles en cours qui tentent de paraphraser l'engagement apparent envers les choses et les situations non actuelles. Chacun a des avantages et des inconvénients qui lui sont propres, et peu rencontrent d'obstacles assez sérieux pour laisser penser que ce sont de parfaites impasses.

Le présentiste croit que la situation est précisément la même quand j'en viens à croire qu'il y a des moments où je suis courbé et d'autres où je suis droit. Est-ce que cela m'engage en faveur de l'existence de moments autres que le présent ? Eh bien, quand je me demande si je crois que mon enfance, le moment de ma mort, les neiges d'antan ou la lumière des jours enfuis existent, la réponse est encore un « Non » retentissant. Est-ce simplement l'intuition que les choses et les événements passés et futurs peuvent être considérés comme non existants parce qu'ils sont « temporellement éloignés » de moi ? Je ne le pense pas – le passé n'est plus, et le futur n'est pas encore, au sens strict. Ceux qui partagent ce jugement commencent alors un travail de paraphrase philosophique, en essayant de trouver des interprétations plausibles pour les énoncés tels que (5), (6) et (PC), qui restituent ce qu'ils veulent dire mais sans impliquer de référence directe à d'autres moments, ni à des individus ou des événements non présents. Ainsi, par exemple, (PC) peut être pris pour un jugement détemporalisé exprimant une disjonction de propositions temporalisées : soit j'étais courbé et j'allais devenir ou avais précédemment été droit, soit j'étais droit et allais devenir ou avais précédemment été courbé, soit je serai courbé et vais avoir été ou est sur le point de devenir droit, soit je serai droit et vais avoir été ou serai sur le point de devenir courbé. Cette disjonction est certainement vraie si (PC) l'est. De plus, elle ne contient rien qui ressemble à un temps non présent. Donc, étant donné le désir présentiste d'éviter l'engagement ontologique envers des temps non présents, cet énoncé temporalisé fournit une paraphrase parfaitement sensée de ma conviction de pouvoir persister à travers un changement de position.

De plus, ce n'est pas comme si Lewis lui-même autorisait (PC) à rester comme il est sans paraphrase. Après tout, il ne pense que je suis courbé à un temps et droit à un autre qu'en vertu du fait que j'ai des parties temporelles localisées à ces temps, l'une qui est courbée, l'autre qui est droite. Donc « il y a un moment auquel je suis courbé », comme il est noté dans (PC), peut être paraphrasé en : « il y a un moment auquel j'ai une partie temporelle qui est courbée ». Lewis préserve la conviction commune de persister à travers le changement en introduisant la notion non commune de partie temporelle. Mais si sa lecture de (PC) en termes de parties temporelles restitue une part suffisante, pour être acceptable, de nos convictions pré-théoriques, alors il doit certainement accorder au présentiste une liberté équivalente dans sa tentative d'affirmer la persistance à travers le changement tout en évitant de parler des temps non présents[1].

Le vaste projet global qui parait paraphraser des vérités qui concernent des moments et des choses non présents est aussi complexe et difficile que sa contrepartie concernant les entités non actuelles. Il faut trouver des façons de préserver toutes les vérités concernant des choses passées et futures sans paraître s'engager ontologiquement sur ce genre de choses[2]. Les présentistes doivent, par exemple, trouver une façon de comprendre les énoncés qui paraissent porter sur des relations entre les choses existantes et les choses du passé et du futur. La causalité est un cas particulier de ce problème : la relation causale concerne des événements, mais il ne peut y avoir aucune relation entre un événement

1. Ceci m'a été signalé par Trenton Merricks dans une conversation ; et Sally Haslanger l'a dit (longtemps avant la conversation) dans « Endurance and Temporary Intrinsics », *Analysis* 49, 1989, p. 119-125 ; voir particulièrement p. 199-120.

2. Pour certaines réponses présentistes au problème, *cf.* A.N. Prior, *Past, Present and Future, op. cit.*, chap. 8 (« Time and Existence ») ; *Papers on Time and Tense, op. cit.*, chap. 8 (« Time, Existence, and Identity ») ; R. Chisholm, « Referring to Things That No Longer Exist », *op. cit.* ; J. Bigelow, « Presentism and Properties », *Philosophical Perspectives*, 1996, 10, p. 35-52.

présent et quelqu'événement futur ou passé, puisque de tels événements n'existent pas. Le présentiste doit-il en conclure qu'aucun événement du présent ne peut être causé par quelque chose d'antérieur, ni ne peut causer quelque chose de postérieur?[1] Il faut surmonter ces difficultés pour que le présentisme reste plausible.

Et il y a des vieilles rengaines qui embrouillent quiconque (présentiste ou non) prend la temporalisation au sérieux, comme le paradoxe de McTaggart[2] ou la question de savoir à quelle vitesse « bouge » le présent. Est-ce que cette vitesse est d'une minute par minute? Elle pourrait difficilement être plus rapide! Et pourtant, à proprement parler cela ne semble pas du tout être une vitesse[3]. Ce qui est peut-être le plus ennuyeux c'est que poser des faits concernant ce qui est présent *absolument* (et pas simplement ce qui est « présent relativement à moi » ou « présent relativement à mon cadre inertiel ») semble inconsistant avec une théorie scientifique bien

1. John Bigelow et moi-même avons offert, indépendamment, des solutions très similaires à ce problème. *Cf.* la section finale de mon « Chisholm and the Essences of Events », in *The Philosophy of Roderick M. Chisholm* (The Library of Living Philosophers), L. Hahn (ed.), La Salle, Ind., Open Court, 1997; J. Bigelow, « Presentism and Properties », *op. cit.*, p. 47.

2. *Cf.* J. McTaggart, *The Nature of Existence*, vol. 2, Cambridge, Cambridge UP, 1927, p. 9-22; et, pour une réponse qui, selon moi, dissout complètement ce « paradoxe », *cf.* C. D. Broad, [an]*Examination of McTaggart's Philosophy*, vol. II, partie I, Cambridge, Cambridge UP, 1938, p. 309-317.

3. J.J.C. Smart soulève ce problème à propos de la vitesse du passage du temps dans « the puzzle about the rate », *Philosophy and Scientific Realism*, London, Routledge & Kegan Paul, 1963, p. 136. Les présentistes peuvent espérer que N. Markosian ait résolu le problème une bonne fois pour toutes dans son « How Fast Does Time Pass? », *Philosophy and Phenomenological Research* 53, 1993, p. 829-844.

établie : la relativité spéciale [1]. Mais, comme on l'a indiqué dans les notes de ce paragraphe et du paragraphe précédent, ce sont des problèmes que les présentistes et ceux qui prennent la temporalisation au sérieux ont tenté d'aborder. Les solutions ont-elles été satisfaisantes ? Peut-être pas dans tous les cas. Mais rejeter le présentisme sur la base de tels problèmes supposerait un examen minutieux de ces débats – débats qui n'ont rien à voir avec le problème des intrinsèques temporaires en lui-même. De plus, on peut raisonnablement espérer qu'ils seront résolus en faveur du présentiste – ou tout du moins qu'ils ne seront pas tranchés définitivement en faveur de ses contradicteurs. Après tout, comme le souligne John Bigelow, le présentisme était accepté partout par presque tout le monde jusqu'à il y a environ une centaine d'années [2]. On ne doit pas s'attendre à ce qu'une thèse avec un tel palmarès capitule sans combattre.

Autant que je sache, tous les présentistes (et presque tous ceux qui prennent la temporalisation au sérieux) rejettent la doctrine des parties temporelles ; de fait, Prior, Geach et Chisholm ont été parmi ses opposants les plus

---

1. On peut trouver la description du problème et la réponse donnée par Prior dans « Some Free Thinking about Time », *op. cit. Cf.* aussi P. Geach, « Some Problems About Time », *op. cit.* On peut trouver des traitements plus récents dans Q. Smith, *Language and Time, op. cit.*, chap. 7. Pour un scientifique qui pense que Prior pourrait avoir eu raison de dire que l'abandon de la notion de la simultanéité absolue était prématuré, *cf.* J.S. Bell, *Speakable and Unspeakable dans Quantum Mechanics*, Cambridge, Cambridge UP, 1987, p. 77 ; et les remarques de J.S. Bell dans *The Ghost dans the Atom*, P.C.W. Davies, J. R. Brown (eds.), Cambridge, Cambridge UP, 1986, p. 48-51.

2. J. Bigelow, « Presentism and Properties », *op. cit.*, p. 35-36.

virulents [1]. Ce que j'ai essayé de montrer c'est que la partie de l'argument de Lewis dirigée contre ces philosophes a besoin d'être considérablement renforcée pour devenir convaincante. En particulier, nous avons besoin d'une raison de penser que certaines vérités qui paraissent concerner des choses non présentes ne peuvent pas être paraphrasées de façon plausible afin d'éviter l'engagement en faveur de ce genre de choses. Autant que je puisse voir, il n'y a aucune raison de penser que c'est le cas. En tout cas, Lewis ne nous en a pas (encore) donné.

1. Pour des rejets caractéristiques des parties temporelles, *cf.* A.N. Prior, « Some Free Thinking about Time », *op. cit.* ; P. Geach, « Some Problems About Time », *op. cit.* ; R. Chisholm, *Person and Object : A Metaphysical Study*, La Salle, Ill., Open Court, 1976, Appendix A, p. 138-44. Pour un temporalisateur sérieux qui accepte les parties temporelles, voir Q. Smith, « Personal Identity and Time », *Philosophia* 22, 1993, p. 155-167.

David Lewis

CAUSALITÉ [1]

Hume définit doublement la causalité. Il écrit « nous pouvons donc définir la cause comme *un objet qui est suivi d'un autre, et de telle sorte que tous les objets semblables au premier sont suivis par des objets semblables au second.* Ou en d'autres mots : *de telle sorte que le second objet n'aurait jamais existé sans l'existence du premier* » [2].

Les descendants de la première définition de Hume dominent toujours la philosophie de la causalité : une succession causale est supposée être une succession qui instancie une régularité. Evidemment, la définition a été améliorée. Aujourd'hui, nous nous efforçons de distinguer les régularités qui comptent – les « lois causales » – des simples successions régulières accidentelles. Nous subsumons les causes et les effets sous des régularités au moyen de descriptions qu'elles satisfont, et non pas au moyen de similarités globales. Et nous admettons qu'une cause n'est qu'une partie indispensable, et non la totalité, de l'ensemble de la situation suivie par l'effet conformément à une loi. Selon les analyses régularistes actuelles, une

1. Traduction par S. Dunand de « Causalité » publié dans *Philosophical Papers*, Oxford, Oxford UP, vol. II, 1986, p. 159-172.
2. *Enquête sur l'entendement humain*, Paris, Vrin, 2008, p. 209.

cause est définie (en gros) comme un membre quelconque d'un ensemble minimal de conditions actuelles conjointement suffisantes, compte tenu des lois, pour l'existence de l'effet.

Plus précisément, supposons que C soit la proposition que c existe (ou se produit) et que E soit la proposition que e existe. Alors c cause e, selon une analyse régulariste typique[1], si (1) C et E sont vraies ; et (2) pour un ensemble non vide quelconque N de propositions nomologiques vraies et un ensemble V de propositions vraies relatives à des faits particuliers, N et V impliquent conjointement $C \supset E$ bien que, conjointement, N et V n'impliquent pas E et que, V, seul, n'implique pas $C \supset E$[2].

Il reste beaucoup à faire – et bien des choses ont déjà été faites – pour transformer de telles définitions en analyses défendables. Bon nombre de problèmes ont été surmontés. D'autres demeurent : en particulier, les analyses régularistes tendent à confondre la causalité elle-même avec plusieurs autres relations causales. Si c appartient à un ensemble minimal de conditions conjointement suffisantes pour e, alors, compte tenu des lois, c pourrait bien être une cause authentique de e. Mais c pourrait également être un effet

---

1. Qui n'a été proposée par aucun auteur actuel sous cette forme-là, pour autant que je le sache.

2. J'identifie une *proposition*, comme on a dorénavant coutume de le faire, avec l'ensemble des mondes possibles où elle est vraie. Ce n'est pas une entité linguistique. Les opérations vérifonctionnelles sur les propositions sont les opérations booléennes idoines sur les ensembles de mondes ; les relations logiques entre les propositions sont les relations d'inclusion, d'intersection, etc., entre ensembles. Une phrase d'un langage *exprime* une proposition ssi la phrase et la proposition sont vraies dans exactement les mêmes mondes. Aucun langage ordinaire n'offrira les phrases pour exprimer toutes les propositions ; il n'y aura jamais assez de phrases pour en venir à bout.

de e ; un effet qui ne pourrait pas, étant donné les lois et certaines circonstances actuelles, s'être produit autrement qu'en étant causé par e. Ou c pourrait être un épiphénomène de l'histoire causale de e : un effet plus ou moins inefficace d'une authentique cause de e. Ou c pourrait être une cause potentielle préemptée de e : quelque chose qui n'a pas causé e, mais qui aurait pu le faire en l'absence de ce qui a réellement causé e.

Il reste à voir si une analyse régulariste peut réussir à distinguer les causes authentiques des effets, des épiphénomènes et des causes potentielles préemptées – et si elle peut y parvenir sans succomber à des problèmes plus difficiles encore, ni avoir recours aux épicycles ou abandonner l'idée fondamentale que la causalité est une instance de régularité. Je n'ai aucune preuve que les analyses régularistes sont incorrigibles, et je n'ai pas l'espace suffisant pour passer en revue les corrections qui ont été tentées. Il suffit de dire que les perspectives sont sombres. Je pense qu'il est temps de laisser tomber et de passer à autre chose.

Il n'est pas difficile de trouver une alternative prometteuse. Les « autres mots » de Hume – selon lesquels, si la cause n'avait pas existé, l'effet n'aurait pas existé – ne sont pas une simple reformulation de sa première définition. Ils proposent tout autre chose : une analyse contrefactuelle de la causalité.

La proposition n'a pas été bien reçue. Certes, nous savons que la causalité a quelque chose à voir avec les contrefactuels. Nous concevons une cause comme quelque chose qui fait une différence, et cette différence doit être une différence par rapport à ce qui se serait passé sans elle. Aurait-elle été absente, ses effets – certains d'entre eux au moins, mais tous le plus souvent – auraient eux aussi été absents. Pourtant, c'est une chose de mentionner ces platitudes de temps à autre, et c'en est une autre d'appuyer sur elles une analyse. Cela ne paraît pas en valoir la peine [1]. Nous avons trop bien appris que les contrefactuels sont mal compris, si bien que les utiliser pour analyser la causalité ou autre chose ne semble pas pouvoir accroître notre compréhension. Qui plus est, en attendant une meilleure compréhension des contrefactuels, nous n'avons pas les moyens d'affronter de soi-disant contre-exemples à une analyse contrefactuelle.

Mais je soutiens que la mauvaise compréhension des contrefactuels n'est pas une fatalité, à moins de nous agripper à des préconceptions fausses de ce que doit être leur compréhension. Une compréhension adéquate doit-elle ne faire aucune référence à des possibilités non actualisées ? Doit-elle assigner des conditions de vérité nettement déterminées ? Doit-elle connecter rigidement les contrefactuels à des lois de couverture ? Alors nous n'obtiendrons rien. Tant pis pour ces standards d'adéquations. Pourquoi ne pas prendre les contrefactuels au pied de la lettre : comme des énoncés sur des alternatives possibles à la situation actuelle, assez vaguement spécifiées, dans lesquelles les lois actuelles peuvent ou non demeurer intactes ? Il existe aujourd'hui plusieurs approches des contrefactuels de ce genre, différant seulement dans leurs détails [2]. Si elles sont correctes, les analyses utilisant les contrefactuels reposeront sur des fondations solides.

---

1. Une exception : A. Lyon, « Causality », *British Journal for the Philosophy of Science*, XVIII, 1, May 1967, p. 1-20.
2. Voir, par exemple, R. Stalnaker, « A theory of Conditionals » dans N. Rescher (éd.), *Studies in Logical Theory*, Oxford, Blackwell, 1968 ; et mon *Counterfactuals*, Oxford, Blackwell, 1973.

Dans cet article, je vais exposer une analyse contrefactuelle, peu différente de la seconde définition de Hume, de certaines sortes de causalité. J'essaierai ensuite de montrer comment cette analyse permet de distinguer les causes authentiques des effets, des épiphénomènes et des causes potentielles préemptées.

Ma discussion sera incomplète sur au moins quatre points. Un exposé explicite de ce que j'ai laissé de côté peut prévenir des confusions.

1. Je m'en tiendrai à la causalité entre *événements*, au sens ordinaire du mot : éclairs, batailles, conversations, impacts, promenades, morts, atterrissages, chutes, baisers, et tout ce qui y ressemble. Non pas que les événements soient les seules choses qui causent ou sont causées, mais je ne dispose ni de la liste complète des autres choses, ni d'un bon terme générique pour les englober toutes.

2. Mon analyse est destinée à s'appliquer à la causalité dans des cas particuliers. Ce n'est pas une analyse des généralisations causales. Celles-ci sont vraisemblablement des énoncés quantifiés concernant la causalité entre des événements (ou des non-événements) particuliers, mais il apparaît difficile de faire correspondre les généralisations causales du langage naturel aux formes quantifiées dont on dispose. Une phrase de la forme « les événements de type c causent les événements de type E », par exemple, peut signifier l'une des choses suivantes :

(a) Pour quelques c dans C et quelques e dans E, c cause e.

(b) Pour tout e dans E, il y a quelques c dans C tels que c cause e.

(c) Pour tout c dans C, il y a quelques e dans E tels que c cause e.

sans mentionner des ambiguïtés supplémentaires. Pire encore, « Seuls les événements de type c causent les événements de type E » devrait signifier :

(d) Pour tout c dans c, s'il y a au moins un e dans E tel que c cause e, alors c est dans c.

si « seuls » a son sens habituel. Mais non ; il signifie plutôt sans ambiguïté (b) ! Ces problèmes ne concernent pas la causalité, mais nos idiomes de quantification.

3. Nous désignons parfois l'une des causes d'un événement et l'appelons « la » cause, comme s'il n'y en avait pas d'autres. Ou bien nous en désignons quelques-unes comme les « causes », parlant du reste comme de simples « facteurs causaux » ou « conditions causales ». Ou nous parlons de la cause « décisive », « réelle » ou « principale ». Nous pouvons sélectionner les causes anormales ou extraordinaires, celles qui sont sous un contrôle humain, celles que nous jugeons bonnes ou mauvaises ou, simplement, celles dont nous voulons parler. Je n'ai rien à dire sur ces principes de discrimination fine [1]. Je m'intéresse à la question préalable de savoir en quoi consiste le fait d'être l'une des causes (sans discrimination aucune). Mon analyse vise à saisir un concept large et non discriminatoire de causalité.

4. Je serai satisfait, pour le moment, si je parviens à donner une analyse de la causalité fonctionnant convenablement dans un cadre déterministe. Par déterminisme, je n'entends ni une thèse affirmant la causalité universelle, ni la prédictibilité universelle en principe, mais plutôt cela : les lois de la nature en vigueur sont telles qu'il

1. Hormis que la discussion de la sélection causale de M.G. White, dans ses *Foundations of Historical Knowledge*, New York, Harper & Row, 1965, p. 105-181, comblerait mes besoins, en dépit du fait qu'elle est basée sur une analyse régulariste.

n'existe pas deux mondes possibles exactement identiques jusqu'à un temps mais différant par la suite dans lesquels ces lois ne sont jamais violées. Peut-être qu'en ignorant l'indéterminisme, je gaspille l'avantage le plus frappant d'une analyse contrefactuelle sur une analyse régulariste : elle admet que les événements indéterminés sont causés [1]. Je crains cependant que ma présente analyse ne soit pas encore à même d'affronter toutes les variétés de causalité dans un cadre indéterministe. La correction nécessaire nous amènerait trop loin dans des questions disputées sur les fondations de la probabilité.

SIMILARITÉ COMPARATIVE

Pour commencer, je tiens pour primitive une relation de *similarité comparative globale* entre les mondes possibles. Nous pouvons dire qu'un monde est *plus proche de l'actualité* qu'un autre si le premier ressemble plus que le second à notre monde actuel, en tenant compte de tous les rapports de similarité et de différence et en les pondérant les uns par rapport aux autres.

(Plus généralement, un monde arbitraire w peut jouer le rôle de notre monde actuel. En parlant de notre monde actuel sans savoir précisément quel monde est le nôtre, je généralise effectivement sur tous les mondes. Nous avons en réalité besoin d'une relation à trois places : le monde w_1 est plus proche du monde w que le monde w_2. Je garderai dorénavant tacite cette généralité.)

---

1. Qu'il faut l'admettre est soutenu dans G.E.M Anscombe, *Causality and Determination : An inagural Lecture*, Cambridge, Cambridge UP, 1971 ; et dans F. Dretske et Aaron Snyder, « Causal Irregularity », *Philosophy of Science*, XXXIX, 1, March 1972, p. 69-71.

Je n'ai pas dit précisément comment pondérer les rapports de comparaison ; je n'ai donc pas dit précisément ce que sera notre relation de similarité comparative. Ce n'est pas pour rien que je la tiens pour primitive. Mais j'ai dit quel *genre* de relation elle est, et ce genre de relations nous est familier. Nous produisons des jugements de similarité comparative globale – au sujet de personnes par exemple – en mettant en balance plusieurs rapports de ressemblance et de différence. Souvent nos attentes mutuelles sur les facteurs de pondération sont suffisamment claires et précises pour permettre la communication. J'aurai bientôt plus à dire sur la façon dont l'équilibre doit se faire dans des cas particuliers pour que mon analyse fonctionne. Mais le vague de la similarité globale ne sera pas entièrement dissipé. Et il ne devrait pas l'être. Le vague de la similarité infecte la causalité et aucune analyse correcte ne peut le nier.

Les rapports de similarité et de différence qui entrent dans la similarité globale des mondes sont nombreux et variés. En particulier, les similarités relatives aux faits particuliers concurrencent les similarités nomologiques. Les lois de la nature en vigueur sont importantes pour le caractère d'un monde : les similarités nomologiques pèsent lourd dans la balance. Mais elles ne sont pas sacrées. Nous ne devons pas tenir pour accordé qu'un monde se conformant parfaitement à nos lois actuelles soit *ipso facto* plus proche de l'actualité qu'un monde où ces lois sont violées d'une quelconque manière. Cela dépend de la nature et de l'étendue de la violation, de la place des lois violées dans l'ensemble du système des lois de la nature, ainsi que du contrepoids constitué par les similarités et les différences relatives à d'autres aspects. De même, les similarités et les différences relatives aux faits particuliers peuvent peser plus ou moins lourd, selon leur nature et leur étendue. Les similarités exactes et complètes entre faits particuliers dans de larges régions spatio-temporelles paraissent avoir un poids particulier. Il peut être utile qu'un petit miracle prolonge ou étende une région de coïncidence parfaite.

Notre relation de similarité comparative doit satisfaire deux contraintes formelles. (1) Elle doit être une mise en ordre faible des mondes : une mise en ordre où l'égalité est permise, mais où deux mondes quelconques sont toujours comparables. (2) Notre monde actuel doit être le plus proche de l'actualité, ressembler à lui-même plus qu'aucun autre monde ne lui ressemble. Nous *n'*imposons *pas* la contrainte supplémentaire selon laquelle, pour un ensemble A de mondes, il y a un unique monde de type A le plus proche, voire un ensemble de mondes de type A pouvant également compter comme les plus proches. Pourquoi pas une séquence infinie de mondes de type A de plus en plus proches, mais sans qu'aucun soit le plus proche ?

CONTREFACTUELS ET DÉPENDANCE CONTREFACTUELLE

Etant donné deux propositions quelconques A et C, nous avons leur *contrefactuel* $A \mathbin{\square\!\!\rightarrow} C$: la proposition que, si A était vraie, alors C serait également vraie. L'opération $\square\!\!\rightarrow$ est définie par une règle de vérité, de la façon suivante. $A \mathbin{\square\!\!\rightarrow} C$ est vrai (dans un monde w) ssi ou bien (1) il n'y a aucun monde de type A (auquel cas $A \mathbin{\square\!\!\rightarrow} C$ est *vide*), ou bien (2) un monde de type A où C est vraie est plus proche (de w) que n'importe quel monde de type A où C ne l'est pas. Autrement dit, un contrefactuel est vrai de façon non vide ssi il s'écarte moins de l'actualité pour rendre le conséquent vrai en même temps que l'antécédent qu'il ne s'en écarte pour rendre l'antécédent vrai sans le conséquent.

Nous ne supposons pas qu'il doit toujours y avoir un ou plusieurs mondes de type A les plus proches. Mais, s'il y en a, nous pouvons simplifier : $A \:\square\!\!\rightarrow C$ est vrai de façon non vide ssi C est vraie dans tous les mondes de type A les plus proches.

Nous n'avons pas présupposé la fausseté de A. Si A est vraie, alors notre monde actuel est le monde de type A le plus proche, si bien que $A \:\square\!\!\rightarrow C$ est vrai ssi C l'est. Par conséquent, $A \:\square\!\!\rightarrow C$ implique le conditionnel matériel $A \supset C$; et A et C impliquent conjointement $A \:\square\!\!\rightarrow C$.

Soit A_1, A_2, ... une famille de propositions possibles, dont aucune paire n'est compossible, et C_1, C_2, ... une autre famille (de taille égale). Alors, si tous les contrefactuels $A_1 \:\square\!\!\rightarrow C_1$, $A_2 \:\square\!\!\rightarrow C_2$, ... entre les propositions correspondantes des deux familles sont vrais, nous devrons dire que les C *dépendent contrefactuellement* des A. Nous pouvons le dire ainsi en langage ordinaire : que C_1, ou C_2 ou ... soient vraies dépend (contrefactuellement) de si A_1 ou A_2 ou ... sont vraies.

La dépendance contrefactuelle entre de grandes familles de possibilités alternatives est caractéristique des processus de mesure, de perception ou de contrôle. Soit I_1, I_2, ... des propositions spécifiant les indications alternatives d'un certain baromètre à un certain temps, P_1, P_2, ... spécifiant les pressions correspondantes de l'air environnant. Si le baromètre mesure correctement les pressions, les I doivent dépendre contrefactuellement des P. Nous disons que l'indication dépend de la pression. De même, si je vois à un certain temps, alors mes impressions visuelles doivent dépendre contrefactuellement d'un large éventail de possibilités alternatives de la scène devant mes yeux. Et si je contrôle ce qui se passe à un certain égard, alors il doit y avoir une double dépendance contrefactuelle, de nouveau envers un large éventail d'alternatives. Le résultat dépend de ce que je fais, et cela dépend à son tour du résultat que je souhaite[1].

DÉPENDANCE CAUSALE ENTRE ÉVÉNEMENTS

Si une famille C_1, C_2, ... dépend contrefactuellement d'une famille A_1, A_2, ... au sens ci-devant expliqué, nous souhaitons d'ordinaire parler également de dépendance causale. Nous disons, par exemple, que l'indication du baromètre dépend causalement de la pression, que mon impression visuelle dépend causalement de la scène devant mes yeux ou que ce qui résulte de ce que je contrôle dépend causalement de ce que je fais. Mais il y a des exceptions. Soit G_1, G_2, ... des lois alternatives de la gravitation, différant par la valeur d'une constante numérique et M_1, M_2, ... les lois alternatives correspondantes idoines du mouvement des planètes. Les M peuvent bien alors dépendre contrefactuellement des G, nous ne parlerons pas de dépendance causale. De telles exceptions, toutefois, n'impliquent de dépendance d'aucune sorte entre des événements particuliers distincts. L'espoir demeure qu'au moins la dépendance causale entre événements puisse être analysée simplement comme une dépendance contrefactuelle.

1. On trouvera des analyses en termes de dépendance contrefactuelle dans deux articles d'A. Goldman : « Toward a theory of Social Power », *Philosophical Studies*, XXIII, 1972, p. 221-268, et « Discrimination and Perceptual Knowledge », présenté au Chapel Hill Colloquium de 1972.

Nous avons parlé jusque-là de dépendance contrefactuelle entre propositions, non entre événements. Quoi que puissent être les événements particuliers, ce ne sont sans doute pas des propositions. Mais ce n'est pas un problème, puisqu'ils peuvent au moins être appariés avec des propositions. À tout événement possible *e* correspond la proposition O(*e*) qui est vraie dans tous les mondes, et seulement dans les mondes, où *e* se produit[1]. (Si deux événements quelconques ne se produisent pas exactement dans les mêmes mondes – à savoir s'il n'existe aucune connexion absolument

---

1. Attention : si nous faisons référence à un événement particulier *e* au moyen d'une description que *e* satisfait, alors nous devons prendre garde de ne pas confondre O(*e*), la proposition que *e* lui-même se produit avec la proposition différente qu'un événement ou un autre satisfaisant la description se produit. Que l'un ou l'autre événement satisfasse une description est en général contingent. Soit *e* la mort de Socrate – la mort dont il est actuellement mort, par différence avec toutes les morts qu'il aurait pu mourir. Supposons que Socrate se soit exilé, seulement pour être mangé par un lion. Alors *e* ne se serait pas produit et O(*e*) eût été fausse ; mais un événement différent aurait satisfait la description « la mort de Socrate », que j'ai utilisée pour faire référence à *e*. Ou supposons que Socrate ait vécu et soit mort exactement comme il l'a fait actuellement, mais soit ensuite ressuscité et tué de nouveau, puis ressuscité encore, pour finalement devenir immortel. Alors aucun événement n'aurait satisfait la description. (Même si les morts temporaires sont des morts réelles, aucune des deux ne peut être *la* mort.) Mais *e* se serait produit et O(*e*) aurait été vraie. Appelons *rigide* la description d'un événement *e* ssi (1) rien d'autre que *e* ne pourrait possiblement la satisfaire et (2) *e* ne pourrait possiblement pas se produire sans la satisfaire. J'ai affirmé que même des descriptions banales comme « la mort de Socrate » sont non rigides, et, en réalité, je pense qu'il est difficile de trouver des descriptions rigides d'événements. Cela constituerait un problème pour qui aurait besoin d'associer à chaque événement possible *e* une phrase Φ(e) vraie dans tous les mondes – et seulement dans les mondes – ou *e* se produit. Mais nous n'avons pas besoin de telles phrases – seulement de propositions, qui peuvent ou non avoir des expressions dans notre langage.

nécessaire entre des événements distincts –, nous pouvons ajouter que cette correspondance des événements et des propositions est biunivoque). La dépendance contrefactuelle entre événements est simplement la dépendance contrefactuelle entre les propositions correspondantes.

Soient c_1, c_2, ... et e_1, e_2, ... des événements possibles distincts tels que ni deux c ni deux e ne sont compossibles. Je dis alors que la famille e_1, e_2, ... d'événements *dépend causalement* de la famille c_1, c_2, ... ssi la famille $O(e_1)$, $O(e_2)$, ..., de propositions dépend contrefactuellement de la famille $O(c_1)$, $O(c_2)$, ... Comme nous le disons : que e_1 ou e_2 ou ... se produisent dépend de si c_1, c_2, ... se produisent.

Nous pouvons aussi définir une relation de dépendance parmi les événements simples plutôt qu'entre les familles. Soit c et e deux événements particuliers possible distincts. e *dépend causalement de* c ssi la famille $O(c)$, $O(e)$ dépend contrefactuellement de la famille $O(c)$, $\sim O(c)$. Comme nous le disons : que e se produise ou non dépend de si c se produit ou non. La dépendance consiste en la vérité de deux contrefactuels : $O(c) \;\square\!\!\rightarrow O(e)$ et $\sim O(c) \;\square\!\!\rightarrow \sim O(e)$. Il y a deux cas. Si c et e ne se produisent pas actuellement, alors le second contrefactuel est automatiquement vrai parce que son antécédent et son conséquent sont vrais : e dépend donc causalement de c ssi le premier contrefactuel est vrai, à savoir ssi e se serait produit si c s'était produit. Mais si c et e sont des événements actuels, alors c'est le premier contrefactuel qui est automatiquement vrai. e dépend alors causalement de c ssi, si c n'avait pas existé, e n'aurait jamais existé. Je tiens la seconde définition de Hume comme ma définition non de la causalité elle-même, mais de la dépendance causale entre événements actuels.

Causalité

La dépendance causale entre événements actuels implique la causalité. Si c et e sont deux événements actuels tels que e ne se serait pas produit sans c, alors c est une cause de e. Mais je rejette la réciproque. La causalité doit toujours être transitive ; la dépendance causale peut ne pas l'être ; il peut donc y avoir causalité sans dépendance causale. Supposons que c, d et e soient trois événements actuels tels que d ne se serait pas produit sans c et e ne se serait pas produit sans d. Alors c est une cause de e même si e se serait quand même produit (autrement causé) sans c.

Nous passons de la dépendance causale à la relation transitive de la façon habituelle. Soit $c, d, e, ..$, une séquence finie d'événements actuels particuliers tels que d dépend causalement de c, e de d, et ainsi de suite pour tous les éléments de la suite. Cette séquence est alors une *chaîne causale*. Finalement, un événement est *cause* d'un autre ssi il existe une chaîne causale conduisant du premier au second. Cela complète mon analyse contrefactuelle de la causalité.

Dépendance contrefactuelle
versus Dépendance nomique

Il est essentiel de distinguer la dépendance contrefactuelle et la dépendance causale de ce que j'appellerai la *dépendance nomique*. La famille de propositions C_1, C_2, … dépend nomiquement de la famille $A_1, A_2,$ … ssi il y a un ensemble non vide N de propositions nomologiques vraies et un ensemble V de propositions vraies relatives à des faits particuliers tels que N et V impliquent conjointement (mais que V seul n'implique pas) tous les conditionnels matériels

$A_1 \supset C_1, A_2 \supset C_2, \ldots$ entre les propositions correspondantes des deux familles. (Rappelons que ces mêmes conditionnels matériels sont impliqués par les contrefactuels qui contiennent une dépendance contrefactuelle). Nous dirons aussi que la dépendance nomique vaut *en vertu des* ensembles de prémisses N et V.

Les dépendances nomiques et contrefactuelles sont liées de la façon suivante. Disons qu'une proposition *B* est *contrefactuellement indépendante* de la famille $A_1, A_2,$ ... d'alternatives ssi *B* est vraie peu importe laquelle des *A* est vraie – à savoir si les contrefactuels $A_1 \:\square\!\!\rightarrow B$, $A_2 \:\square\!\!\rightarrow B, \ldots$ sont tous vrais. Si les *C* dépendent nomiquement des *A* en vertu des ensembles de prémisses N et V, et si, en outre (tous les membres de) N et V sont contrefactuellement indépendants des *A*, alors il s'ensuit que les *C* dépendent contrefactuellement des *A*. En ce cas, nous pouvons considérer que la dépendance nomique en vertu de N et V explique la dépendance contrefactuelle. Souvent, peut-être toujours, les dépendances contrefactuelles peuvent être ainsi expliquées. Mais le réquisit de l'indépendance contrefactuelle est indispensable. À moins que N et V ne satisfassent cette condition, la dépendance nomique en vertu de N et V n'implique pas la dépendance contrefactuelle, et, s'il y a quand même une dépendance contrefactuelle, elle ne l'explique pas.

La dépendance nomique est réversible, au sens suivant. Si la famille $C_1, C_2, \ldots$ dépend nomiquement de la famille $A_1, A_2, \ldots$ en vertu de N et V, alors $A_1, A_2, \ldots$ dépendent eux aussi nomiquement de la famille $AC_1, AC_2, \ldots$, en vertu de N et V, où A est la disjonction $A_1 \vee A_2 \vee \ldots$ La dépendance contrefactuelle est-elle pareillement réversible ? Cela ne s'ensuit pas. Car, même si N et V sont indépendants de $A_1,$

A_2, … et établissent donc la dépendance contrefactuelle des C sur les A, ils peuvent cependant ne pas être indépendants de AC_1, AC_2, …, et donc ne pas établir la dépendance contrefactuelle inverse des A sur les AC. La dépendance contrefactuelle irréversible est montrée ci-dessous : @ est notre monde actuel, les points sont les autres mondes, et la distance sur la page représente la « distance » de similarité.

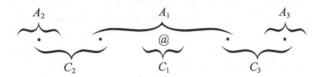

Les contrefactuels $A_1 \;\Box\!\!\rightarrow C_1$, $A_2 \;\Box\!\!\rightarrow C_2$ et $A_3 \;\Box\!\!\rightarrow C_3$ sont vrais dans le monde actuel, ce qui explique pourquoi les C dépendent des A. Mais nous n'avons pas la dépendance inverse des A sur les AC, puisque, au lieu des $AC_2 \;\Box\!\!\rightarrow A_2$ et $AC_3 \;\Box\!\!\rightarrow A_3$ requis, nous avons $AC_2 \;\Box\!\!\rightarrow A_1$ et $AC_3 \;\Box\!\!\rightarrow A_1$.

Une telle irréversibilité est banale. L'indication du baromètre dépend contrefactuellement de la pression – c'est aussi clair qu'un contrefactuel peut l'être –, mais la pression dépend-elle contrefactuellement de l'indication ? Si l'indication avait été plus élevée, la pression aurait-elle été plus élevée ? Ou bien le baromètre aurait-il dysfonctionné ? La seconde option paraît meilleure : une indication plus élevée aurait été une indication incorrecte. Certes, il y a des conditions et des lois actuelles qui impliquent et expliquent l'exactitude actuelle du baromètre, mais elles ne sont pas plus sacrées que les lois et les conditions actuelles qui impliquent et expliquent la pression actuelle. Elles le sont moins en réalité. Quand quelque chose doit être sacrifié pour permettre une indication plus élevée, nous pensons que l'on s'écarte moins de l'actualité en soutenant que la pression est fixe et en sacrifiant la précision plutôt que l'inverse. Il n'est pas difficile de voir pourquoi. Le baromètre, étant plus localisé et moins délicat que le temps atmosphérique, est plus vulnérable à de légers écarts par rapport à l'actualité [1].

Nous pouvons maintenant expliquer pourquoi les analyses régularistes de la causalité (entre événements, dans un cadre déterministe) fonctionnent aussi bien. Supposons que l'événement c cause l'événement e conformément à l'exemple d'analyse régulariste que j'ai donné au début de ce chapitre, en vertu des ensembles de prémisses N et V. Il s'ensuit que N, V et $\sim O(c)$ n'impliquent pas conjointement $O(e)$. Renforçons l'analyse : supposons en outre qu'ils impliquent $\sim O(e)$. Si c'est le cas, la famille $O(e)$, $\sim O(e)$ dépend nomiquement de la famille $O(c)$, $\sim O(c)$ en vertu de N et V. Ajoutons une supposition de plus : que N et V sont contrefactuellement indépendants de $O(c)$, $\sim O(c)$. Il s'ensuit alors, selon mon analyse contrefactuelle, que e dépend contrefactuellement et causalement de c, et donc que c cause e. Si j'ai raison, l'analyse régulariste donne des conditions qui sont presque suffisantes, mais pas assez, pour rendre la dépendance causale explicable. Ce n'est pas tout à fait la même chose que la causalité;

---

1. Bien sûr, certains contextes et certaines variations linguistiques nous feraient pencher dans l'autre sens. Pour une raison quelconque, je souscris plus facilement à « si l'indication avait été plus élevée, cela aurait été dû à la pression plus haute » qu'à « si l'indication avait été plus élevée, la pression aurait dû être plus élevée. » Les contrefactuels qui vont des indications aux pressions sont beaucoup moins clairs que ceux qui vont des pressions aux indications. Mais il suffit de dissiper convenablement le vague et d'obtenir une dépendance irréversible des indications sur les pressions. Ce sont de tels éclaircissements que nous voulons à présent, même s'ils ne sont pas préférés dans tous les contextes.

mais la causalité sans dépendance causale est rare, et s'il y a une dépendance causale inexplicable, nous n'en avons (évidemment !) pas connaissance [1].

EFFETS ET ÉPIPHÉNOMÈNES

Je reviens maintenant aux problèmes que j'ai soulevés à l'encontre des analyses régularistes, en espérant montrer que mon analyse contrefactuelle peut les surmonter.

Le *problème des effets*, lorsqu'il affronte une analyse contrefactuelle, est le suivant. Supposons que *c* cause un événement subséquent *e*, et que *e*, lui, ne cause pas *c*. (Je n'exclus pas *a priori* les boucles causales closes, mais ce cas n'en est pas une). Supposons en outre que, étant donné les lois et certaines des circonstances actuelles, *c* n'aurait pas pu manquer de causer *e*. Il semble s'ensuivre que, si l'effet *e* ne s'était pas produit, alors sa cause *c* ne se serait pas produite. Nous avons une apparente dépendance causale de *c* sur *e*, contredisant notre supposition que *e* ne cause pas *c*.

Le *problème des épiphénomènes*, pour une analyse contrefactuelle, est similaire. Supposons que *e* soit un effet épiphénoménal d'une authentique cause *c* d'un effet *f*. Autrement dit, *c* cause d'abord *e*, puis *f*, mais *e* ne cause pas *f*. Supposons en outre que, étant données les lois et certaines des circonstances actuelles, *c* n'aurait pu manquer de causer *e*, et que, étant données les lois et les autres circonstances, *f* n'aurait pu être causé autrement que par *c*. Il semble s'ensuivre que, si l'épiphénomène *e* ne s'était

---

1. Je ne propose pas ici une analyse régulariste corrigée. L'analyse corrigée exclurait arbitrairement la dépendance causale inexplicable, ce qui semble incorrect. Elle ne s'inscrirait pas non plus entièrement dans la tradition des analyses régularistes. Trop de choses auraient été ajoutées.

pas produit, alors sa cause c ne se serait pas produite, pas plus que l'effet supplémentaire f de cette même cause. Nous avons une apparente dépendance causale de f sur e, contredisant notre supposition que e ne cause pas f.

On pourrait être tenté de résoudre le problème des effets par la force : insérer dans l'analyse la stipulation qu'une cause doit toujours précéder son effet (et peut-être une stipulation parallèle pour la dépendance causale). Je rejette cette solution. (1) Elle ne vaut rien contre le problème apparenté des épiphénomènes, puisque l'épiphénomène e ne précède pas son prétendu effet f. (2) Elle écarte *a priori* certaines hypothèses physiques légitimes qui postulent une causalité simultanée ou une causalité à rebours. (3) Elle rend triviale toute théorie qui cherche à définir la direction vers l'avant du temps comme la direction prédominante de la causalité.

La solution correcte consiste, je crois, à nier catégoriquement les contrefactuels à l'origine des deux problèmes. Si e avait été absent, ce n'est pas que c aurait été absente (et f avec elle, dans le second cas). Plutôt, c se serait produite exactement comme elle s'est produite, mais elle n'aurait pas causé e. On s'écarte moins de l'actualité en se passant de e, en conservant c telle qu'elle est et en abandonnant l'une ou l'autre des lois et des circonstances en vertu desquelles c aurait sans doute dû causer e, plutôt qu'en conservant ces lois et ces circonstances telles qu'elles sont et en se débarrassant de e en revenant en arrière et en abolissant sa cause c. (Dans le second cas, il serait bien sûr injustifié de ne pas conserver f tel qu'il est en même temps que c). La dépendance causale de e sur c est une dépendance contrefactuelle irréversible du même genre que celle considérée auparavant.

Pour se passer d'un événement actuel *e* en s'écartant globalement le moins possible de l'actualité, il vaudra normalement mieux ne pas diverger du tout du cours actuel des événements juste avant le temps de *e*. Plus nous attendons, plus nous prolongeons la région spatio-temporelle de coïncidence parfaite entre notre monde actuel et l'alternative sélectionnée. Pourquoi diverger plus tôt que plus tard ? Non pas pour éviter des violations des lois de la nature. Dans un cadre déterministe, *toute* divergence, précoce ou tardive, requiert une violation des lois actuelles. Si les lois étaient tenues pour sacrées, il n'existerait aucun moyen de se passer de *e* sans changer tout le passé ; et rien ne garantit que le changement pourrait demeurer négligeable sauf dans le passé récent. Cela signifie que, si le présent avait été très légèrement différent, alors tout le passé aurait été différent – ce qui est absurde. Les lois ne sont donc pas sacrées. La violation des lois est affaire de degré. Jusqu'à ce que nous parvenions au temps précédant immédiatement l'occurrence de *e*, il n'existe aucune raison générale qu'une divergence tardive permettant d'écarter *e* nécessite une violation plus sévère des lois qu'une divergence plus précoce. Peut-être existe-t-il des raisons particulières dans des cas particuliers – mais alors ce pourrait être des cas de rétro-dépendance causale.

Préemption

Supposons que c_1 se produise et cause *e*, et que c_2 se produise également et ne cause pas *e*, mais l'aurait causé si c_1 avait été absente. Ainsi c_2 est une cause alternative potentielle de *e*, mais elle est préemptée par la cause actuelle c_1. Nous pouvons dire que c_1 et c_2 surdéterminent

e, mais cette surdétermination est asymétrique[1]. En vertu de quelle différence c_1, mais pas c_2, cause-t-elle e?

Aussi loin que va la dépendance causale, il n'y a pas de différence : e ne dépend ni de c_1 ni de c_2. Si l'une des deux ne s'était pas produite, l'autre aurait suffi à causer e. La différence doit donc être que, grâce à c_1, il n'y a pas de chaîne causale de c_2 à e; tandis qu'il y a une chaîne causale de deux maillons ou plus de c_1 à e. Supposons pour simplifier que deux maillons soient suffisants. Alors e dépend causalement d'un événement intermédiaire d, et d, à son tour, dépend de c_1. La dépendance causale est ici intransitive : c_1 cause e via d même si e se serait quand même produit sans c_1.

Jusqu'ici, tout va bien. Il reste seulement à affronter l'objection que e *ne dépend pas* causalement de d, parce que, si d avait été absent, alors c_1 aurait été absente, et c_2, n'étant plus préemptée, aurait causée e. Nous pouvons répondre en niant l'affirmation que, si d avait été absent, alors c_1 aurait été absente. C'est une dépendance inverse apparente de la cause sur l'effet du même genre que celle que nous venons de rejeter dans les cas les plus simples. Je soutiens plutôt que, si d avait été absent, c_1 aurait, d'une manière ou d'une autre, manqué de causer d? Mais c_1, aurait toujours été là pour interférer avec c_2, si bien que e ne se serait pas produit[2].

---

1. Je ne discuterai pas les cas de surdétermination symétriques, dans lesquels deux facteurs surdéterminants peuvent également prétendre compter comme causes. Pour moi, ces cas sont inutilisables car je n'ai pas d'opinions naïves solides à leur propos.

2. Je remercie pour leur soutien l'American Council of Learned Societies, l'université de Princeton, ainsi que la National Science Foundation for Research Support.

LES RELATIONS

INTRODUCTION

Les relations n'existent pas au même titre que les objets : les relations sont des êtres dépendants et la plupart des philosophes (Occam, Hegel …) ont insisté sur leur non existence ou leur existence mentale. D'un autre côté d'autres philosophes ont admis un mode d'existence relationnel et ont ouvert la voie à la théorie logique des relations (Leibniz, Peirce, Russell…). La philosophie analytique repose en partie sur deux victoires jugées incontestables, toutes deux du fait de Russell : la théorie des descriptions et donc celle des relations. C'est la seconde qui comporte le plus de conséquences ontologiques. Elle a été édifiée en réaction à l'idéalisme hégélien, notamment de Bradley, dans une optique que l'on a pu appeler « réaliste ». La métaphysique des relations remonte à la scolastique. La métaphysique russellienne est d'inspiration nominaliste, mais elle ne s'inscrit pas dans le courant de négation des relations, quoiqu'il ne soit pas très clair de comprendre quel est exactement l'engagement russellien envers les relations. Selon lui les relations sont un type de choses, puisqu'elles sont un constituant des faits.

Russell en 1898 rompit, avec Moore, avec l'idéalisme et plus précisément avec le monisme idéaliste absolu, qui nie tout élément relationnel, au profit d'une existence holistique de l'absolu. Cependant la question métaphysique centrale du fondement des relations ne semble pas avoir retenu son attention et il faudra attendre le développement de la problématique des vérifacteurs (*truthmakers*) pour retrouver ce problème, comme le montre le texte de K. Mulligan, l'un des découvreurs des vérifacteurs. Si un vérifacteur est ce qui fait qu'un énoncé est vrai, un énoncé relationnel est vrai par une relation qui est irréductible à des couples d'entités.

La logique des relations a été développée par Russell dans les *Principia Mathematica*, dans un contexte de science formelle, de philosophie mathématique et non d'ontologie. Bradley dans *Appearance and Reality* a soutenu l'idéalité des relations et s'est opposé à l'existence des relations internes (celles qui sont nécessaires et où la relation dépend de l'essence des *relata*). Russell lui aussi s'est opposé aux relations internes, mais il a défendu les relations externes, tandis que Bradley critiquait radicalement toutes les relations.

David Armstrong expose une métaphysique atomiste et réaliste des relations dans *A World of States of Affairs* où celles-ci sont aussi réelles que les qualités non relationnelles. Pour Armstrong, les relations internes n'engagent pas à une réalité supplémentaire – c'est la doctrine du « repas gratuit » (*free lunch*) : les relations internes ne sont pas une addition ontologique au monde, les relations internes sont simplement survenantes sur des relata, mais cette survenance n'implique pas une addition ontologique. Armstrong utilise la notion de vérifacteur pour les relations mais n'admet pas des vérifacteurs qui seraient eux-mêmes relationnels. Kevin Mulligan reprend la théorie russellienne des relations, envisagée comme une logique des relations à portée ontologique générale. Il introduit dans cette logique des relations la distinction fameuse en éthique des prédicats fins et épais [1]. Un prédicat moral fin est par exemple « bon », tandis qu'un prédicat moral épais est par exemple "chevaleresque". Il y aurait une différence analogue pour les relations : « Jean aime Marie » est une relation épaisse et « P implique Q » une relation fine. K. Mulligan interprète les relations fines comme des relations internes.

A côté des relations, il existe dans la métaphysique des entités relationnelles complexes qui assurent l'ordre des choses : les structures. Elles contiennent des relations, mais elles possèdent plus que cela, puisqu'elles contiennent aussi des opérations. La métaphysique des sciences, notamment celle de la mécanique quantique, a pu se présenter comme un réalisme des structures ou un réalisme structural, dans la mesure où l'ontologie des objets ne semblait pas convenir à ce formalisme scientifique. Ce réalisme structural a été introduit en 1989 par John Worall qui se réclamait de Poincaré. Il a été introduit pour rendre compte des changements de paradigmes dans la science, par exemple de Fresnel à Maxwell dans l'étude de la lumière : il n'y aurait pas de « banqueroute de la science » (Poincaré) parce que Fresnel et Maxwell s'occupent tous les deux de la structure de la lumière. Michael Esfeld examine dans son article les conditions d'un passage à un réalisme structural qui a pour domaine ce qui est. Il s'agit d'un passage d'un réalisme épistémique à un réalisme

---

1. *Cf.* B. Williams, *L'éthique et les limites de la philosophie*, Paris, Gallimard, 1990.

structural. M. Esfeld considère à juste titre le réalisme
épistémique comme partiel et il veut donner une extension
maximale au réalisme. C'est dans ce contexte qu'il examine
les engagements réalistes de la physique, notamment la
mécanique quantique.

DAVID ARMSTRONG

LES RELATIONS [1]

1) LES PROPRIÉTÉS ET LES RELATIONS

À la différence des relations, les propriétés sont des universaux monadiques, la seule espèce d'universaux monadiques. Le terme « relation » s'applique à tous les universaux *polyadiques* : dyadiques, triadiques, ... *n*-adiques. Les propriétés apparaissent ainsi comme un cas limite d'universaux, un cas limite qui est évidemment d'une importance assez particulière. *Être un universel* devient un déterminable dont les déterminés sont les universaux monadiques, dyadiques, ... *n*-adiques. Ceci suggère alors qu'un universel spécifique peut seulement avoir une unique adicité. La dernière conclusion n'est en aucun cas introduite à partir du puissant truisme selon lequel un universel est identique, strictement identique, dans ses différentes instanciations. Considérez une relation telle que *être entouré par*. Une telle relation prend un nombre variable de termes dans ses différentes instanciations. On appelle les relations de ce type des relations multigrades [2]

1. Traduction par Y. Schmitt du chapitre 6 de *A World of States of Affairs*, Cambridge, Cambridge University Press, 1997.
2. H.S. Leonard, N. Goodman, « The Calculus of Individuals and its use », *Journal of Symbolic Logic*, 5, 1940, p. 50.

et aussi des relations anadiques [1]. Mais il semble qu'elles ne peuvent être des universaux car leurs natures essentielles différeraient dans ces différentes instanciations. Comment une relation à trois termes pourrait-elle être strictement identique à une relation à deux termes ? L'indiscernabilité des identiques semble l'interdire. Nous pouvons nommer ce résultat le Principe de l'Invariance des Instances [2]. Je ne me risquerais pas à faire une analyse de *être entouré par*, mais ce sera une relation de « seconde classe » que le particulier entouré aura avec un certain nombre d'autres particuliers. La relation surviendra, pour la majeure partie, sur les relations spatiales des particuliers impliqués, ces relations étant des universaux.

C'est évidemment une question qu'il faut décider *a posteriori* et qu'il y ait des universaux relationnels ayant une polyadicité particulière semble aussi contingent. Il se pourrait, par exemple, que tous les universaux relationnels fondamentaux soient dyadiques. À nouveau, si l'on croit que les propriétés sont seulement le cas monadique des universaux, on peut se demander s'il est possible pour tous les universaux fondamentaux d'être polyadiques. Peut-être que tous les universaux qui sont des propriétés sont construits à partir de ces relations.

La forme de cette construction serait la suivante. Commencez par les particuliers basiques qui n'ont pas de propriétés non relationnelles. (Ce n'est pas parfaitement clair qu'il existe de tels particuliers, mais il n'est pas non plus parfaitement évident que de tels particuliers soient

---

1. R. E. Grandy, « Anadic Logic and English », *Synthese* 32, 1976, p. 395-402.

2. Voir D.M. Armstrong, *A Theory of Universals*, Cambridge, Cambridge UP, 1978b, chap. 19, sect. VII.

exclus.) Il y aura des particuliers nus, ou au moins des particuliers qui sont intérieurement nus, dénués de propriétés non relationnelles. Ils pourraient être conçus, ou au moins imaginés, comme des points, soit des points spatiaux, soit des points de l'espace-temps. Ils auront des relations variées les uns aux autres. Par hypothèse, les points n'ont pas de formes de nature différente les unes des autres parce qu'ils n'ont pas de nature intrinsèque. Tous les objets qui différeront les uns des autres par leur nature seront faits de pluralités de ces particuliers, pluralités différant par le nombre et/ou les caractéristiques des relations qu'ont leurs membres. Selon cette conception, un électron ne pourra pas, par exemple, être un particulier *basique*, à moins que par chance, toutes ses propriétés – la masse, la charge, et ainsi de suite – soit réellement relationnelles. Il semblerait que cette hypothèse des particuliers intérieurement sans propriétés peut être confirmée ou infirmée par l'enquête scientifique mais, bien sûr, pas de manière conclusive.

D'un point de vue métaphysique, l'avantage de cette hypothèse est qu'elle promet une solution au problème suivant : comment quelqu'un peut-il en arriver à connaitre la nature intrinsèque des choses ? C'est une arme que les dispositionnalistes essaient d'utiliser contre les catégorialistes. La seule information que nous ayons à propos de la nature des choses vient comme un résultat de leur action sur nous. L'enquête scientifique a, semble-t-il, entièrement discrédité l'idée plaisante que cette action prend la forme d'une migration d'une espèce sensible de l'objet vers l'être percevant. Tout ce que nous pouvons savoir du monde, se lamentent un à un les commentateurs, porte sur des caractéristiques structurales. Ceci ne serait pas si triste si les particuliers n'avaient en général *rien d'autre* que des caractéristiques structurales et si les particuliers basiques n'avaient pas du tout de caractéristiques intrinsèques [1].

Le désavantage de cette hypothèse est la notion de particulier sans propriétés non relationnelles. Le particulier basique ne serait pas un particulier absolument nu mais son vêtement ne serait rien de plus que ses relations (externes) à n'importe quel autre particulier existant. Ceci étant donné, il serait difficile de nier la possibilité métaphysique d'au moins un particulier qui n'aurait pas de propriétés non relationnelles *et* qui n'aurait pas du tout de relations externes avec un autre particulier. (Bien que d'autres particuliers puissent exister.) La thèse principale de ce travail, que tout ce qui existe est un état de choses ou un constituant d'un état de choses, serait alors au mieux vraie de manière contingente. Ceci m'incline à rejeter le particulier absolument nu. Un particulier qui est d'aucune sorte ou espèce, un particulier qui n'a pas de nature, est une conception très étrange. Je doute même de sa possibilité. Assumons donc que la tentative de construire les propriétés à partir des relations échoue.

2) RELATIONS INTERNES ET EXTERNES

Cette distinction fait clairement partie des piliers substantiels de l'argument de ce travail. J'ai aussi discuté la distinction en d'autres occasions [2]. Nous devons donc essayer d'éviter les répétitions, aussi résumons. Une relation interne est une relation pour laquelle l'existence des termes implique l'existence de la relation. Étant donnée notre définition de la survenance, il s'en suit que la relation

1. Pour une autre suggestion pour résoudre ce problème, voir D.M. Armstrong, *A World of States of Affairs*, *op. cit.*, 10.41.
2. *Ibid.*, chap. 9, sect. IV ; D.M. Armstrong, *Les universaux*, Paris, Ithaque, 2010, chap. 3, sect. 2 en particulier.

survient sur l'existence des termes. En utilisant le modèle extensionnel pittoresque fourni par les mondes possibles, dans chaque monde dans lequel tous les termes existent, la relation se tient entre eux. Si comme je vais le défendre ensuite, ce qui survient n'est rien de plus ontologiquement que ce sur quoi il survient, alors une fois que les termes sont donnés, les relations internes n'ajoutent rien à l'ameublement du monde. Les relations externes sont celles qui ne sont pas internes et elles sont donc les relations ontologiquement importantes. Il faut néanmoins ne pas négliger le fait qu'étant donné cette définition purement négative de « externes », certaines relations externes, après analyse, se réduisent à un mélange de composants internes et purement externes.

La distinction entre les relations internes et externes se trouve dans Hume [1]. Mais la chose intéressante à propos de sa discussion est qu'il propose une taxonomie des relations qui semble très plausible (à quelques détails près), et il classe les relations sous seulement sept en-têtes. Quatre sont des espèces de relations entre idées, c'est-à-dire des relations internes. Ces espèces sont la ressemblance, la quantité et le nombre, les degrés de qualité et la « contrariété », cette dernière n'étant affirmée par Hume que pour l'appliquer aux idées d'existence et de non-existence. Nous devrions ajouter à cette liste l'identité et la différence et ce que Donald Williams [2] appelait les relations de « partition » : la relation de recouvrement et

---

1. D. Hume, *Traité de la Nature Humaine*, Paris, Garnier Flammarion, 1995, Livre 1, partie 1, sect. V « Les relations » et partie 3, sect. 1 ; *Enquête sur l'Entendement Humain*, Paris, Vrin, 2008, sect. IV, partie 1. (Dans *l'Enquête* il introduit la terminologie plutôt maladroite des « relations d'idées » et des « questions de fait ».)

2. D. C. Williams, « Necessary Facts », *Review of Metaphysics*, 1963, 16, p. 601-626.

la relation de la partie et du tout. En 2.32 du présent travail, nous avons défendu que les relations de partition étaient aussi des relations d'identité, bien que l'identité impliquée soit seulement *partielle*. La signification particulière de ces relations de partition apparaitra dans la prochaine section.

Il faut noter que les relations qui sont des relations d'idées selon la liste de Hume correspondent à la définition des relations internes, les particuliers impliqués devant être pris comme ayant leurs propriétés non-relationnelles. Les ressemblances par exemple dépendent des propriétés des choses ressemblantes. Si nous faisons abstraction des propriétés des particuliers alors à peu près aucune relation entre les particuliers n'est interne. Ce dont on a besoin, c'est du particulier épais par opposition au particulier fin, le particulier avec ses propriétés non relationnelles [1].

La question devient encore plus intéressante quand on en arrive aux relations externes. Ici Hume ne pense qu'aux relations spatio-temporelles, à « l'identité » et à la causalité. Par identité, dans ce contexte, il entend l'identité des objets changeant dans le temps, ce qu'il est loin de considérer comme une identité authentique. (Dans la terminologie de son essai, dérivée de celle de Joseph Butler, c'est une identité « relâchée ». Hume l'appelle l'identité « feinte ».) Puisqu'il analyse cette identité relâchée en termes de ressemblance, de continuité spatio-temporelle et de causalité, il n'admet réellement que deux sortes fondamentales de relations externes : la relation spatio-temporelle et la causalité. Et même la dernière, au moins selon une interprétation orthodoxe et courante de Hume, il la réduit à une succession régulière. Je m'oppose à la réduction de

---

1. Voir D.M. Armstrong, *A World of States of Affairs*, *op. cit.*, 8.3.

la causalité à une succession régulière, mais c'est une thèse plausible *a posteriori* que toutes les relations externes soit spatio-temporelles ou causales[1]. S'il y a des lois de la nature qui sont irréductiblement non causales, alors la connexion nomique de cette espèce non causale sera une espèce supplémentaire de relation externe. Mais il se pourrait bien que les lois *fondamentales* soient toutes causales de telle sorte que la thèse minimaliste de Hume ne soit pas falsifiée par l'existence de ces lois.

Dans ce travail néanmoins, nous nous séparons de Hume en soutenant qu'il existe une autre espèce de relation externe. Je montrerai au chapitre 13 (en suivant Russell) que les états de choses, ou les faits, de *totalité* sont requis pour compléter une ontologie des états de choses. (Un énorme avantage sera que ceux-ci nous délivrent du besoin d'accepter des états de choses négatifs.) Ces faits, comme je le montrerai, sont mieux conçus comme une totalité ou une relation T, une relation externe, se tenant entre un terme adapté, tel *être un éléphant*, et un certain agrégat, un certain tout méréologique (l'agrégat des éléphants).

Mais en laissant à part les états de choses de totalité, il semble vrai que toutes les autres relations externes puissent être analysées en termes de relations causales et spatio-temporelles. Il ne s'en suit pas que ces dernières soient ontologiquement fondamentales. Il y a d'abord la question de savoir si l'une peut être analysée, conceptuel-lement ou empiriquement, en termes de l'autre. Comme nous venons juste de le noter, les humiens, au sens actuel du terme, chercheront à donner un compte-rendu de la causalité en termes de succession régulière. Ils ont besoin

1. E. Fales, *Causality and Universals*, London-New York, Routledge, 1990, chap. 10.

d'états de choses quantifiés universellement et ce sont en réalité des états de choses de totalité. Mais, même en leur concédant ce point, pour les humiens, la causalité est éliminée en tant qu'espèce fondamentale de relation. Plus séduisante je pense est la tentative de donner un compte-rendu de certaines relations temporelles, et peut-être possiblement de toutes mais sans grande plausibilité, en termes de causalité. En particulier, la direction du temps – du passé vers le futur, une direction qui n'a pas de parallèle dans le cas de l'espace – pourrait peut-être être analysée en termes causaux.

Mais nous ne sommes pas limités à cette tentative de compte-rendu des relations spatio-temporelles en termes de relations causales, ou des relations causales en termes de relations spatio-temporelles. Il pourrait être le cas (« pourrait » au sens épistémique) qu'une ou bien les deux sortes de relations soient constituées par des relations encore plus fondamentales, désignées peut-être par des termes théoriques propres à des théories pas encore développées. Les relations spatio-temporelles (et plus généralement l'espace-temps), plutôt que la causalité, semblent les candidates naturelles pour être soumises à de telles analyses scientifiques. Si parmi les relations (externes) auxquelles nous avons réellement accès, l'une est ontologiquement fondamentale, alors je suppose que c'est la causalité. Peut-être est-ce le ciment de l'univers.

3) Les vérifacteurs pour les relations internes

Les vérifacteurs pour les relations, comme il a été montré, ne sont rien d'autre que les termes de la relation. J'avance maintenant une hypothèse. Dans chaque cas de relation interne, la relation est déterminée par rien d'autre que l'identité ou la différence de ces vérificateurs. L'identité peut être simplement l'identité partielle qui est, bien sûr, en même temps une différence partielle.

Ainsi, considérons la ressemblance. Pour ceux d'entre nous qui acceptent les universaux, dans le cas le plus simple, c'est une question de particuliers ressemblants instanciant le même et identique universel. La ressemblance survient sur ces états de choses et il semble facile d'accepter que la ressemblance ne vienne pas, telle une addition ontologique, en plus des états de choses eux-mêmes.

Les choses deviennent plus controversées quand, disons, deux universaux déterminés se ressemblent en tombant sous un seul prédicat déterminable. Mais si aucun universel déterminable ne correspond à ce prédicat, alors nous avons montré [1] que le vérificateur pour la ressemblance est l'identité partielle des universaux déterminés. C'est la difficulté à suivre cette voie pour les quantités intensives fondamentales qui nous avait conduit [2] à jeter un doute sur l'existence de telles quantités.

Ce qui peut au moins être dit est que néanmoins, de très nombreuses relations internes ne sont fondées sur rien d'autre que l'identité ou la différence de leurs termes. Un défi serait à relever par ceux qui pensent qu'il existe des relations internes (telles que nous les avons définies) qui ne sont pas fondées ainsi. Le défi est de donner un compte-rendu des vérificateurs pour ces relations internes spéciales. Des états de choses nécessaires sont-ils requis ?

Un autre défi serait à relever par ceux qui voudraient substituer des tropes exactement ressemblants aux universaux identiques. Il est naturel de tenir les tropes

---

1. D.M. Armstrong, *A World of States of Affairs*, *op. cit.*, 4.13.
2. *Ibid.*, 4.22.

impliqués pour les vérifacteurs de la vérité qu'ils se ressemblent exactement. La ressemblance exacte semble survenir sur les tropes. Mais est-ce que cela peut être une survenance gratuite ontologiquement comme dans le cas des universaux ? Il ne semble pas. Les tropes ne peuvent être identiques, ils doivent être différents. Comment alors sont-ils le support d'une ressemblance exacte dans les cas spéciaux où il y a une ressemblance exacte ? Il semble que des « nécessités brutes », *non*-transparentes, seront à postuler *in re*.

4) Deux sortes de relation externe

Les relations dyadiques peuvent être symétriques, asymétriques ou non-symétriques. Les relations asymétriques seront laissées de côté ici parce qu'il y a une raison de penser que parmi les relations externes, celles qui sont à prendre au sérieux ontologiquement, aucune de ces relations dans les états de choses vrais ne sont asymétriques par nécessité[1]. Les relations symétriques et non-symétriques restent alors à considérer. Il apparaît qu'elles sont des sortes de choses très différentes.

Nous pouvons commencer en examinant l'affirmation de Grossmann[2], qui suit *Les Principes des Mathématiques* de Russell[3], selon laquelle chaque relation à une *direction*. (Russell l'appelle un *sens*.) Le prétendu fait que désignent Russell et Grossmann est que, dans les termes de ce dernier : « une relation vient avec un ordre défini parmi ses places. »

1. Voir D.M. Armstrong, *A World of States of Affairs*, *op. cit.*, chap. 9.

2. R. Grossmann, *The Categorical Structure of the World*, Bloomington, Indiana, Indiana UP, 1983, sect. 67.

3. B. Russell, *Les Principes des Mathématiques* (1903), trad. partielle dans *Écrits de Logique Philosophique*, Paris, P.U.F., 1989, p. 141.

Un tel ordre est clairement visible dans le cas des relations non-symétriques. Il y a un monde entre *a* aimant *b* et *b* aimant *a*.

Mais il semble faux de dire que *chaque* relation a une direction, au moins du point de vue clairement économique adopté dans ce livre, en particulier du point de vue de l'affirmation que ce qui survient n'ajoute aucun être. Pour nous, l'état de chose *a étant à un kilomètre de b* survient sur *b étant à un kilomètre de a* et vice-versa. Ceci nous engage à dire ce que le sens commun philosophique nous dicte, à chaque fois, que ce que nous avons ici n'est rien de plus qu'un état de choses auquel il est permis de se référer de deux manières différentes grâce au langage. Et ceci vaut donc pour toutes les relations qui sont symétriques par nécessité. En termes frégéens, il n'y a pas d'*ordre* dans les places des particuliers prévus pour être dans l'entité insaturée qu'est la relation. David Lewis m'a suggéré que le symbolisme approprié pour la relation nécessairement symétrique est un prédicat avec un sujet pluriel : ils (*a* et *b*) sont à un kilomètre l'un de l'autre.

Il peut être noté en passant que si *a* a une relation à *b*, alors, selon l'usage des logiciens, *b* a automatiquement la relation converse à *a*. Il n'y a pas non plus ici d'augmentation des êtres.

Donc les relations qui sont symétriques par nécessité n'ont pas de direction. Mais les relations non-symétriques ont une direction. Considérez *aime*. Si nous écrivons *a*A*b*, alors ce formalisme ne nous dit pas qui aime et qui est aimé. Ceci est à un certain degré caché dans le langage ordinaire parce que le mot « aime » indique que le nom avant le mot-relation est à prendre comme le nom de l'aimant. Mais pour faire la même remarque à propos du symbolisme formel, nous avons besoin, disons, d'indicer les places vides : $_1A_2$. Il devient alors clair que les relations symétriques et non-symétriques sont, ontologiquement, deux sortes différentes de relation.

Ce n'est pas la seule différence entre ces deux sortes de relation. Considérez une relation dyadique typique, externe et symétrique, tel que *être à un kilomètre de distance de*, une relation, en outre, qu'il est raisonnable de tenir pour fondamentale ontologiquement parlant. Opposez la à une relation tel que *avant*. Une distance est une quantité et pourrait même être comprise comme une *propriété* non-relationnelle de l'étendue entre ses termes. Mais *avant* ne peut pas être compris comme une propriété. En général, les relations non-symétriques semblent être, si l'on peut le dire ainsi, les relations les plus véritablement relationnelles.

Il est probable qu'il y ait plus et même bien plus à dire à propos de l'ontologie des relations bien que ma propre inspiration est épuisée à ce stade. Les relations en tant que distinctes des propriétés relationnelles, sont entrées en scène très lentement. Il en résulte que leur ontologie n'est pas un thème à propos duquel un grand nombre de conclusions positives ont été atteintes.

5) LES PROPRIÉTÉS RELATIONNELLES

Il faut faire une distinction assez importante, pas si importante ontologiquement mais importante pour la mise en forme et la discussion de nombreuses questions, entre les relations et les propriétés relationnelles. Une relation est polyadique par nature, se tenant entre deux termes ou plus. Nous pouvons nous cantonner ici, uniquement pour des raisons de simplicité, aux propriétés relationnelles associées aux relations dyadiques. De telles propriétés relationnelles sont, en apparence, quelque chose de monadique : elles sont attachées à un seul particulier. Ainsi, *être un père* est une propriété relationnelle tandis que *être père de* est une relation.

Une propriété relationnelle de cette sorte doit être comparée avec une propriété non-relationnelle ou, comme il est parfois dit, intrinsèque. (Bien qu'il existe toujours une tendance chez les philosophes à comprendre une « propriété intrinsèque » comme une propriété *essentielle*, une notion dont la métaphysique actuelle ne fera qu'un usage limité. Ceci m'incite à préférer et à utiliser une expression qui sonne étrangement « propriété non-relationnelle ».) C'est souvent très important de distinguer les propriétés non-relationnelles des propriétés relationnelles dans certaines enquêtes ontologiques, par exemple, lors de la discussion de la thèse ou des thèses de l'identité des indiscernables, l'idée que la mêmeté de toutes les propriétés mène à la mêmeté des particuliers qui ont les propriétés [1]. C'est aussi souvent très important de découvrir (la science ou la philosophie ou bien encore les deux étant impliquées) si une propriété particulière est ou n'est pas relationnelle, par exemple, si *mesurer* est une propriété relationnelle ou non-relationnelle.

Un autre point est celui-ci. Comme nous l'avons noté, les métaphysiques grecque et scolastique trouvaient très difficile de se concentrer sur les relations et ont constamment essayé d'assimiler le fait d'avoir des relations à la possession par les termes reliés de propriétés relationnelles. Mais il semble que cette assimilation est bonne dans le cas des relations *internes*. Étant donné que de telles relations surviennent sur l'existence de leurs termes, étant donné

---

1. D.M. Armstrong, *Nominalism and Realism*, Cambridge, Cambridge UP, 1978a, chap. 9, sect. 1.

ceci c'est-à-dire que la relation est nécessitée par les termes, il est juste de penser que de telles relations sont assimilables à des propriétés des termes (pris ensemble). Le seul problème est que les relations internes, à cause de leur survenance, ne sont pas la sorte de relations sur laquelle nous devrions nous focaliser en ontologie. Si cela est correct, alors l'erreur grecque et scolastique était basée sur un certain degré de clairvoyance réelle et ainsi elle devient plus excusable.

Mais tout comme les relations internes surviennent sur leurs termes, les propriétés relationnelles surviennent sur les états de choses. En effet, deux sortes différentes de propriétés relationnelles pourraient être distinguées et chacune survient. Si a a R avec b et si b est un G, alors a a une propriété relationnelle d'*avoir R avec un G*, cette propriété survenant sur ces deux états de choses. Si R et G sont tous les deux des universaux, alors cette propriété relationnelle se révèlera être un universel elle-même. Ce pourrait même être une propriété qui a des effets causaux importants. Nous pourrions l'appeler une *pure* propriété relationnelle. Mais *avoir R avec b* pourrait aussi être, et est souvent, décrite comme une propriété de a. Ce n'est pas un universel parce qu'elle implique essentiellement le particulier b. Mais elle a ou pourrait avoir *une* des propriétés importantes des universaux. C'est un « multi-prédicable ». Si R est un universel, la propriété relationnelle est même strictement identique dans ces « instanciations » variées. Mais elle survient sur aucun état de choses dans lequel quelque chose a R avec b. Nous pouvons l'appeler une propriété relationnelle *impure*.

Une propriété relationnelle qui est habituellement sans importance spéciale ontologiquement est celle « générée » par une relation *interne*. (Par exemple, 4 ayant la propriété relationnelle d'*être plus grand que 3*.) C'était attendu si les relations internes ne sont rien d'autre au-dessus et autour des termes. Une sorte de double survenance a lieu. La propriété relationnelle survient sur le fait d'avoir la relation interne, et la relation interne survient sur les termes.

Un point utile de terminologie a été introduit par Andrew Newman[1]. Il parle d'une propriété relationnelle de quelque chose en tant qu'une *réduction monadique* de la relation de cette chose à quelque chose d'autre. Nous devons suivre son usage de temps à autre. C'est particulièrement utile dans les cas où il y a controverse quant à savoir si nous avons affaire à une propriété authentique ou simplement une relation à quelque chose d'autre. Newman pense que la *force* exercée par un corps est une réduction monadique de sa relation causale à l'effet de la force. La véritable force, affirme-t-il, est la relation-force. Nous sommes en réalité en désaccord avec lui, en arguant[2] que la force *est* une propriété du corps-exerçant-la-force, bien qu'elle soit une propriété qui est désignée sémantiquement *via* ses effets potentiels (Catégorialisme) ou bien même liée essentiellement à ces effets (Dispositionnalisme). Mais cette dispute à propos des faits ne rend pas moins utile la terminologie.

6) L'ÉPISTÉMOLOGIE DES RELATIONS

Nous avons remarqué la confusion ontologique à propos des relations que l'on peut trouver dans l'ensemble de la tradition philosophique occidentale jusqu'à récemment. En effet, j'ai suggéré que cette confusion était responsable

1. A. Newman, *The Physical Basis of Predication*, Cambridge, Cambridge UP, 1992, p. 197.
2. D.M. Armstrong, *A World of States of Affairs*, *op. cit.*, 5.5 et 5.6.

de l'émergence tardive des ontologies factualistes. Un résultat naturel de cette confusion ontologique fut que l'épistémologie des relations était elle aussi confuse. En particulier, cela se révéla difficile pour les philosophes d'admettre que les relations sont aussi directement perçues que les qualités.

Mais une fois cette erreur ontologique corrigée, l'épistémologie peut elle aussi être corrigée. William James fut un pionnier, comme je l'ai appris de John Anderson lors de mes premières années d'université. Dans les essais II et III de son *Empirisme Radical*[1], James défend l'argument selon lequel les relations sont données dans l'expérience aussi bien que les qualités. C'était l'aspect radical de son empirisme. Nous pouvons traduire ceci ainsi : les états de choses impliquant des relations, les états de choses polyadiques, sont donnés dans l'expérience aussi bien que les états de choses avec un sujet et un attribut, les états de choses monadiques. Dans l'essai VI, James défend l'argument que même les relations de causalité sont directement expérimentées et nous le suivons sur ce point[2].

---

1. W. James, *Essais d'empirisme radical* (1912), Paris, Flammarion, 2007.
2. D.M. Armstrong, *A World of States of Affairs*, *op. cit.*, 14.6.

KEVIN MULLIGAN [1]

LES RELATIONS – ENVERS ET CONTRE TOUT

> Nulle partie de la philosophie n'a fait l'objet d'une enquête
> aussi complète et soigneuse ou, plutôt, nulle partie de la
> philosophie n'a été aussi définitivement établie que la
> théorie des relations. William Hamilton (1870)

1. LES RELATIONS AVANT ET APRÈS RUSSELL

La découverte de la logique des relations, que nous
devons à de Morgan, Schröder, Peirce, Frege et Russell,
a changé la face de la philosophie. Ce n'est que cela : la
logique des relations, de toutes les relations. Quels que
soient les termes que vous admettez

> choses, personnes, nombres, vertus, tropes, universaux,
> masses, *possibilia*, objets arbitraires, objets incomplets,
> objets fictifs, trous, vagues, objets au-delà de l'être et du
> non être,

et quelles que soient les relations que vous admettez,

> externes, internes, fondées, relations comme universaux,
> relations comme tropes, relations dépendantes de l'esprit,
> relations indépendantes de l'esprit, relation simples,

1. Traduction par S. Dunand « Relations – through thick and thin »,
Erkenntnis, Analytical Ontology, 1998, p. 325-353.

> relations complexes, relations sociales, relations amicales, relations psychologiques,

la logique des relations vous donne leurs propriétés formelles et la logique de vos propositions relationnelles.

Un aspect négligé de cette révolution fut la prééminence accordée à un certain type de relation auquel on accordait, semble-t-il, peu d'attention avant cette découverte. Russell, en particulier, semble avoir été responsable du changement dans l'emploi d'exemples qui nourrissent désormais la réflexion philosophique sur les relations. A force de propagande répétée et efficace, Russell a attiré l'attention des philosophes sur la catégorie des propositions relationnelles *épaisses*, *singulières* et *contingentes*, telles que

> *a* a tué *b*
>
> *a* aime *b*
>
> *a* donne *b* à *c*

et donc, du même coup, sur leurs vérifacteurs. Dans ce qui suit, je vais décrire sommairement cette transition en vue de formuler une thèse qui peut être attribuée à Russell. En gros, cette thèse est qu'il y a des vérifacteurs relationnels irréductiblement épais [1]. Je mentionne ensuite quelques arguments qui, s'ils réussissent, jettent un doute sur la thèse de Russell selon laquelle il y a des relations épaisses : le genre de choses à même de rendre vrais des porteurs de vérités contingents et épais. *Il y a*, bien sûr, des entités irréductiblement relationnelles ; les relations ne peuvent être réduites, comme Russell l'a montré en s'appuyant sur certaines caractéristiques fondamentales des relations mises

---

1. Sur la notion de vérifaction employée ici, *cf.* K. Mulligan, P. Simons, B. Smith, « Truth-Makers », *Philosophy and Phenomenological Research*, 1984, vol. XIV, n° 3, p. 287-321, trad. B. Langlet, J.-F. Rosecchi, *Études de philosophie*, n° 9-10, 2008-2011, p. 104-138.

au jour par la logique des relations : leurs propriétés d'ordre. Mais je suggère qu'il n'y a aucune relation irréductiblement épaisse. Si cette suggestion est correcte, elle revient à défendre une position très proche de la philosophie pré-russellienne des relations, mais cette défense n'entame en rien la découverte de la logique des relations ni la thèse selon laquelle les relations sont irréductibles.

Ma description de la découverte de Russell contient une seule expression inhabituelle : « épaisse ». Qu'est-ce qu'une relation épaisse ?

Considérons les prédications monadiques suivantes : « Sam est heureux », « Sam est un homme », « Sam est un objet ». Il y a intuitivement une différence entre, d'une part, être heureux ou être un homme et, d'autre part, être un objet. En me fiant pour le moment à cette intuition, je dirai que les prédications de la première sorte utilisent des prédicats épais et que les prédications de la seconde sorte utilisent des prédicats fins. Considérons maintenant les deux séries de prédications relationnelles suivantes :

Sam aime Marie
Sam préfère Marie à Erna
Edimbourg est au nord de Londres
Marie frappe Sam
Marie est mariée à Sam
Marie est plus heureuse qu'Erna

Sam est l'amoureux de Marie.
Le bonheur inhère en Sam.
Sam exemplifie le bonheur.
3 est supérieur à 2
L'orange est entre le rouge et le jaune
Marie ressemble à son père
P implique Q

Ici aussi, il y a une différence intuitive entre les prédicats relationnels épais – la première série – et les prédicats relationnels fins – la seconde série. Je me fierai, pour l'instant, à une distinction *totalement intuitive* entre les prédicats, concepts et vérifacteurs relationnels épais et les prédicats, concepts et vérifacteurs relationnels fins. Bien que, je l'espère, la plupart d'entre nous diviserons les exemples précédents de ces deux manières, il existe des cas où les intuitions divergent, par exemple :

La feuille est une partie de la plante.
La feuille occupe la région *r*.

Dans la section 4, j'essaierai d'établir cette distinction sur des appuis plus fermes et je considérerai, chacune à leur tour, les interprétations de la distinction entre épais et fins grâce aux distinctions *neutre quant à l'objet/partiale quant à l'objet, formelle/matérielle* et *interne/externe*. La thèse que je veux examiner est celle-ci : *supposons qu'il y ait des prédications irréductiblement relationnelles impliquant des concepts irréductiblement « épais ». Ce qui rend ces prédications vraies n'implique aucun universel ou trope épais. Plutôt, les seuls vérifacteurs pertinents sont des relations fines ainsi que des propriétés ou des tropes monadiques et leurs porteurs. Même si je ne donnerai pas d'analyse générale de ce que sont les relations fines par opposition aux relations épaisses (ou aux concepts épais), toutes les relations fines que j'invoquerai peuvent être caractérisées comme des relations internes.* Mon examen restera spéculatif, pour au moins deux raisons. D'abord, défendre cette thèse reviendrait à défendre une métaphysique complète. Je me contenterai donc d'indiquer les arguments de la littérature qui, s'ils réussissent, supportent la thèse. Ensuite, la thèse que j'examine est destinée à éclairer les différences entre les théories des relations avant et après Russell. Mais on ne trouvera pas ici un travail détaillé d'histoire de la philosophie.

De façon générale, les philosophes avant Russell se focalisent-ils sur la catégorie des relations fines ?

2. DES RELATIONS PRÉ-RUSSELLIENNES FINES

Aristote parle de relatifs plutôt que de relations. Irwin résume ses conceptions de la façon suivante :

> Un relatif est essentiellement le relatif « de » quelque chose d'autre dont il est le corrélatif (par exemple, double et moitié, grand et petit, maître et esclave...). Il ne faut pas dire qu'un gouvernail est le gouvernail d'un bateau ou qu'une aile est l'aile d'un oiseau ; nous devons dire que les corrélatifs sont le gouverné et l'ailé (*Catégories*, 6b36-7a22). Cette corrélativité s'applique aux descriptions et non à l'existence des choses décrites. La connaissance et le connaissable, la perception et le perceptible sont corrélatifs, mais le connaissable et le perceptible peuvent exister sans être connu ou perçu (7b15-8a12)[1].

Si l'on utilise le langage des propriétés, l'une des affirmations peut être formulée ainsi

> Les maîtres et les esclaves sont corrélatifs.

La propriété d'être un corrélatif est une propriété fine. Dans le langage des relations, l'affirmation peut être formulée comme suit :

> Les maîtres requièrent des esclaves et les esclaves requièrent des maîtres.

---

1. T.H. Irvin, *Aristotle's First Principles*, Oxford, Clarendon Press, 1990, p. 71, *cf.* p. 511.

On peut l'interpréter ainsi :

> Si quelque chose est un esclave alors quelque chose est un maître et si quelque chose est un maître alors quelque chose est un esclave.

Mais on pourrait également penser que « requiert » nous renvoie ici à des relations de dépendance existentielle entre des substances sous une description (ce que nous appellerons plus loin la « dépendance générique ») plutôt qu'à des relations logiques entre propositions. Si « requiert », « dépend de », « corrélé avec » et « implique » sont des prédicats relationnels, ce sont des prédicats fins.

Les relations catégoriques réelles – par opposition aux relations de raisons – étudiées par Thomas d'Aquin sont :
les relations dont les fondations sont des quantités,
– égalité, inégalité, plus blanc que, moins chaud que
les relations dont les fondations sont des actions et des passions ou des puissances actives et passives
– la relation entre ce qui chauffe et ce qui est chauffé.
On dit qu'il tenait ces relations pour des corrélatifs ou des relations mutuelles au sens d'Aristote [1].

Seules l'identité et la différence ainsi que la ressemblance et la dissemblance sont appelées relations par Hobbes (*De corpore*, p. II, X, § 3). Locke commence par appeler relations les idées que « l'esprit obtient par … comparaison » mais il dit aussi qu'une relation est « une façon de comparer ou de considérer deux choses ensemble » (*Essai*, II, chap. xxv). Il dit qu'une relation n'est pas contenue dans

---

1. M.G. Henninger, *Relations. Medieval Theories 1250-1325*, Oxford, Clarendon Press, 1989, chap. 2.

l'existence réelle d'une chose mais qu'elle est quelque chose d'« extérieur et de surajouté ». Il passe en revue de nombreux exemples de « corrélatifs » : « *père* et *fils*, *plus grand* et *plus petit, cause* et *effet* ». Quand il dit qu'entre de tels termes relatifs il y a une « supposition réciproque » et parle de « cette marque évidente de la relation entre les corrélats, qui semblent se justifier l'un l'autre et ne pouvoir exister qu'ensemble », il semble avoir à l'esprit la relation fine de réquisition ou de dépendance. Il dit également, toutefois, que certaines relations ont un nom et il ne pense vraisemblablement pas à la relation de dépendance ou de coexistence. Le passage où il est le plus près de considérer une relation épaisse est le suivant, qui apparaît dans le contexte d'une défense de la thèse selon laquelle les idées de relation peuvent être plus parfaites et distinctes que nos idées de leurs termes et plus généralement des substances [1] :

> Par exemple, parce que je sais que l'une a pondu l'œuf dont l'autre est sorti, j'ai une idée claire de la relation de mère à poussin entre les deux casoars du parc de St. James, même si je n'ai sans doute qu'une idée très obscure et imparfaite des oiseaux eux-mêmes. (*Essai*, II, chap. XXV).

On peut soutenir que Locke a ici à l'esprit au moins les prédicats relationnels suivants :
– a pondu –
– est sorti de –
– est la mère de –
– est un poussin de –
(les mères) requièrent (les poussins) et sont requis par eux.

---

1. La thèse connexe relative aux relations et à nos idées de relations sera défendue beaucoup plus tard par les psychologues gestaltistes et Scheler.

Locke distingue non seulement les relations et leurs *relata* mais aussi les *relata* et la fondation ou l'occasion d'une relation, comme lorsqu'un contrat ou une cérémonie de mariage fournit la fondation de la relation de mari et femme. Sa liste de relations est délibérément incomplète mais elle revient néanmoins à : cause et effet, temps, espace, extension, identité et différence (où les termes de l'identité sont une chose à un temps et la même chose à un autre temps), comparatifs (graduels), les relations naturelles comme la parenté, les relations instituées ou volontaires et morales. Comme Meinong l'indiquait [1], l'analyse lockéenne de la connaissance est en réalité un prolongement de son analyse des relations. Les quatre types d'accords qui constituent la connaissance sont l'identité et la différence des idées, leur accord, leur coexistence dans un sujet, ainsi que l'accord entre l'existence réelle et les idées. La comparaison et l'accord, comme la coexistence et les corrélations, sont des relations fines.

Leibniz, dont chaque concept contient une relation (*Nouveaux Essais* II, 25, 10), prend effectivement en compte les propositions relationnelles épaisses singulières. Mais son analyse de ces dernières nous renvoie à une relation (un concept ou une propriété) fine :

a aime *b* ssi

a est un amoureux dans la mesure où *b* est aimé [2].

Au § 9 de la *Begriffsschrift*, Frege discute les exemples suivants :

L'hydrogène est plus léger que le dioxyde de carbone

L'oxygène est plus léger que le dioxyde de carbone

---

1. A. von Meinong, « Hume-Studien II : Zur Relationstheorie » (1882), *Gesamtausgabe*, 1971, Bd. II, § 5.

2. M. Mugnai, *Leibniz' theory of relations*, Stuttgart, F. Steiner, Studia Leibnitiana, 1992, supplementa, vol. 28.

L'azote est plus léger que le dioxyde de carbone
Caton tue Caton (*Cf.* section 3)
Frege dit que de la substitution d'« hydrogène » par
« oxygène » dans le premier exemple, ou en substituant
« azote » à « oxygène » dans le second exemple, il résulte
que :

> [...] « oxygène » ou « azote » [sic] sont dans la relation
> où se trouvait préalablement « hydrogène ». Si nous
> pensons qu'une expression peut être changée de cette
> manière, elle se sépare en un constituant constant qui
> représente la totalité des relations, et en un signe dont
> on pense qu'il peut être remplacé par d'autres signes et
> qui signifie [*bedeutet*] l'objet se trouvant dans ces relations.
> J'appelle fonction le premier composant et argument de
> cette fonction le second. Cette distinction n'a rien à voir
> avec le contenu conceptuel, elle provient seulement du
> fait que nous adoptons un point de vue particulier sur
> l'expression.

On ne voit pas bien ici ce qu'est supposé être la relation
entre une totalité de relations et une fonction. Mais il est
clair que Frege appelle ici relation ce qu'on appelle parfois
une « propriété relationnelle », par exemple *être plus léger
que le dioxyde de carbone*. Autrement dit, quand Frege
parle ici d'un objet entretenant une relation, il ne pense
pas à l'hydrogène entretenant la relation d'être plus léger
que le dioxyde de carbone, mais plutôt à la propriété de
l'hydrogène d'être plus léger que le dioxyde de carbone[1].

---

1. Cela est dû au fait que l'usage frégéen de la distinction (aux allures
bolzanienne) entre « une partie qui apparaît invariante » et une partie
remplaçable » est lié à sa conception radicale de la relation entre la forme
logique et la forme « ontologique » et à ses affirmations du § 9 selon
lesquelles la fonction est à la fois une entité linguistique et quelque chose
tel que « il y a différentes façons de considérer le même contenu conceptuel
comme une fonction de… »

Frege relève dans le § 9 l'existence de corrélatifs tels que *plus lourd-plus léger*, *donner-recevoir*, *actif-passif*. Mais, à la différence de bon nombre de ses prédécesseurs, il s'intéresse ici à la catégorie des porteurs de vérité singuliers relationnels épais, non aux affirmations générales selon lesquelles si quelqu'un donne, quelqu'un reçoit, etc.

Au § 70 des *Grundlagen*, Frege se rapproche plus près encore de la façon de parler des relations qui sera ensuite popularisée par Russell, à savoir comme de quelque chose entre les choses (mais sans bien sûr se rapprocher de la philosophie russellienne de ce qu'est une relation) :

> En séparant *a* et *b* du contenu jugeable qui traite d'un objet *a* et d'un objet *b*, nous obtenons comme reste un concept relationnel [*Beziehungsbegriff*], lequel réclame un double complément (Cf. *Grundgesetze*, § 4).

Il poursuit en comparant cette analyse de :

> La terre a une plus grande masse que la lune

et les deux analyses qui produisent les concepts « avoir une plus grande masse que la lune » et « avoir une masse plus petite que la terre ».

> Chaque paire d'objets mis en correspondance se rapporte au concept de relation – on pourrait dire en tant que sujets – comme un objet particulier se rapporte au concept sous lequel il tombe. Nous avons ici un sujet composé [*ein zusammengesetztes*][1] [...]
> Comme le concept simple, le concept relationnel appartient donc à la logique [...]. De même :

---

1. Dans la dernière phrase, la formulation de Frege est compatible avec celle que Russell attribue au monisme, une thèse que Russell rejette.

« *a* tombe sous le concept F »
est la forme générale d'un contenu qui peut être jugé et
qui porte sur un objet *a* ; si bien que l'on peut tenir
« *a* est dans la relation φ à *b* »
comme la forme générale d'un contenu qui peut être jugé
et qui porte sur les objets *a* et *b*.

Ce passage contient une première formulation purement
générale de la logique des relations (binaires) et de sa
relation à la logique des prédicats monadiques. Il touche
également à un sujet central pour ce qui va suivre. Car
Frege note ici que la forme logique des concepts relationnels
doit être distinguée du « contenu particulier de la relation ».
« Tomber sous » est une « relation logique » [1].

J'ai dit qu'il est difficile de déterminer clairement ce
que la relation entre une fonction frégéenne de 1879 et les
relations est supposée être. Ce qui n'est pas clair, pour moi
du moins, est ce que la relation est supposée être quand
les fonctions deviennent des valeurs sémantiques insaturées.
Mais Russell a raison de dire que Frege « considère les
fonctions …comme plus fondamentales que les prédicats
et les relations » (PoM, § 480). Car, comme le dit Frege
dans « Funktion und Begriff », une relation est une fonction
dont la valeur est toujours une valeur de vérité ; d'une
fonction dont les valeurs sont des nombres, il dit, « Nous
ne devrons donc pas appeler cela une relation ». Étant
donné l'hypothèse que les relations sont des fonctions, on
comprend pourquoi Frege veut nier que toute fonction soit
une relation. La sémantique, pense-t-il, est préalable à

---

1. *Cf.* B. Russell, *The Principles of Mathematics* (1903) (abrégé
PoM), traduction partielle *Les Principes des Mathématique* dans *Écrits
de Logique Philosophique*, Paris, P.U.F., 1989, § 53.

l'ontologie [1]. Ce qui est moins clair – pour moi –, c'est pourquoi Russell (*ibid.*) s'accorde si facilement avec Frege.

Russell est tout à fait clair sur le fait que dans son *Leibniz*, dans *The Principles of Mathematics* et ailleurs, il a remarqué quelque chose que les philosophes avaient souvent négligé :

> Même parmi les philosophes, nous pouvons dire qu'en règle générale seuls les universaux nommés par des adjectifs ou des substantifs ont été largement ou souvent reconnus, tandis que ceux nommés par des verbes et des prépositions ont généralement été négligés [2].

Comme il l'a dit dans PoM (§ 48), « les concepts … indiqués par des verbes… sont toujours ou presque toujours des relations » ; « tous les verbes, sauf peut-être *est*, expriment des relations » (titre du § 53). Ici, il soutient également qu'il n'y a pas de tropes relationnels : « les relations n'ont pas d'instances, mais sont strictement les mêmes dans toutes les propositions où elles apparaissent » (§ 55) et, plus loin, il dit qu'il n'y a pas de tropes monadiques. Les verbes transitifs – quoi que nous pensions de la conception russellienne des verbes intransitifs (*Cf.* PoM § 48) – expriment généralement des concepts relationnels épais. L'exemple de Russell est « Felton tua Buckingham » (§ 52).

---

1. Pour mettre l'accent sur la relation entre la sémantique et l'ontologie chez Frege, on peut considérer une énigme relative à sa conception de l'ontologie des relations psychologiques. Saisir et juger sont des particuliers psychologiques appartenant au deuxième monde. Mais les valeurs sémantiques des sens de « juger » et « saisir » utilisés dans des phrases sont des concepts. Il existe plusieurs façons de réconcilier ces deux affirmations, mais on voit mal laquelle Frege tient pour compatible avec son système.

2. *Problèmes de philosophie* (1912) (abrégé PP), Paris, Payot, 1989, p. 118 (trad. modifiée).

Bien que Russell ait attiré l'attention philosophique sur les faits relationnels singuliers épais, ses propres systèmes, comme ceux de Nicod, Carnap et Goodman, etc., sont, bien sûr, caractérisés par une forte utilisation des relations fines : similarités de différents types, relations d'équivalence, etc.

Dans une large mesure, le type de proposition relationnelle singulière épaisse que Frege et Russell ont porté à l'attention des philosophes doit sa découverte à l'adoption par ces philosophes d'une nouvelle façon d'analyser les propositions singulières. La prééminence naturelle des relations fines dans la tradition est donc peut-être liée à la divinisation de la copule et à l'incapacité de distinguer suffisamment entre les noms propres et les noms communs.

3. Comment se passer des relations épaisses

Les affirmations philosophiques selon lesquelles les entités d'une certaine sorte sont superflues, si bien qu'on peut s'en passer ou s'en débarrasser, sont souvent des affirmations selon lesquelles un type d'entités peut être réduit à un autre type. On pourrait en effet présenter ainsi la thèse que je vais étudier. Elle impliquerait de soutenir qu'il y a des relations épaisses, mais qu'elles peuvent être construites à partir de relations fines et de propriétés monadiques. C'est en effet la thèse qui a ma préférence. Mais la philosophie de la réduction et de l'analyse est une affaire compliquée. J'adopterai donc une stratégie différente, un peu moins (?) controversée, qu'on peut présenter à l'aide d'un exemple familier.

Il est clair que :

Sam est grand

a la forme grammaticale superficielle d'une prédication monadique. Pour ceux d'entre nous qui croient qu'une telle prédication a un vérifacteur, il semble que ce dernier soit une relation[1]. Quel est (sont) exactement l'autre (les autres) terme(s) de la relation est rien moins que clair. Mais ce qui rend la prédication vraie est sûrement l'obtention d'une relation entre Sam et quelque chose d'autre. Si cela est juste, alors la forme grammaticale de la prédication et la forme de son vérifacteur sont différentes. Le véritable vérifacteur n'est pas celui suggéré par la forme grammaticale du porteur de vérité, la possession par Sam d'une propriété monadique.

De manière presque analogue, les applications de la thèse que je veux examiner prendront toutes la forme d'une affirmation selon laquelle l'utilisation d'un prédicat relationnel épais suggère faussement que le vérifacteur correspondant implique une relation épaisse. En réalité, dans chaque cas, le véritable vérifacteur est une relation fine. Dans ce qui va suivre, c'est ce que veut dire « se passer des relations épaisses ». Les affirmations de ce type sont indépendantes des affirmations selon lesquelles la forme logique d'un porteur de vérité quelconque n'est pas ce qu'elle semble être[2] (que, par exemple, « Sam est grand » est en réalité de la forme « Sam est plus grand que »), mais elles sont en général compatibles avec elles.

Il existe au moins deux analyses ontologiques familières des relations épaisses et des propriétés monadiques épaisses.

1. Mais *cf.* G. Evans, *Collected Papers*, Oxford, Clarendon Press, 1985.
2. *Cf.* K. Mulligan, P. Simons, B. Smith, « Truth-Makers », *op. cit.*; K. Mulligan, « From Appropriate Emotions to Values », *Secondary Qualities Generalized*, P. Menzies (ed.), *The Monist*, 1998, vol. 81, n° 1, p. 162-190.

Celle selon laquelle ce sont des universaux et celle selon laquelle ce sont des tropes. La première est celle de Russell (PP). Selon sa variante de cette analyse, les universaux monadiques et relationnels n'ont pas besoin d'être exemplifiés. D'après une autre variante de cette conception, les propriétés monadiques et les universaux relationnels sont toujours exemplifiés [1]. Tous ces philosophes admettent à la fois des relations fines telles que l'identité et la similarité et des relations épaisses comme l'amour.

La seconde analyse a été défendue par plus d'un philosophe et même par le premier Russell. Selon cette thèse, une frappe relationnelle, particulière – au moins une – connecte Marie et Sam s'il est vrai qu'elle le frappe. Cette frappe est numériquement distincte de toutes les autres frappes, quelles que soient les relations de ressemblance qui existent entre celles-ci et celle-là. Supposons ainsi que

Erna voit Marie frapper Sam.

Alors la thèse selon laquelle les relations sont des tropes et un style familier d'analyse des infinitifs nus (*naked infinitives*) se combinent pour suggérer qu'il y a au moins un épisode de frappe vu par Erna dont Marie est l'agent et Sam la victime qui dépend de Marie et Sam. Cet épisode est un trope relationnel épais [2].

---

1. D.M. Armstrong, *Les universaux*, *op. cit.* ; E. Tegtmeier, *Grundzüge einer kategorialen Ontologie. Dinge, Eigenschaften, Sachverhalte*, Freiburg, Alber, 1992 ; I. Johansson, *Ontological Investigations*, Frankfurt, Ontos Verlag, 2004.

2. *Cf.* P. Simons, « Tropes, Relational », *Conceptus*, 2005, 35, p. 53–73 ; K. Mulligan, « From Appropriate Emotions to Values », *op. cit.* ; B. Smith, « On Substances, Accidents and Universals : In Defence of a Constituent Ontology », *Philosophical Papers*, 1997, 27, p. 105-127.

Selon Henninger [1], l'« hypothèse principale de la controverse médiévale tardive sur les relations est qu'une relation réelle est un accident aristotélicien [2] », c'est-à-dire, si cette interprétation traditionnelle d'Aristote est vraie, un trope relationnel. Mais les relations réelles qui constituent l'objet de la dispute semblent avoir été principalement des relations fines – « Relation als Vergleich » comme le dit le titre de la récente étude de la théorie des relations de Buridan dans son contexte scolastique de Schönberger [3].

Bien sûr, les partisans contemporains des tropes relationnels se demandent également si les relations fines sont des tropes, si elles sont des universaux (comme le préconisait Russell), si elles sont les deux (comme le préconisait Husserl) ou si elles ne sont ni des universaux ni des tropes [4]. Mais le fait qu'ils endossent des tropes relationnels épais les distingue de la plupart de leurs prédécesseurs médiévaux, pour autant que je puisse le voir. Une distinction importante entre inhérence et dépendance rend cet endossement possible. Si l'on considère que

---

1. M.G. Henninger, *Relations. Medieval Theories 1250-1325*, *op. cit.*, p. 4.

2. Sur la défense écossaise de telles relations réelles et la dénégation anglaise, voir M.G. Henninger, *Relations. Medieval Theories 1250-1325*, *op. cit.*, chap. 5 et 7.

3. R. Schönberger, *Relation als Vergleich. Die Relationstheorie des Johannes Buridan im Kontext seines Denkens und der Scholastik*, Leiden-New York, E. J. Brill, 1994.

4. *Cf.* G. Küng, *Ontology and the logistic analysis of language : an enquiry into the contemporary views on universals*, Dordrecht, Boston, D. Reidel, 1967 ; J. Bacon, *Universals and property instances : the alphabet of being*, Oxford, Cambridge Mass., B. Blackwell, (Aristotelian Society series, vol. 15), 1995 ; A. Denke, *Object and Property*, Cambridge, Cambridge UP, 1996. C'est deux derniers sont deux analyses remarquables récentes des tropes.

l'inhérence implique une sorte de relation partie-tout (mystérieuse, aristotélicienne), il s'ensuit que si le trope de tristesse de Sam est dit être en Sam de quelque manière, alors si l'on admet les tropes relationnels en sus des tropes monadiques, le problème suivant se pose naturellement. Est-ce que la frappe relationnelle est en Marie, en Sam, dans les deux ? Puisque la réponse naturelle à ce problème, celle de Ibn Sina [1] et de Leibniz, est qu'un accident ne peut pas être dans deux substances, il est tentant de nier les tropes relationnels ou d'en faire des entités mentales (des comparaisons). Mais une stratégie alternative serait d'indiquer que l'inhérence implique, en sus *d'être dans*, voire seulement, la notion de dépendance, une relation non méréologique. Un accident ou un trope monadique dépend unilatéralement d'une substance. Si cette idée est vraisemblable, alors on pourrait la prolonger en affirmant qu'une frappe particulière dépend à la fois de Marie et de Sam bien qu'elle ne soit ni dans l'un, ni dans les deux.

La notion de dépendance à laquelle on recourt ici est distincte de celle que l'on trouve dans les discussions traditionnelles des corrélatifs. C'est la notion de dépendance individuelle (spécifique par opposition à générique), une relation valant entre des particuliers. Cette notion est en fait présente dans de nombreuses analyses traditionnelles de l'inhérence, par exemple dans l'affirmation qu'un accident particulier dépend d'une substance particulière. Elle peut être comprise en termes fortement modaux ou comme une notion non modale primitive [2].

1. *Cf.* M.G. Henninger, *Relations. Medieval Theories 1250-1325*, *op. cit.*, p. 5.

2. *Cf.* P. Simons, *Parts. A Study in Ontology*, Clarendon, Oxford, 1987.

Puisque je crois aux tropes, je vais proposer des alternatives à la thèse selon laquelle les prédications employant des prédicats relationnels épais sont rendues vraies par des tropes relationnels épais, et je supposerai qu'il y a des tropes monadiques. Mais il est facile de traduire ces suggestions en une critique de la thèse selon laquelle ces prédications sont rendues vraies par des universaux relationnels épais. Puisque je suis nominaliste, je présupposerai que tout, sauf l'espace et le temps, est dans le temps. Une autre présupposition doit être explicite. Je ne m'intéresserai ici qu'à la métaphysique ou à l'ontologie de la physique naïve. Mais, dans la section 4, je serai obligé de nuancer cette restriction.

La route qui s'ouvre devant nous est tortueuse. On ne peut procéder autrement qu'en considérant l'un après l'autre les principaux types de prédicats (concepts) relationnels et leurs vérifacteurs putatifs.

Les propositions comparatives :
    Marie est plus heureuse qu'Erna,
    Ceci est plus lourd que cela,

constituent sans doute le cas le plus favorable. Les partisans des tropes épais nous disent que les vérifacteurs de telles assertions sont des tropes relationnels épais, par exemple le trope d'être plus heureux que, qui dépend de Marie et de Erna, dans cet ordre-là. Selon cette conception, la structure superficielle est un bon guide pour l'ontologie. Mais une analyse familière de telles prédications nous dit que leurs vérifacteurs sont l'obtention de la relation d'*être plus grand que* entre deux complexes ou entre deux tropes. (Une telle analyse peut ou non ajouter que la forme logique apparente des prédicats est ici trompeuse). Le bonheur de

Marie est plus grand que le bonheur d'Erna. Selon le partisan des tropes, la relation *plus grand que* connecte deux tropes psychologiques. Selon les partisans des universaux, il connecte deux complexes qui consistent chacun en une propriété déterminée et un individu. Ce genre d'analyse doit apporter des réponses à bon nombre de questions difficiles. La relation *être plus grand que* est-elle une relation entre tropes, entre quantités, entre quantités de tropes ou entre quantités de complexes de choses et de propriétés universelles ? Y a-t-il différents types de cette relation ? Quelle est la relation entre *être plus grand que* et la relation de distance entre des points ou des régions à l'intérieur d'un espace (espace physique, espace de qualités, espaces de bonheur, etc.) ? Quelle est la relation entre ces relations et les relations de ressemblance ou de dissemblance ? Sans doute, toutes ces questions doivent recevoir une réponse avant que le projet d'introduire des mesures numériques puisse commencer. Mais il paraît déjà clair que si l'on peut répondre à ces questions, alors il est plausible de dire que ce qui rend vraies des prédications contenant des prédicats comparatifs relationnels épais est la relation fine d'être plus grand que valant entre, par exemple, deux tropes et le fait que deux choses ont ces deux tropes. Une telle relation fine est parfois appelée une relation fondée (*a grounded or founded relation*) [1].

---

1. *Cf.* I. Johansson, *Ontological Investigations, op. cit.* ; K. Campbell, *Abstract Particulars*, Oxford, Blackwell, 1990 ; K. Mulligan, « Internal Relations », *in* B. Garrett, P. Menzies (eds.), *Working Papers in Philosophy*, 2, RSSS, Australian National University, Canberra, *Proceedings of the 1992 Canberra metaphysics conference*, 1993, p. 1-22 ; sur les comparatifs, voir E. Tegtmeier, *Grundzüge einer kategorialen Ontologie, op. cit.* ; B. Katz, « Making Comparisons », *Mind*, 1995, p. 369-392.

Le type de prédication relationnelle sans doute le plus fréquent dans le langage ordinaire implique des *prédicats sociaux* :

>Sam est marié à Marie
>Sam a interrogé Marie
>L'Irlande a battu la France
>Les chrétiens-démocrates et les sociaux-démocrates ont voté pour l'Empire Belge.

À moins d'être tenté par l'une ou l'autre analyse holiste des faits sociaux, nous devrons suivre Hayek et Searle en traitant tous les faits sociaux, toutes les propriétés et relations sociales comme des produits de l'intentionnalité, à savoir comme des entités maintenues à l'existence par l'intentionnalité. Le schéma général est déjà présent dans l'analyse lockéenne des relations « instituées » comme « dépendantes de la volonté des hommes ou de l'accord dans la société » (*Essai* II, xxvii) et il est suggéré dans l'affirmation de Locke qu'un contrat de mariage ou une cérémonie constitue la fondation de la relation entre les époux. Locke, toutefois, n'examine pas la nature des relations épaisses telles que signer un contrat de mariage ou se marier.

Considérons d'abord une prédication monadique sociale

>C'est un prêtre.

Ce qui rend cette prédication vraie est l'adhésion à une convention selon laquelle un certain objet naturel, habituellement un homme, compte comme prêtre. L'analyse des composants de cette convention est complexe (l'intentionnalité collective, l'imposition de fonctions agentives et de fonctions liées à des statuts, le rôle de ce que Searle appelle des déclaratifs et Reinach « Bestimmungen », etc.) de même que la défense de la possibilité de la vérité et de la fausseté des prédications sociales, qui est compatible avec ce qui est en fait une théorie idéaliste des objets sociaux : être de l'argent ou être un prêtre, c'est être pensé comme tel, être subsumé sous les concepts d'argent et de prêtrise[1].

Les prédications sociales relationnelles impliquent des concepts relationnels irréductiblement épais tel que la *propriété, voter pour, avoir cours en, faire une promesse à*, ou encore *ordonner*. On n'est pas tenté de considérer ces prédications autrement que comme des concepts relationnels. Mais si la conception individualiste est correcte, ce qui rend vraies les prédications impliquant de tels concepts sont des faits physiques et mentaux, en particulier l'occurrence d'« actes intentionnels » impliquant précisément ces concepts.

Parmi les nombreux arguments pour ou contre une telle ontologie du monde social, j'aimerais mentionner une considération qui, je crois, possède une importance souterraine et concerne une distinction centrale pour cet article, bien qu'elle soit rarement, voire jamais, présentée explicitement.

Nous disons que les propriétés et les relations peuvent être considérées ou bien comme des universaux ou bien comme des tropes. Les tropes sont généralement considérés comme des particuliers spatio-temporels ou, du moins, temporels. Une part de leur attrait est qu'ils sont aussi particuliers que les choses. Cela impose une contrainte évidente à l'ontologiste qui se demande envers quels tropes il veut s'engager. Si vous voulez admettre un type de trope, il vaut mieux être capable de dire quelque chose qui atteste

---

1. J. Searle, *La construction de la réalité sociale*, Paris, Gallimard, 1998, chap. 2.

l'existence spatio-temporelle des occurrences du type en question. C'est plutôt facile à faire dans le cas des changements dans les choses, et ça n'est pas beaucoup plus difficile dans le cas de changements tels des frappes ou des réchauffements. C'est pourquoi les changements, les événements, les processus, etc., fournissent le type le moins controversé de tropes. Seuls les partisans ambitieux des tropes adoptent également les états.

Cette contrainte n'est pas ressentie par la plupart des partisans des universaux. Il n'est pas difficile de voir pourquoi c'est le cas : les universaux sont hors du temps, multiplement exemplifiables, etc. Avant d'admettre un universel donné dans votre ontologie, vous n'avez donc pas besoin d'examiner ce qui atteste de son existence spatio-temporelle. Bien que vous puissiez vouloir enquêter sur les attestations du complexe, de l'état de chose ou du fait qui le contient.

Le partisan des tropes prêt à admettre deux changements numériquement différents mais parfaitement ressemblants de formes dans deux choses, ou deux tristesses numériquement différentes mais parfaitement ressemblantes, n'admettra pas aussi facilement deux prêtrises numériquement différentes, deux relations de propriétés différentes (ma relation aux billets de 20 Fr. dans ma poche et ma relation aux billets de 100 Fr. dans ma poche.) Pourquoi pas ? Simplement parce que de telles entités n'ont aucune attestation temporelle digne de ce nom.

Considérons deux promesses. Ce sont des épisodes, donc le type d'entités temporelles le plus facile à compter et à individuer après les choses. Un partisan des tropes devrait-il admettre la possibilité de deux promesses numériquement distinctes mais parfaitement ressemblantes. Non. Les deux épisodes peuvent impliquer des tropes mentaux et physiques distincts mais parfaitement ressemblants. Tous sont bien attestés temporellement. Mais il n'existe pas de trope social où figurent ces tropes physiques et mentaux. Il n'y a rien de prometteur dans une promesse. Ce qui fait d'une constellation de tropes mentaux et physiques un acte social comme un acte de promettre, ce sont des actes mentaux potentiels et actuels situés ailleurs. Seul un engagement envers des tropes unifiés mais très épars permettrait au partisan des tropes de parler de tropes de promesses. Le partisan des universaux peut, bien sûr, parler de deux promesses distinctes qu'il interprète comme deux états de choses contenant le même universel [1].

Si les prédications sociales sont rendues vraies par l'existence de l'intentionnalité, une nouvelle question se pose : l'*intentionnalité* est-elle une relation épaisse ? Après tout, beaucoup de verbes psychologiques expriment des concepts relationnels épais. Il faut considérer au moins les cas suivants : l'intentionnalité non conceptuelle comme l'intentionnalité du voir simple, l'intentionnalité conceptuelle comme celle de la pensée, du jugement ou de la croyance avec leurs contenus propositionnels, l'intentionnalité des désirs et des émotions ainsi que les cas où l'on parle du second terme des relations intentionnelles comme d'un objet mystérieux (immanent, non existant…). Brentano tirait de tels cas des arguments en faveur du dualisme.

---

1. Les remarques soulevées ici à propos des propriétés sociales valent également pour les propriétés évaluatives. Ce qui est vrai des valeurs est souvent vrai des couleurs. Mais en fait beaucoup de philosophes *ont* admis l'existence de tropes de couleurs monadiques indépendants de l'esprit. Pour quelques arguments intéressants en faveur de la conception selon laquelle, si les couleurs sont indépendantes de l'esprit et ne sont pas identiques à des propriétés de réflectance, alors elles doivent être des universaux, voir B. Maund, *Colours : Their Nature and Representation*, Cambridge, Cambridge UP. 1995.

Puisque je cherche ici à déterminer s'il y a des relations épaisses nous connectant avec le monde réel, je laisserai de côté les relations intentionnelles mystérieuses.

Si

Sam voit Marie,

alors il peut sembler évident que le vérificateur de cette affirmation est la perception visuelle relationnelle qui connecte Sam et Marie dans cet ordre. Mais on peut soutenir que deux analyses bien connues de l'intentionnalité de la perception impliquent que ce n'est pas le cas.

Selon l'une de ces conceptions, le vérificateur de cette affirmation est en fait une relation causale entre Sam et Marie ou, plus exactement, entre un épisode perceptuel dans Sam et des événements à la surface de Marie. Si les conceptions auxquelles je ferai allusion plus bas sont correctes, la causalité n'est pas une relation épaisse. Selon une autre conception, souvent – pas toujours – tenue pour incompatible avec la première, la perception visuelle ou, plus exactement, le contenu visuel, dépend unilatéralement de son objet. Selon une version forte de cette conception, une condition nécessaire de la vérité de « Sam voit Marie » est que Marie soit visuellement différenciée pour Sam. Maintenant, considérons deux états mentaux de Sam, l'un d'eux est l'état où il se trouve quand il voit Marie, l'autre est l'état de Sam qui est pour lui qualitativement indiscernable du premier, mais qui est en fait une hallucination visuelle – il n'existe rien qui soit tel que Sam le voit. Selon la conception forte, il n'existe pas de type inférieur de contenu visuel instancié à la fois par le premier et le second état de Sam. On tient souvent cette affirmation pour équivalente au rejet de l'une des prémisses de l'argument de l'illusion. La conception forte est celle selon laquelle le contenu visuel est dépendant de l'objet. La dépendance est une relation fine ; donc, selon cette conception également, voir n'est pas se tenir dans une relation épaisse [1].

Mais, en réalité, le partisan des tropes relationnels épais peut ne pas être impressionné par l'affirmation que la dépendance à l'objet du contenu visuel suffit à éliminer les tropes matériels épais. Car lui aussi affirme que le contenu visuel, comme beaucoup d'autres tropes relationnels épais, dépend unilatéralement d'un agent et unilatéralement d'un autre objet. Cependant, il me semble qu'une particularité du contenu visuel et des autres types de contenu apparentés devrait susciter des doutes chez le partisan des tropes psychologiques relationnels épais.

Les partisans du contenu mental admettent largement que les états et les actes psychologiques présentent deux caractéristiques, diversement appelés « mode », « attitude » ou « qualité » et « contenu ». Dans le jargon des tropes, l'état perceptuel ou le mode de Sam peut rester numériquement le même alors que le contenu associé varie de toutes les manières compatibles avec la perception de Marie par Sam, comme lorsqu'il la scrute à partir de positions diverses. Quelle est alors la nature du lien entre le mode et le contenu ? Sont-ils mutuellement dépendants ? Mais les relations de dépendance du mode au contenu diffèrent de celles qui vont dans l'autre direction. Le mode visuel de Sam, celui qui rend vrai qu'il a une expérience visuelle plutôt qu'une mémoire visuelle, ne peut se produire sans un contenu visuel quelconque, mais il ne requiert pas

---

1. *Cf.* K. Mulligan, « Perception, Predicates and Particulars » ? *in* D Fisette (ed.), *Consciousness and Intentionality : Models and Modalities of Attribution*, The Western Ontario Series in Philosophy of Science, Dordrecht, Kluwer, 1999, p. 237-282.

un contenu déterminé. Or un contenu visuel déterminé est individuellement dépendant d'un mode visuel. (Une structure similaire se manifeste au niveau des objets visuels ; un trope de forme donné doit être rempli par une couleur, mais la transition d'un trope de couleur à un autre ne détruit pas l'identité du trope de forme ; changez la forme, toutefois, et le trope de couleur qui la remplit perd l'existence.)

Cela suggère qu'au cœur de ce trope relationnel psychologique apparemment épais qu'est la vision, il y a en fait une structure relationnelle impliquant seulement des relations de dépendance fines. L'expérience visuelle dépend unilatéralement et spécifiquement de son sujet, elle dépend d'un contenu visuel, qui requiert son mode.

Jusque-là, je n'ai considéré que le voir simple de choses, d'événements et d'états. Qu'en est-il du voir que ? Selon une conception, les états de choses peuvent être vus sans qu'aucune relation doxastique ne soit impliquée. Une thèse plus commune soutient que voir implique une relation doxastique basée sur une perception directe simple :

Sam voit que Marie saute ssi

  (1) Sam voit Marie
  (2) Sam voit un saut dont Marie est l'agent (qui dépend de Marie)
  (3) Sam croit que Marie saute sur la base de (1) et (2)[1].

Les analyses de ce style permettent de soulever une question plus générale : même si un voir simple n'est pas

---

1. Cette analyse marche assez bien pour le voir épistémique « primaire ». Mais dans le voir épistémique « secondaire », par exemple lorsque Sam voit que le réservoir est plein en regardant le tableau de bord, le voir simple sur lequel le voir épistémique est basé consiste à voir des particuliers étroitement liés aux vérificateurs de la croyance.

un trope relationnel épais, les croyances et les jugements ne sont-ils pas des relations épaisses ? Un jugement et, en particulier, son contenu propositionnel, ne peut-il pas lier un jugeur au monde ? Autrement dit, quelle sorte de relation est l'*intentionnalité conceptuelle* ?

L'intentionnalité conceptuelle est peut-être constituée d'une famille de relations fines *sui generis* (signification non naturelle, référence, vérifaction). Peut-être est-ce une relation causale. Mais si la causalité n'est pas une relation épaisse – voir plus bas –, l'intentionnalité conceptuelle ne l'est pas non plus. Une troisième thèse séduisante est disponible. Pour les vérificationnistes et les empiristes de différentes obédiences, bon nombre des concepts les plus fondamentaux héritent de la perception leur relation au monde. Les concepts de *chien*, d'*arbre*, de *lapin*, de *rouge* – mais pas celui d'*instituteur* ni, comme on le soutient souvent, *fragile* – ont des valeurs sémantiques en vertu de l'existence de relations de justification défaisables non inductives connectant des prédicats tels que « chien » ou « Hund », « arbre » ou « tree » avec des perceptions possibles ou, plus précisément, avec les contenus de ces perceptions possibles, et les types correspondants de conditions d'assertabilité [1].

Si ce programme est plausible, l'une de ses conséquences est que les attributions de croyances et d'autres relations conceptuelles apparemment épaisses sont rendues vraies

1. *Cf.* K. Mulligan, « From Appropriate Emotions to Values », *op. cit.* Pour la thèse apparentée selon laquelle la référence singulière hérite son caractère relationnel de la perception, voir K. Mulligan, « The Essence of Language : Wittgenstein's Builders and Bühler's Bricks », *Revue de Métaphysique et de Morale*, 1997, 2, p. 193-216 ; « How Perception Fixes Reference », *in* A. Burri (ed.), *Language and Thought/Sprache und Denken*, Berlin-New York, de Gruyter, 1997, p. 122-138.

par des relations fines – (1) par des relations perceptives qui, comme nous l'avons déjà vu, sont des relations de dépendances et/ou des relations causales, et (2) par des relations de justification.

Qu'en est-il de l'attribution d'émotions, de désirs ou d'intentions qui semblent rendues vraies par des relations épaisses de peur, de regret ou de désir ? Elles héritent leur intentionnalité des états cognitifs dont elles dépendent. Si la relationnalité des dernières est fine, alors il en va de même de la relationnalité des premières.

Certains *prédicats comportementaux* appartiennent à la catégorie des prédicats sociaux – « ordre », « promesse », « déclaration ». D'autres non :

Marie frappe Sam
Sam fuit Marie.

Ils soulèvent bon nombre de questions intéressantes pour le sémanticien et l'ontologiste, par exemple la question difficile de leur adicité variable.

Pour la plupart des mentalistes, toute action qui n'est pas une omission appartenant implique un mouvement corporel et une intention, l'instanciation mentale d'une certaine description s'appliquant au mouvement, ainsi que plusieurs relations causales. Ainsi les vérifacteurs des prédications comportementales seront des relations épaisses seulement si la causalité ou l'intentionnalité des intentions sont des relations épaisses. Les intentions sont des combinaisons de volitions ou de désirs (des modes) et de contenus propositionnels. Plus haut, j'ai fait allusion à une analyse de l'intentionnalité de ces contenus qui en font une relation fine. Plus bas, je mentionnerai des analyses de la causalité selon laquelle elle aussi est une relation fine.

Les relations de *parenté* et les relations *généalogiques*, que Locke appelait les « relations naturelles », occupent une place importante dans les manuels de logique, où elles sont utilisées pour illustrer des concepts comme ceux de produit relationnel ou d'ancêtre. Peut-être la relation la plus centrale de cette région est-elle celle d'origine – comme Locke, lui encore, le souligne. Si Ingarden et Kripke [1] ont raison, l'origine implique un type très fort de dépendance existentielle. Ni chez ces philosophes, ni dans la littérature inspirée de Kripke on ne trouve une explication claire des termes de la relation et des entités reliées ou des relations qui composent l'origine – pour autant que je le sache. Si Ludwig est l'un des fils de Karl Wittgenstein, alors Ludwig dépend de Karl. Ce sont des substances. Mais quelles relations de dépendance connectent les processus et les états pertinents : la coïtion, la parturition et la gestation, qui impliquent Leopoldine, Karl et Ludwig ? Si nous disposions d'une analyse satisfaisante de ces questions, alors peut-être pourrions-nous dire que la parenté et les attributions généalogiques sont rendues vraies par des relations de dépendance.

Selon la conception standard, la *causalité*, si elle est une relation, est une relation entre événements, processus, épisodes et/ou états. Elle est, en outre, l'exemple paradigmatique d'une relation externe. Si e_1 cause e_2, alors nous n'avons rien de plus que la contiguïté spatio-temporelle à laquelle s'ajoute peut-être une histoire à propos de lois et de régularités. La coexistence ou co-occurrence simple est une relation fine s'il en est.

---

1. S. Kripke, *La logique des noms propres*, Paris, Minuit, 1982, p. 99 *sq.*

Mais une minorité dont la voix se fait de plus en plus entendre prétend que la causalité est plus que cela, étant en fait un type de co-occurrence nécessaire. Une version particulièrement intéressante de cette conception, qui a l'avantage pour notre entreprise d'analyser les forces sous la rubrique des relations causales, est avancée par Johansson (1989, *op. cit.*, p. 192). Deux événements se trouvent dans une relation de causalité efficiente ssi :

(1)   La cause est génériquement dépendante de l'effet.

(2)   L'effet est génériquement indépendant de la cause, mais en est individuellement dépendant.

(3)   La relation (mutuelle) constituée par (1) et (2) prises ensemble est fondée sur les qualités des choses reliées.

(4)   L'effet est une tendance.

(5)   La cause et l'effet coïncident dans l'espace et le temps.

Si l'un ou l'autre de ces types de conception est correct, alors la causalité est une relation fine.

L'*occupation*, la *localisation* et la relation partie-tout (*parthood*) s'alignent-elles sur aimer et frapper ou sur la dépendance et l'implication ? Ainsi que je l'ai noté dans la section 1, il est difficile de le dire. L'occupation de régions par des particuliers, ce que Whitehead appelait leur « jouissance (*enjoyment*) » d'une région, est une relation ontologique fondamentale : l'occupation de régions spatiales par des choses, l'occupation de régions temporelles par des choses et l'occupation continue de régions de l'espace-temps que nous appelons (pouvons appeler) mouvement (dans la métaphysique de la physique naïve). Supposons que

a occupe une région spatiale r

O(a, r).

Le partisan des tropes épais voudra indiquer l'intéressante structure de dépendance entre a, r et o – le trope de relation d'occupation qui dépend de a et r[1]. Toute chose physique dépend d'un O – d'un certain trope de relation de type O ; tout O dépend d'une chose quelconque ; tout O dépend d'une R quelconque ; toute R est indépendante de tout O et de toute chose (pour autant que la métaphysique de la physique naïve soit concernée). Le partisan des tropes épais pourrait même ajouter que tous les tropes de forme de toutes les choses coïncident avec un trope de forme d'une R. Mais, ajoutera-t-il, bien que ces remarques soulignent les grandes différences entre la structure fine de

a occupe la région r

et de

a embrasse b,

elles ne fonctionnent pas contre la conception selon laquelle l'occupation est une relation épaisse.

Il peut également dire qu'*être une partie de* est une relation épaisse. Mais si

a est une partie de b,

alors a occupe une région de l'espace, et c'est donc aussi le cas de b. Cela suggère que si la relation de la partie au tout est une relation épaisse, elle l'est seulement dans la mesure où les relations d'occupation associées sont des relations épaisses. Or les relations entre les régions de l'espace sont sûrement des relations fines et la méréologie des régions spatiales est une théorie des relations fines.

---

1. *Cf.* K. Mulligan, ? « Internal Relations » ?, *op. cit.*

Jusque-là, à l'apparente exception du prédicat relationnel
« occupe » et de prédicats voisins comme « est localisé
à », nous avons trouvé des munitions pour défendre
l'affirmation que tout type majeur de prédicat relationnels
épais est rendu vrai par des relations fines.

Mais qu'est-ce qu'une relation fine ?

4. Comment interpréter fines *vs* épaisses

Je considérerai, chacune à leur tour, trois façons de
débrouiller la métaphore des relations fines et épaisses. Il
sera utile de garder à l'esprit les concepts introduits jusque-là
en tant que concepts relationnels fins. Ce sont :
    l'identité
    la ressemblance
    plus grand que/plus petit que/équivalent à
    la distance
    la dépendance
    l'entraînement
    la justification
    l'exemplification.

*Les concepts fins sont des concepts neutres quant à la
nature de leur objet.* Cette interprétation, qui repose sur
une distinction de Ryle [1], n'offre malheureusement pas une
distinction absolue entre les concepts neutres quant à la
nature de leur objet et les concepts partiaux quant à la
nature de leurs objets (comme Ryle l'indique). L'objectité
est un concept aussi neutre quant à la nature de l'objet
qu'un concept peut l'être. Mais si Frege a raison, ses

---

1. Ryle, *Dilemmas*, Cambridge, Cambridge UP, 1954, p. 115 *sq.*

concepts ne sont pas des objets. Cela limite la portée de l'identité et de la différence numérique aussi bien que celle de la ressemblance. D'autres concepts neutres quant à la nature de leur objet putatif bénéficient seulement d'une neutralité limitée. L'implication et la justification défaisable non inductive peuvent connecter tous les types de propositions, mais pas les tables. La dépendance relie-t-elle seulement des *items* temporels ? On pense parfois que la relation partie-tout s'applique même aux entités abstraites, mais ce n'est pas très plausible.

Si aucune analyse des concepts fins et épais en ces termes n'est en vue, alors il n'y a pas non plus d'analyse semblable des relations fines et épaisses – comme relations « chétives » ou « robustes », selon une autre formule de Ryle.

Les concepts fins sont des concepts formels, les concepts épais des concepts matériels. Cette interprétation, qui repose sur une distinction associée surtout à Husserl et Wittgenstein, a l'air correcte jusqu'à ce que nous demandions ce que « formelle » et « matérielle » signifient. Examinons quelques-unes des interprétations avancées [1].

Les concepts formels s'appliquent, le cas échéant, à ce qui n'est pas perceptible, les concepts matériels à ce qui est perceptible. Ici, « perceptible » signifie sans doute « perceptible comme ». Bien sûr, la disjonctivité n'est pas perceptible comme telle et la rougeur l'est. Je peux peut-être voir un état de choses disjonctif, mais je ne peux le voir comme disjonctif à la façon dont je peux voir un objet

---

1. *Cf.* K. Mulligan, « Proposizione, stato di cose e altri concetti formali nel pensiero di Wittgenstein e Husserl », *L'uomo, un segno*, Fascicolo speciale : Wittgenstein contemporaneo, a cura di A. Gargani, 1993b, p. 41-65.

rouge comme rouge. Mais je ne peux voir un névrosé comme un névrosé. D'un autre côté, tout névrosé est humain et je peux voir quelque chose comme un humain.

Les concepts matériels, à la différence des concepts formels, entretiennent des relations de déterminé à déterminable et d'espèce à genre. C'est un début prometteur à condition de pouvoir montrer que la manière dont la *disjonction exclusive* et la *disjonction inclusive* « spécifient » la *disjonction*, par exemple, diffère de la manière dont la couleur et le ton « spécifient » une qualité sensible. Bien sûr, tous les concepts relationnels appelés « épais » jusqu'ici entretiennent des relations de spécification avec d'autres concepts.

Les concepts formels, à la différence des concepts matériels, ont une logique. Comprendre un concept formel, c'est saisir des règles de formation et de transformation et des règles inférentielles : saisir un concept matériel, c'est saisir ces règles et les propriétés représentationnelles du concept. Etant donné que les partisans de cette approche croient qu'aucun concept matériel n'est jamais compris à moins que des concepts formels ne le soient, la thèse devient difficile à formuler. Pire, cette thèse présuppose qu'une analyse de la délimitation des concepts logiques ou mathématiques est disponible. Elle présuppose qu'il y a, en un sens, une logique de l'implication ou de la relation partie-tout et qu'en ce sens de « logique », il n'y a pas de logique de la fraternité, des odeurs ou de la honte. Mais cela, on le sait, est difficile à défendre. (D'un autre côté, tous les concepts relationnels fins auxquels on a fait appel ici disposent en fait de leurs propres logiques plus ou moins élaborées). Geach a adopté cette thèse :

> Comme l'alternance, la simultanéité n'est pas un concept
> relationnel, mais elle est l'un de ces concepts appelés

transcendantaux par les médiévaux, formels dans le
Tractatus de Wittgenstein et neutres quant à la nature de
leur objet par Ryle ; le dernier terme est le plus informatif
des trois – il montre que ces concepts ne sont pas
départementaux, mais apparaissent généralement dans
nos conversations.

En raison de cette neutralité quant à la nature de l'objet,
« en même temps » ne relève pas d'une science spéciale,
mais de la logique ; ses lois sont des lois logiques, comme
ladite loi de Morgan pour « ou » [1].

Heureusement, la thèse esquissée dans la section 3
n'exige pas une analyse satisfaisante de la nature de tous
les concepts, propriétés et relations formels, neutres quant
à la nature de l'objet et fins. Elle exige seulement une
analyse satisfaisante des relations fines employées pour
élaborer la thèse selon laquelle tous les types majeurs de
prédication relationnelle sont rendus vrais par des relations
fines.

Dans le cas de *ces* relations fines, à savoir
    identité,
    ressemblance
    plus grand que
    dépendance
    justification,
on peut fournir une telle analyse. *Dire que les valeurs
sémantiques de ces prédicats relationnels sont des relations
fines, c'est dire que ces valeurs sont, toutes sans exception,
des relations internes.*

Qu'est-ce qu'une relation interne ? A la suite de Moore
(mais pas de Russell, qui utilise l'expression « relation
interne » d'une tout autre manière), nous pouvons dire

1. P. Geach, *Logic Matters*, Oxford, Blackwell, 1981, p. 312.

qu'une relation est interne eu égard aux objets a, b, c, etc.,
simplement si, étant donné a, b, c, etc., la relation doit
valoir entre ces objets[1].

Toutes les relations internes auquel on a recours dans
la section 3 tombe dans trois grands groupes, (A)-(C).

(A) Les relations internes entre contenus,
     propositionnels et non propositionnels.

Si aucune analyse nominaliste des termes des différentes
relations de justification ne peut être donnée, alors, en ce
cas, l'analyse avancée ici ne sera plus nominaliste.

(B) Les relations internes entre choses.

Les deux exemples discutés plus haut sont l'identité et la
différence numériques et l'origine.

(C) Les relations internes entre tropes ou entre
     tropes et choses.

Considérons tout d'abord les comparatifs. Le porteur de
vérité

Marie est plus heureuse qu'Erna

est une proposition contingente. Elle est rendue vraie, selon
notre suggestion, par la relation *plus grand que* entre le
bonheur de Marie et le bonheur d'Erna. Cette relation est
une relation interne : ces deux bonheurs nécessitent
l'obtention de la relation *plus grand que*. Le bonheur de
Marie dépend de Marie, mais elle en est indépendante, et
il en va de même pour Erna et son bonheur. C'est parce
que Marie et Erna sont indépendantes de leurs bonheurs

---

1. *Cf.* K. Mulligan, « Colours, Corners and Complexity : Meinong
and Wittgenstein on some Internal Relations », *in* B.C. van Fraassen,
B. Skyrms, W. Spohn (eds.), *Existence and Explanation : Essays in Honor
of Karel Lambert*, The University of Western Ontario Series in Philosophy
of Science, Dordrecht, Kluwer, 1991, p. 77101 ; ? « Internal Relations » ?,
op. cit.

que la proposition est contingente et que la relation entre Marie et Erna est une relation externe.

La ressemblance est elle aussi une relation interne si elle est une relation entre tropes. Si deux choses, *a* et *b*, se ressemblent, c'est parce que des tropes de l'un entretiennent une relation interne de similarité à des tropes de l'autre, Mais cette option n'est peut-être pas toujours ouverte. Peut-être y a-t-il des relations de similarités brutes. Comme Hume l'a suggéré, deux objets simples se ressembleraient l'un l'autre, mais pas en vertu de la ressemblance entre deux simplicités.

La causalité peut également, comme nous l'avons vu, être considérée comme une relation interne entre des tropes monadiques de choses, entre événements. La relation interne idoine est fournie par deux types différents de dépendance. De même, l'intentionnalité perceptuelle, – dont j'ai suggéré qu'elle est à la racine de l'intentionnalité conceptuelle et donc à la racine des intentions et des relations sociales – implique des relations internes de dépendance entre des tropes, des modes et des contenus psychologiques, et des choses.

Quelle est la relation entre les différentes relations internes auxquels nous avons eu recours ? Toute relation interne implique la dépendance, mais la dépendance est elle-même une relation interne. Ainsi, une relation particulière de supériorité ou de différence numérique, si elle est un trope, dépend de ses termes, puisqu'ils la nécessitent.

Malheureusement, comme nous l'avons vu, le prédicat relationnel « occupe » ne semble pas avoir de relation interne pour valeur sémantique. L'occupation est une relation purement externe, le modèle même d'une relation externe, si souvent mentionnée par Russell précisément pour cette raison. La thèse selon laquelle tous les types majeurs de prédicats relationnels épais ont des relations internes comme valeurs sémantiques est fausse. Au mieux, elle est vraie seulement pour les prédicats qui n'appartiennent pas à la famille des « occupations ». Russell gagne.

Toutefois, on peut dissoudre de deux manières la relation externe d'occupation. L'occupation, on l'a dit, est une relation externe entre une chose et une région, par exemple une région spatiale. La chose en question appartient à la catégorie ontologique des « continuants » tridimensionnels. Une telle chose a un commencement et une fin dans le temps, elle est sujette au changement et elle a une histoire qui dépend d'elle, faite d'événements et de processus dans lesquels elle est impliquée, mais elle n'a pas de parties temporelles.

Supposons maintenant que – comme Lesniewski, Whitehead, Quine, Smart et Lewis – vous décidiez qu'en fait la catégorie qui vient d'être décrite, celle des choses, est vide. Supposons que vous pensiez qu'il y a des entités dans le temps mais qu'elles sont toutes des épisodes ou des états, que tout dans le temps est un ver spatio-temporel. Alors, bien sûr, aucune chose ne se tient dans une relation d'occupation. Dès lors, qu'est-ce qui rend vraies les prédications vraies contenant « occupe » ? En général, les partisans des vers temporels ne sont pas des partisans de la dépendance. Mais si nous utilisons la dépendance, alors nous pouvons dire que les prédications employant « occupe » sont rendues vraies par des relations de dépendance unilatérales entre des tropes, simples ou complexes, et des régions, spatiales et temporelles, Le mouvement n'est alors plus l'occupation successive de places par des choses, mais la génidentité de tropes dépendant chacun spécifiquement et unilatéralement d'une place. Ces dépendances unilatérales ne sont pas les seules relations internes impliquées. Il y a aussi, dans le cas du mouvement, les relations internes de distance entre les places.

Une variante de cette thèse admet des substances mais nie qu'elles endurent ; les substances sont donc momentanées et ce que nous appelons ordinairement des choses sont en fait des *entia successiva*. Dès lors, dire d'une telle substance momentanée qu'elle occupe une région revient à dire qu'elle dépend unilatéralement de cette région[1]. Ces deux manières de dissoudre l'occupation impliquent chacune de rejeter ce qui semble une supposition de la physique naïve : qu'il y a des substances endurantes.

Afin d'esquisser la thèse que les vérifacteurs de tous les types majeurs de prédications relationnelles sont des relations internes fines, je dois admettre un grand nombre de positions plus ou moins controversées. Certains trouveront les vers spatio-temporels difficiles à avaler – en fait, selon la conception quadridimensionnaliste, ils sont indigestes et ne devraient donc pas l'être. D'autres penseront peut-être que la perception est, après tout, un trope relationnel épais ou un universel. D'autres douteront que la relationnalité des attitudes propositionnelles soit vraiment héritée de la perception[2]. D'autres seront sceptiques sur la présence de l'idée de dépendance existentielle nécessaire

1. Cette conception est celle de Brentano et R. Chisholm, *Person and Object : A Metaphysical Study*, London, Allen & Unwin, 1976, chap. III ; *cf.* aussi E. Tegtmeier, *Grundzüge einer kategorialen Ontologie, op. cit.*, p. 69-76.

2. S'il s'avérait que les relations perceptuelles et d'autres relations intentionnelles constituent les seuls authentiques cas de relations épaisses, alors la voie serait ouverte pour une nouvelle version de l'argument brentanien en faveur du dualisme tiré de l'exemplification unique d'une catégorie ontologique.

dans un cadre nominaliste [1]. Et, bien sûr, il y a la thèse majoritaire selon laquelle parler de tropes et de vérifacteurs est ou bien incompréhensible ou bien intolérable.

Quelle lumière la conception esquissée ici jette-t-elle sur l'histoire de la théorie des relations? (1) Pour autant que je puisse le dire, la catégorie des relations internes n'est pas très clairement esquissée avant Locke et Hume. Néanmoins, la ressemblance entre les analyses des comparatifs résumées dans la section 2 et les recours à l'égalité, l'inégalité et à la relation d'être plus grand que cités à la section 3 est frappante. (2) Sur un point, mon projet peut paraître dévier considérablement de la tradition, où il est courant d'admettre des substances endurantes. Mais très souvent, la tradition a également soutenu que les termes fondamentaux des relations sont les idées. Si l'on admet cette hypothèse – désastreuse –, il devient très facile d'analyser la localisation et l'occupation spatiale et temporelle en termes de relation entre des qualités et idées de place ou de temps. Cela constitue d'ailleurs un analogue psychologistique de la thèse que j'ai esquissée.

5. Doutes

Deux doutes russelliens

Etant donné le rôle accordé à Russell dans ce qui précède, la moindre des choses est de considérer deux discussions où il conteste certains aspects de la philosophie des relations fines adoptée ici.

---

1. Si Kit Fine (« The Logic of Essence », *Journal of Philosophical Logic*, 1995, p. 241273) a raison, la dépendance présuppose des essences, comprises comme des universaux.

Au § 214 des *PoM*, il considère une théorie monadique appartenant à la classe des théories déniant la réalité aux relations :

> La proposition « A est plus grand que B » est analysable en deux propositions, l'une attribuant un adjectif à A, l'autre en attribuant un à B. Le défenseur de la position en question soutiendra probablement que A et B sont des quantités (*quantities*), non des grandeurs (*magnitudes*), et dira que les adjectifs requis sont les grandeurs de A et B.

Selon cette conception, les relations sont éliminables, la conjonction de deux propositions monadiques est supposée fournir une analyse de l'*analysandum* relationnel. C'est donc le genre de théorie qu'un partisan des relations fines rejette. Pour lui, comme pour Russell, les relations sont ce qu'elles sont, non pas autre chose. (Notons, aussi, que dans l'analyse des comparatifs de la section 2, A et B sont des choses, leurs « adjectifs » des tropes ou leurs quantités). Russell, continue, à juste titre,

> Mais alors il devra admettre une relation entre les grandeurs, qui sera aussi asymétrique que la relation que les grandeurs doivent expliquer.

C'est précisément la thèse de ceux qui adoptent une analyse des comparatifs comme celle de la section 2, Mais ce n'est pas ce qu'affirment les théories monadistes. À leur encontre, Russell objecte :

> Les grandeurs auront donc besoin de nouveaux adjectifs, et ainsi de suite *ad infinitum* ; et le processus infini devra être terminé avant qu'une *signification* puisse être assignée à notre proposition originale. Ce genre de processus infini est indubitablement contestable, puisque son seul objet est d'expliquer la signification d'une certaine proposition,

et qu'aucune de ses étapes ne nous rapproche pour autant de cette signification. (*PoM*, § 214 [1])

L'objection de Russell est décisive. Comme il le note plus tôt dans les *PoM*, les régressions sont meurtrières au moins dans le contexte des analyses. Mais il me semble qu'il n'envisage jamais la thèse auquel ce passage fait allusion, selon laquelle les comparatifs traitant d'entités *temporelles* pourraient être rendus vrais par des relations asymétriques fines connectant leurs caractéristiques.

A ce sujet, une remarque de Katz (1995, *op. cit.*, p. 388-89) est intéressante. Katz note que la fameuse analyse russellienne de l'ambiguïté de

Je croyais votre yacht plus grand qu'il ne l'est

comme signifiant ou bien

La taille que j'attribuais à votre yacht était plus grande que sa taille réelle

ou bien

Je croyais la taille de votre yacht plus grande que la taille de votre yacht

est incompatible avec la thèse selon laquelle « *a* est plus large que *b* » est un prédicat dépourvu de structure.

Russell frôle à un moment la notion de dépendance existentielle. Dans son compte-rendu enthousiaste, « Meinong's Theory of Complexes and Assumptions » (1904), il se demande pourquoi la théorie dans les termes de laquelle Meinong présente un grand nombre de résultats

---

1. Cf. *Introduction à la philosophie mathématique* (1919), Paris, Payot, 1991, chap. v ; *Histoire de mes idées philosophiques* (1959), Paris, Gallimard, 1989, p. 89 *sq.* ; « La théorie moniste de la vérité », dans *Essais Philosophiques*, Paris, P.U.F., 1997.

acceptables et impressionnants lui paraît inacceptable. La théorie en question est la théorie meinongienne de la dépendance ontologique ou des relations de fondations fines. Celles-ci connectent des entités d'ordre inférieur et d'ordre supérieur et elles peuvent également être, par exemple, bilatérales. La description meinongienne de ces relations, dit Russell,

> est basée sur une priorité logique : les *inferiora* sont d'une certaine manière prioritaire sur leurs *superius*. Mais la priorité logique est une notion très obscure ; et dans la mesure où on peut le voir à présent, c'est une notion qu'une discussion soigneuse tend à détruire. Car elle dépend de la supposition qu'une proposition vraie peut être impliquée par une autre proposition vraie, mais pas celle-là par celle-ci ; tandis que, selon la logique symbolique, il y a une implication mutuelle de deux propositions vraies quelconque. Dans de tels cas, l'apparence d'implication unilatérale provient, semble-t-il, d'une substitution inconsciente de l'implication matérielle à l'implication formelle. Il en résulterait donc que la subsistance ou l'être d'un tout ne peut pas présupposer celle de ses parties au sens où celle des parties ne présuppose pas celle du tout [1].

Mais la supposition de Russell selon laquelle la conception meinongienne repose sur une thèse au sujet des relations d'implication entre propositions ne correspond qu'à certains énoncés de Meinong. Le plus souvent, Meinong indique que la fondation est une relation entre objets ; elle n'est pas un type d'implication [2]. Il est donc

1. B. Russell, « Meinong's Theory of Complexes and Assumptions », *Essays in Analysis*, D. Lackey (éd.), London, Allen & Unwin, 1973, p. 25.

2. Husserl, dans son analyse de la dépendance dans sa troisième *Recherches Logiques*, est beaucoup plus clair sur ce point que Meinong.

quelque peu injuste d'accuser Meinong de confondre deux types d'implication. Plus généralement, l'objection de Russell est un bon exemple de l'erreur consistant à faire aller de pair logique et ontologie, et donc, par exemple, de faire aller de pair la théorie des porteurs de vérité et celle des vérifacteurs.

En bon zoologiste cambridgien scrupuleux, Russell dit ensuite, dans une note, que

> En pratique, il faut toutefois admettre que les inférences unilatérales sont réalisables dans de nombreux cas, et que, par conséquent *une relation ou des relations autres que celles considérées par la logique symbolique doivent être impliquées lorsque nous inférons.* Une telle relation est celle à laquelle Meinong s'intéresse, la relation du simple au complexe … (*Ibid.*, je souligne).

Monadicité ?

La précédente analyse des relations fines repose sur l'existence de tropes monadiques. Les objections aux *tropes monadiques* de Russell et Moore jusqu'à Austin et à sa suite sont bien connues. Un peu moins connues, peut-être, sont les objections à l'idée même que quelque chose – propriété ou tropes – soit monadique. Supposons que Sam soit triste. Sa tristesse dépend, en un certain sens de ce mot, de sa cause, mais aussi d'un bon nombre d'autres choses, comme la gravité. Sa tristesse *de* lundi peut donner lieu à une anxiété *de* mardi. Pour de très nombreuses bonnes raisons, aucune de ces considérations ne nous amène à *dire* que le concept de tristesse ou d'anxiété est réellement

---

Il est toutefois vrai que la principale anticipation de leurs théories, la théorie bolzanienne de la fondation (*Abfolge*), est une théorie d'une relation entre vérités.

relationnel, est lié à sa cause ou à des temps. Mais l'ontologiste qui s'intéresse aux tropes, aux propriétés et aux relations plutôt qu'aux concepts correspondants, ne peut se fier (si facilement) à nos intuitions linguistiques. *Ainsi compris*, le slogan de Bradley : « Tout dépend de tout », me semble constituer un réel danger pour les conceptions comme celle que j'ai esquissée ici. (C'est également le cas de la thèse selon laquelle les relations ont une adicité variable, pour des raisons apparentées.) Plus généralement, on ne comprend pas bien quand un trope dépendant de deux autres tropes – comme dans l'exemple précédent tiré de la perception visuelle, où le mode de vision dépend d'un sujet et d'un contenu – compte comme un trope relationnel. Finalement, si on abandonne les substances, alors on voit mal ce que signifie dire qu'un trope est monadique.

La menace conceptualiste

Il y a une objection à l'analyse avancée ici que je crois indépendante de toutes les objections mentionnées jusque-là. Dans mon annonce initiale, j'ai suggéré que le projet de se passer des relations épaisses laisserait intact le réalisme au sujet des relations de Scot, Meinong et Russell et, en particulier, ne présupposerait pas que les relations, comprises de façon réaliste, pourraient être réduites à des faits monadiques (c'est bien *cela* que Russell appelle la doctrine des « relations internes »). Mais considérons les vérificateurs de quelques prédications fondamentales employant des prédicats relationnels fins :

Qu'est ce qui rend vrai

$$a = b?$$

Réponse : a (ou, b).

Quel est le vérificateur de
  a dépend de *b* ?
Réponse : *a*
  Quel est le vérificateur de
    La tristesse de Marie est plus grande que la
    tristesse d'Erna ?
Réponse : la tristesse de Marie, la tristesse d'Erna.
  Quel est le vérificateur de
    Justifie de façon défaisable (la perception comme
    d'un chien de Sam, son assertion « C'est un
    chien ») ?
Réponse : la perception de Sam, son assertion.

Si cela est juste, alors il n'est pas nécessaire que des relations rendent vraies de telles prédications. Cela n'implique pas qu'il n'existe pas de telles relations. Mais si nous gardons à l'esprit les difficultés bien connues pour décider si de telles relations fines sont des tropes, des universaux voire quelque chose d'autre (Scot), nous pourrions bien nous trouver sur la pente glissante menant au conceptualisme ou à l'éliminativisme quant aux relations. Une pente glissante qui rebute le philosophe qui croit aux tropes ou aux universaux relationnels irréductiblement épais.

Je remercie Barry Smith, Peter Simons, Ingvar Johansson, Max Kistler, Erwin Tegtmeier, Arda Denkel, Ben Morison, les audiences de Leipzig et d'Innsbruck et tout particulièrement mon commentateur d'Innsbruck, Daniel von Wachter, qui a beaucoup raffiné ce qui précède et lui a donné un peu plus d'épaisseur.

Quelques critiques plus ou moins sympathiques des arguments présentés ici sont : D. von Wachter, « On Doing Without Relations », *Erkenntnis*, 1998, vol. 48, p. 355-358 ; E.J. Lowe, *The Four-Category Ontology. A Metaphysical Foundation for*

Natural Science, Oxford, Oxford UP, 2006, p. 46-7 ; I. Johannson, « All Relations Are Internal – the New Version », *in* A. Reboul (ed.), *Philosophical papers dedicated to Kevin Mulligan*, Genève, 2011, http://www.philosophie.ch/ kevin/festschrift/ ; trad. « Toutes les relations sont internes – la nouvelle version », *Philosophiques*, vol 38, n° 1, 2011, p. 219-239 ; F. Clementz, « Internal, formal and thin relations », *in* A. Reboul (ed.), *Philosophical papers dedicated to Kevin Mulligan, op. cit.,* [Note de l'auteur, 2012].

MICHAEL ESFELD

LE RÉALISME ONTIQUE STRUCTURAL ET L'INTERPRÉTATION DE LA MÉCANIQUE QUANTIQUE [1]

1. INTRODUCTION

Le réalisme structural en philosophie contemporaine de la physique prend sa source dans l'article de Worrall de 1989 [2]. Selon la position que Worrall présente comme un réalisme structural épistémique (RSE), il existe une continuité de la structure mathématique des théories scientifiques accomplies, à travers les changements de théorie. Cette continuité justifie l'adoption d'une attitude réaliste à l'égard de la structure au sens où la structure mathématique d'une théorie scientifique accomplie révèle la manière dont les entités du domaine de la théorie en question sont reliées entre elles. Ainsi, le RSE est un *réalisme partiel* : c'est un réalisme de la structure, mais il soutient que nous ne connaissons pas la nature ou l'essence des entités qui implémentent, instancient ou réalisent la

---

1. Traduction par Y. Schmitt de « Ontic structural realism and the interpretation of quantum mechanics » paru dans *European Journal for Philosophy of Science*, 2012.
2. J. Worrall, « Structural realism : the best of two worlds ? », *Dialectica*, 1989, 43, p. 99-124 ; repris dans D. Papineau (éd.), *The philosophy of science*, Oxford, Oxford UP, 1996, p. 139-165.

structure en question. Cette conception suscite l'objection selon laquelle il n'est pas possible de faire, au sein d'une théorie scientifique, une distinction significative entre les affirmations relatives à la structure des entités de son domaine et les affirmations relatives à ce que sont les entités, à leur nature [1]. *Le réalisme structural ontique* (RSO), introduit par Ladyman [2] vise à éviter cette objection en soutenant que tout ce qui est dans le monde est structure. Ainsi, le RSO veut être un *réalisme complet* : il dit ce qui constitue le monde, à savoir certaines structures, et il tient qu'en principe, nous pouvons connaitre tout ce qui est dans le monde.

Soutenir que tout ce qui est dans le monde est structure pose la question de savoir ce que signifie cette affirmation, puisque le monde physique, à l'évidence n'est pas une structure mathématique. Mais il existe une réponse claire et directe à cette question qui recoupe toutes les variantes du RSO qui ont été développées à la suite de Ladyman : une structure physique est un réseau de relations physiques dont l'instanciation ne requière pas d'objets sous-jacents possédant une identité intrinsèque – c'est-à-dire, une identité indépendante de ces relations, étant constituée par des propriétés intrinsèques ou une haeccéité primitive. C'est une affirmation générale, mais elle a un contenu substantiel : elle exclut certaines conceptions de ce à quoi ressemble le monde, telle que par exemple, la métaphysique de la survenance humienne de Lewis [3].

1. S. Psillos, *Scientific realism : How science tracks truth*, London, Routledge, 1999, chap. 7.

2. J. Ladyman, « What is structural realism? », *Studies in History and Philosophy of Modern Science*, 1998, 29, p. 409-424.

3. D. Lewis, *Philosophical papers*, vol. 2, Oxford, Oxford UP, 1986, Introduction.

La thèse de cet article est que le passage du RSE au RSO n'est pas suffisant pour faire du réalisme scientifique un réalisme scientifique complet : l'affirmation qu'il n'y a que des structures dans le monde et qu'il n'y a pas d'objets ayant des identités intrinsèques (inconnaissables) sous-jacents à ces structures, n'explique pas comment la structure en question est implémentée, instanciée ou réalisée. Les partisans du RSO sont donc face à un dilemme : soit ils en restent au niveau général d'un engagement seulement pour les structures, mais alors leur position est simplement un réalisme partiel qui ne va pas vraiment au-delà du RSE ; soit ils développent un réalisme complet, mais alors ils doivent abandonner un réalisme qui concerne simplement la structure d'une théorie en spécifiant comment la structure en question est instanciée. Pour le dire autrement, ils doivent alors entrer dans les controverses sur l'interprétation de la théorie en question et défendre une interprétation particulière.

Deux clarifications sont nécessaires pour empêcher de mauvaises compréhensions de cette thèse : (a) le RSO va au-delà du RSE de Worrall en ce qu'il abandonne l'engagement pour les propriétés intrinsèques inconnaissables qui constituent l'identité des objets physiques sous-jacents à la structure. Mais se débarrasser de telles propriétés intrinsèques ne suffit pas pour aller d'un réalisme partiel à un réalisme complet : il ne répond pas à la question de savoir comment la structure en question est implémentée dans le monde physique. Il y a une lecture possible plus large du RSE que celle initiale de Worrall selon laquelle, le RSE est un réalisme partiel parce qu'il refuse de s'engager sur la manière dont la structure en question est implémentée [1].

1. Voir le « RSE libéral » de Slowik, « On structuralism's multiple paths through spacetime theories », *European Journal for Philosophy of Science*, 2012, n°2, sect. 1.1.

(b) J'utilise délibérément l'expression assez vague « ne répond pas à la question de savoir comment la structure posée par une théorie scientifique accomplie est implémentée, instanciée ou réalisée dans le monde physique » afin d'éviter l'objection de pétition de principe à l'encontre du RSO : si j'avais dit qu'il restait à savoir ce que sont les *objets* (ou les *entités*) qui implémentent la structure en question, on pourrait rétorquer que le RSO est engagé en faveur de structures *plutôt* qu'en faveur d'objets. Néanmoins, même si on suppose que l'engagement concerne des structures sans objets, pour que la conception qui en découle soit un réalisme complet, on doit nous dire comment les structures en question sont instanciées.

Dans la suite, je vais illustrer cette thèse en étudiant la mécanique quantique non-relativiste (MQ), puisque la MQ est la théorie physique qui motive le passage du RSE au RSO dans les articles de Ladyman [1] et de French et Ladyman [2]. Néanmoins, il est important que la thèse de cet article ne soit pas réduite au RSO appliqué à la MQ. Elle concerne aussi le RSO appliqué à l'autre grande théorie physique fondamentale, à savoir la relativité générale, comme je le montrerai à la fin de la prochaine section. Dans la section 2, je développe le dilemme mentionné en évaluant les arguments que les défenseurs du RSO mettent en avant à partir de la MQ. Cette section est plutôt négative, elle cherche à montrer les limites de ces arguments. La section 3 réunit ensuite le RSO et les principales interprétations de la MQ, mesurant jusqu'à quel point le RSO peut servir de guide dans l'interprétation de la MQ.

---

1. J. Ladyman, « What is structural realism ? », *op. cit.*

2. « Remodelling structural realism : quantum physics and the metaphysics of structure », *Synthese* 136, 2003, p. 31-56

L'article se termine par une brève évaluation de la contribution du RSO à l'ontologie de la MQ.

2. UN DILEMME POUR LE RSO

Dans leurs articles, Ladyman et French et Ladyman, motivent le passage du RSE au RSO en s'appuyant sur une interprétation de la MQ. Selon eux, il y a une sous-détermination entre une ontologie des objets quantiques comme individus et une ontologie des objets quantiques comme non-individus. Cette sous-détermination est un défi pour le réalisme. Afin de relever ce défi, ils proposent d'abandonner l'engagement en faveur des objets et d'adhérer plutôt à une ontologie des structures. La sous-détermination que French et Ladyman ont à l'esprit vient du fait qu'ils considèrent comme une option sérieuse le traitement des objets quantiques comme possédant une haeccéité de telle sorte qu'en permutant, ces objets produisent un réel changement. Néanmoins, attribuer une haeccéité primitive aux objets est un procédé exclusivement métaphysique qu'on peut toujours adopter, quelle que soit la théorie physique. En ce qui concerne la physique, il n'y a pas de sous-détermination provenant de l'engagement en faveur de l'haeccéité primitive comme option *en physique*[1].

Malgré tout, on peut soutenir qu'il y a une sous-détermination entre une ontologie des objets quantiques comme individus et une ontologie des objets quantiques comme non-individus. Prenez par exemple, l'expérience EPR-Bohm[2] sur deux systèmes quantiques de spin 1/2 (ou

1. Voir les critiques de T.Y. Cao, « Can we dissolve physical entities into mathematical structure ? », *Synthese*, 2003, 136, p. 62-64.
2. EPR est une abréviation de Einstein-Podolsky-Rosen. L'expérience en question consiste en une expérience de pensée visant à montrer qu'avant la mesure, il existe un état réel des entités étudiées, ce qui va contre

deux photons) dans un état singulet de telle sorte que les valeurs possibles de leur spin, dans n'importe quelle direction spatiale, sont corrélées quelle que soit leur distance spatio-temporelle[1]. Le théorème de Bell[2] prouve qu'il n'est pas possible de rendre compte de ses corrélations en affirmant que la préparation de l'état singulet à la source de l'expérience est leur cause commune. Néanmoins, en principe, il est possible de construire des modèles de cause commune qui expliquent ces corrélations[3] ou d'admettre une causalité rétroactive[4] ou bien encore des signaux superlumineux qui connectent les deux branches de l'expérience d'EPR-Bohm[5]. Dans tous ces modèles, les

l'interprétation courante de la physique quantique depuis ce que l'on nomme l'interprétation de Copenhague (défendue par Bohr et Heisenberg entre autres). Dans l'expérience EPR-Bohm, les deux systèmes sont corrélés, c'est-à-dire que ce que l'on sait de l'un permet de déduire l'état de l'autre. Donc la mesure d'un des systèmes permet de connaître l'état de l'autre système sans passer par la mesure de ce deuxième système. L'interprétation de Copenhague contestée par l'expérience EPR-Bohm affirmait au contraire que sans passer par la mesure, cela n'a pas de sens de parler de l'état d'une particule ou d'un système quantique. [NdT]

1. A. Einstein, B. Podolsky, N. Rosen, « Can quantum-mechanical description of physical reality be considered complete ? » *Physical Review*, 1935, 47, p. 777-780 ; D. Bohm, *Quantum theory*, Englewood Cliffs, Prentice-Hall, 1951, p. 611-622.

2. Paru en 1964 et réimprimé dans J.S. Bell, *Speakable and unspeakable in quantum mechanics*, Cambridge, Cambridge UP, 1987, chap. 2.

3. Par exemple, M. Suárez « Causal inference in quantum mechanics : a reassessment », *in* F. Russo, J. Williamson (eds.), *Causality and probability in the sciences*, London, London College, 2007 ; I. San Pedro, « Causation, measurement relevance and no-conspiracy in EPR », *European Journal for Philosophy of Science*, 2012, 2, p. 137-156.

4. Par exemple, H. Price, *Time's arrow and Archimedes'point : New directions for the physics of time*, Oxford, Oxford UP, 1996, chap. 8 et chap. 9.

5. Par exemple, H. Chang, N. Cartwright « Causality and realism in the EPR experiment », *Erkenntnis*, 1993, 38, part. III.

systèmes quantiques sont considérés comme des particules individuelles avec une identité dans le temps bien définie et constituées de propriétés physiques qui sont des variables cachées (car elles ne sont pas prises en compte dans la MQ standard); mais il n'est pas question dans ces modèles de systèmes ayant une haeccéité primitive.

En ce qui concerne l'option considérant les systèmes quantiques comme non-individuels, l'idée est qu'il y a une pluralité numérique d'objets quantiques, mais que ces objets n'ont pas à un moment donné une identité qui les distingue chacun de tous les autres, ni une identité à travers le temps. Il n'y a donc pas de fait permettant de savoir lequel des deux objets quantiques préparés dans l'état singulet à la source de l'expérience d'EPR-Bohm est ensuite mesuré dans la branche gauche de l'expérience et lequel est mesuré dans la branche droite. Par conséquent, on peut parler d'une sous-détermination sur la base des données expérimentales entre une ontologie des systèmes quantiques comme individus et une ontologie des systèmes quantiques comme non-individus.

Comment le RSO dissout-il cette sous-détermination? Si le RSO est conçu comme une ontologie des structures par opposition à une ontologie des objets, en éliminant l'engagement en faveur des objets du domaine de la physique fondamentale, trois fortes objections se présentent : (a) l'objection métaphysique selon laquelle les relations requièrent des relata qui sont en relation, même si les relata ne possèdent pas d'identité intrinsèque[1]; (b) l'objection logique selon laquelle quand on formule une théorie

---

1. Par exemple, T.Y. Cao, « Can we dissolve physical entities into mathematical structure? », *op. cit.*; S. Psillos, « *The* structure, the *whole* structure and nothing *but* the structure? », *Philosophy of Science*, 2006, 73, p. 560-570.

physique dans les termes de la théorie des ensembles, on quantifie sur des objets (mais voyez Bain qui plaide en faveur d'un usage de la théorie des catégories plutôt que pour la théorie des ensembles pour éviter cette objection [1]) ; (c) l'objection physique selon laquelle la MQ parle en termes de systèmes quantiques dénombrables et par conséquent s'engage en faveur des objets [2].

En réponse à ces objections, les derniers développements de French et Ladyman peuvent être interprétés comme le passage d'un éliminativisme envers les objets à une position selon laquelle les objets sont constitués par les relations [3]. De plus, d'autres versions du RSO ont été construites qui admettent explicitement les objets, atteignant un RSO modéré qui reconnaît les objets sur un pied d'égalité ontologique avec les relations [4]. Des publications récentes suggèrent une convergence de ces différentes versions du RSO dans la direction suivante : le RSO admet ce que French désigne comme des « objets fins » [5], à savoir des

---

1. J. Bain, « Category-theoretic structure and radical ontic structural realism », *Synthese*, 2012.

2. P.M. Ainsworth, « What is ontic structural realism ? », *Studies in History and Philosophy of Modern Physics*, 2010, 41, p. 53.

3. J. Ladyman, D. Ross, *Every thing must go. Metaphysics naturalised*, Oxford, Oxford UP, 2007, chap. 2-4 ; S. French, « The interdependence of structure, objects and dependence », *Synthese*, 2010, 175, p. 177-197.

4. M. Esfeld, « Quantum entanglement and a metaphysics of relations », *Studies in History and Philosophy of Modern Physics*, 2004, 35, p. 601-617 ; M. Esfeld, V. Lam, « Moderate structural realism about space-time », *Synthese*, 2008, 160, p. 27-46 ; L. Floridi, « A defence of informational structural realism », *Synthese*, 2008, 161, p. 219-253 ; voir, pour un tour d'horizon, P.M. Ainsworth, « What is ontic structural realism ? », *Studies in History and Philosophy of Modern Physics*, 2010, 41, p. 50-57.

5. S. French, « The interdependence of structure, objects and dependence », *op. cit.*, sect. 7.

objets pour lesquels il est constitutif d'entrer dans les relations (la structure) en question. Esfeld et Lam proposent de considérer les relations (structures) comme des manières (des modes) d'être des objets [1]. En résumé, les objets que le RSO admet n'ont pas besoin d'être ontologiquement distincts des relations (structures) dans lesquelles ils entrent. C'est semble-t-il une question purement verbale de savoir si l'on accorde l'étiquette « objet » à des entités qui ont des relations sans posséder d'identité indépendamment de ces relations.

Quoi qu'il en soit, le point important pour ce qui nous concerne ici, est que le RSO n'est pas un *tertium quid* qui abandonne la sous-détermination entre la conception des systèmes quantiques comme des individus et leur conception comme non-individus mais une explication de ce que peuvent être des objets comme non-individus, à savoir des objets pour lesquels il est constitutif d'entretenir certaines relations. Cependant, une nouvelle forme d'indétermination apparaît maintenant : dire que la MQ est engagée envers certaines structures, parce qu'il est constitutif des objets sur lesquels la MQ quantifie d'entretenir certaines relations, n'est pas suffisant pour une ontologie de la MQ, puisque cela n'apporte, rien, par exemple pour la prise en compte des corrélations mesurées dans les expériences d'EPR-Bohm. Si on considère les tentatives qui cherchent à expliquer ces corrélations, alors certaines d'entre elles considèrent en effet les objets quantiques comme des non-individus. Néanmoins, elles rendent compte de ces corrélations non pas en restant au niveau du discours sur les objets quantiques comme non-individus, mais en

1. M. Esfeld, V. Lam, « Ontic structural realism as a metaphysics of objects », *in* A. Bokulich, P. Bokulich (eds.), *Scientific structuralism*, Dordrecht, Springer, 2011, sect. 8.3.

avançant des propositions concrètes sur ce que sont ces objets et comment leurs états se développent à travers le temps. Je développerai ce point dans la prochaine section. Notons ici simplement que les arguments sur des objets quantiques comme non-individus ne sont pas suffisants pour faire du RSO un réalisme complet dans le domaine de la MQ.

Si l'on considère les systèmes quantiques comme non-individuels au sens où ils forment une pluralité numérique mais qu'aucun d'entre eux ne possède une identité à un moment donné qui le distingue de tous les autres systèmes ni une identité à travers le temps, il est aussi possible de fonder le RSO relatif à la MQ sur un argument montrant que les objets quantiques sont seulement faiblement discernables, étant liés par des relations symétriques et non réflexives qui ne surviennent sur aucune propriété intrinsèque[1]. Cependant, on peut objecter que ceci revient à fonder le RSO sur certaines considérations de symétrie de la théorie des groupes qui fournissent des descriptions théoriques abstraites des propriétés du domaine considéré, mais sans saisir les instances concrètes de propriétés elles-mêmes[2]. Pour le dire autrement, la possibilité d'une description d'un domaine donné en termes de certaines symétries n'implique pas qu'il est constitutif des objets de ce domaine qu'ils soient dans certaines relations physiques concrètes. L'argument tiré des considérations de symétrie échoue donc lui aussi à faire du RSO est un réalisme complet.

---

1. Pour cet argument, voir notamment S. Saunders, « Are quantum particles objects ? », *Analysis*, 2006, 66, p. 52-63 ; et sur le lien entre les objets quantiques qui sont faiblement discernables et le RSO, voir F.A. Muller, « Withering away, weakly », *Synthese*, 2011, 180, p. 223-233.

2. M. Morganti, « Is there a compelling argument for ontic structural realism ? », *Philosophy of Science*, 2011, 78, sect. 4.

Cependant, il est possible de construire un argument en faveur du RSO relatif à la MQ directement sur certaines relations physiques concrètes, argument qui n'est pas atteint par l'objection précédente. L'intrication est la base physique de cette conception selon laquelle la MQ s'engage en faveur de certaines structures plutôt que pour des objets qui ont une identité intrinsèque. Ainsi, par exemple, dans l'expérience d'EPR-Bohm, les deux systèmes quantiques sont dans un état de spin intriqué au lieu d'avoir chacun un état bien défini. On peut directement fonder le RSO en considérant que l'intrication est la caractéristique distinctive du domaine quantique et en explicitant l'intrication en termes de non-séparabilité des états des systèmes quantiques [1]. Les objections mentionnées ci-dessus s'appliquent néanmoins : pour les modèles de la cause commune, ceux de la causalité rétroactive et ceux en termes de signaux superlumineux, l'intrication est une caractéristique épistémique plutôt qu'ontologique qui concerne seulement notre connaissance des systèmes quantiques ; ces systèmes eux-mêmes sont des individus qui ont toujours chacun un état bien défini.

Bien plus, et c'est encore plus important étant donné le but de cet article, l'affirmation de la non-séparabilité seule (structure des systèmes quantiques intriqués) ne donne pas une explication des corrélations non-locales qui sont, par exemple, mesurées dans les expériences d'EPR-Bohm : cela ne répond pas à la question de savoir pourquoi et comment une interaction locale dans une branche de telle expérience a des conséquences pour les probabilités de mesure des résultats consistant en un changement du dispositif macroscopique dans l'autre branche qui est

---

1. M. Esfeld, « Quantum entanglement and a metaphysics of relations », *op. cit.*

séparée par un intervalle spatio-temporel du genre espace. On pourrait dire que la raison évidente de cette absence de réponse est que le RSO met en avant une ontologie qui nous dit ce qu'il y a dans le monde, à savoir certaines structures physiques, mais non une dynamique, c'est-à-dire, il reste silencieux sur la question de savoir comment les structures en faveur desquelles il s'engage, se développent dans le temps.

Les principaux défenseurs du RSO ont toujours considéré les structures physiques comme modales et donc d'une manière non humienne[1]. Il y a une raison claire à cela, à savoir que l'identité d'une structure consiste à avoir un certain rôle nomologique. À l'inverse, pour la position qu'on appelle aujourd'hui la métaphysique humienne, les propriétés ont un rôle nomologique seulement de manière contingente[2]. Ainsi, dans la métaphysique humienne, une seule et même propriété intrinsèque et qualitative peut avoir un rôle de charge dans un monde et de masse dans un autre. Cependant, cela n'a pas de sens de concevoir une seule et même structure ayant dans un monde, disons, le rôle des structures quantiques d'intrication et dans un autre,

1. S. French, J. Ladyman, « Remodeling Structural Realism », *op. cit.*; J. Ladyman, D. Ross, *Every thing must go. Metaphysics naturalised*, *op. cit.*, chap. 2-4 ; S. French, « The interdependence of structure, objects and dependence », *op. cit.*, sect. 3 ; mais, pour une voix dissonante, voyez H. Lyre, « Humean perspectives on structural realism », *in* F. Stadler (ed.), *The present situation in the philosophy of science*, Dordrecht, Springer, 2010, p. 381-397, et « Structural invariants, structural kinds, structural laws », *in* D. Dieks, W.J. Gonzalez, S. Hartmann, M. Stoltzner, M. Weber (eds.), *Probabilities, laws, and structures*, Dordrecht, Springer, 2012, p. 169-181.

2. Voir en particulier D. Lewis, « Ramseyan humility », *in* D. Braddon-Mitchell, R. Nola (eds.), *Conceptual analysis and philosophical naturalism*, Cambridge (Massachusetts), MIT Press, 2009, p. 203-222.

le rôle des structures métriques de la gravitation. Bref, s'il y a des structures, alors il est essentiel qu'une structure ait un certain rôle nomologique.

Récemment, on a proposé de considérer le rôle nomologique que les structures ont nécessairement comme un rôle causal, de telle sorte que les structures en faveur desquelles le RSO est engagé sont causalement efficaces par elles-mêmes, du fait qu'elles sont des dispositions ou des pouvoirs[1]. En résumé, l'idée est d'inclure une dynamique dans le RSO en concevant les structures comme générant une dynamique, du fait qu'elles sont causalement efficaces. Cependant, ce changement n'est pas suffisant pour répondre à la question mentionnée ci-dessus : les structures d'intrication quantique sont causalement efficaces en ce qu'elles produisent les résultats expérimentaux tels que, par exemple, les corrélations mesurées dans l'expérience d'EPR-Bohm. Mais comment le font-elles ? Le font-elles par la décohérence et une ramification de l'univers ? Le font-elles par des réductions d'états ? Ou le font-elles d'une autre manière encore ? Le dilemme mentionné est ici encore évident : soit le RSO reste à un niveau général, en posant des structures – et les concevoir comme modales ou même comme causales ne change rien tant que l'on en reste au niveau général –, mais alors le RSO n'est, comme le RSE, qu'un réalisme partiel qui ne dit pas comment les structures sont implémentées ni comment la manière dont elles sont implémentées produit les résultats expérimentaux ; soit

---

1. M. Esfeld, « The modal nature of structures in ontic structural realism », *International Studies in the Philosophy of Science*, 2009, 23, p. 179-194 ; pour des objections générales contre cette proposition, S. Psillos, « Adding modality to ontic structuralism : an exploration and critique », *in* E. Landry, D. Rickles (eds.), *Structural realism : Structure, object, and causality*, Dordrecht, Springer, 2012, p. 169-185.

c'est un réalisme complet mais alors il doit dépasser l'engagement général sur les structures, et dire comment précisément les structures envers lesquelles la MQ s'engage sont implémentées dans le domaine physique.

Le problème central n'est donc pas que le RSO manque d'une dynamique mais que le RSO n'offre qu'un schéma général pour une ontologie du domaine physique, étant par lui-même insuffisant pour expliciter une telle ontologie. On pourrait répliquer que cette incapacité concerne seulement le RSO relativement à la MQ et qu'elle est due au fait que la MQ conduit au fameux problème de la mesure. Pour le dire autrement, cette carence ne touche pas le RSO en tant que tel, mais est une conséquence du fait que le formalisme ou la structure de la MQ, par opposition au formalisme ou la structure des autres théories physiques, pose un problème particulier d'interprétation.

Le RSO a aussi été proposé pour l'autre théorie physique fondamentale, à savoir la relativité générale[1]. Dans ce cas, on soutient que les propriétés métriques sont relationnelles plutôt qu'intrinsèques de telle sorte que la théorie de la relativité générale s'engage en faveur d'une structure de relations métriques. On a affirmé que le RSO est un *tertium quid* par rapport à l'opposition traditionnelle entre substantialisme et relationisme à propos de l'espace-temps[2]. Mais rien ne justifie une telle affirmation. Le RSO relativement à l'espace-temps nous dit qu'il y a des

1. Voir notamment M. Esfeld, V. Lam, « Moderate structural realism about space-time », *op. cit.*
2. M. Dorato, « Substantivalism, relationism, and structural spacetime realism », *Foundations of Physics*, 2000, 30, p. 1605-1628 ; « Is structural spacetime realism relationism in disguise ? The supererogatory nature of the substantivalism / relationism debate » *in* D. Dieks (ed.), *The ontology of spacetime II*, Amsterdam, Elsevier, 2008, p. 17-37.

structures métriques ; néanmoins, il ne dit rien sur l'implémentation de ces structures. Si on soutient que ces structures sont implémentées par des relations entre des points d'espace-temps, alors le RSO est une version sophistiquée du substantialisme [1] ou un essentialisme métrique [2]. En gros, ces positions soutiennent qu'il y a des points d'espace-temps ; néanmoins, ce ne sont pas les points d'une variété, mais les propriétés métriques sont constitutives de leur identité. Le RSO ajoute alors l'affirmation selon laquelle les propriétés métriques sont relationnelles et non intrinsèques. Si, à l'inverse, on soutient que les propriétés métriques sont instanciées par des entités matérielles, alors le RSO relatif à l'espace-temps est une version du relationalisme. Dans un article récent, Slowik examine ce problème de sous-détermination pour le RSO relatif à l'espace-temps et conteste, sur cette base, l'idée que le RSO est supérieur au RSE eu égard à une position scientifique réaliste [3].

En somme, le RSO relativement à la théorie de la relativité générale rencontre le même dilemme que le RSO relativement à la MQ : soit le RSO reste à un niveau général en posant des structures métriques mais alors il n'est, comme le RSE, qu'un réalisme partiel qui ne dit rien sur la question de savoir comment ces structures sont

---

1. Par exemple, C. Hoefer, « The metaphysics of space-time substantivalism », *Journal of Philosophy*, 1996, 93, p. 5-27.

2. Par exemple, T. Maudlin, « The essence of space–time », *in* A. Fine, J. Leplin (eds.), *Proceedings of the 1988 Biennial Meeting of the Philosophy of Science Association. Volume 2*. East Lansing : Philosophy of Science Association, 1989, p. 82-91 ; A. Bartels, « Modern essentialism and the problem of individuation of spacetime points », *Erkenntnis*, 1996, 45, p. 25-43.

3. Voir Slowik, « On structuralism's multiple paths through spacetime theories », *op. cit.*, sect. 1.

implémentées dans le domaine physique; ou c'est un réalisme complet, mais alors il doit dépasser l'engagement général en faveur des structures métriques, en disant comment les structures métriques sont implémentées. Ce dilemme concerne le RSO en général, quelle que soit la théorie physique à laquelle il est appliqué. Ce point en question n'est pas qu'il doit exister des objets (ou en général, des entités ou autre) *soutenant* les structures en question, mais qu'une position réaliste doit expliciter en termes concrets comment les structures envers lesquelles une certaine théorie est engagée sont implémentées, instanciées ou réalisées dans le domaine physique[1].

3. LE RSO APPLIQUÉ
AUX PRINCIPALES INTERPRÉTATIONS DE LA MQ

La section précédente aboutit à la proposition négative selon laquelle les arguments en faveur du RSO tirés de la physique quantique ne réussissent pas à faire du RSO une position pleinement réaliste en philosophie de la MQ : ces arguments ne sont pas capables de faire du RSO une position réaliste complète distincte du réalisme partiel auquel conduit le RSE. Mais on peut aussi formuler ce résultat en termes positifs en disant que le RSO est un réalisme partiel relativement à la MQ en ce qu'il fournit un cadre pour une ontologie envers laquelle la MQ s'engage selon toutes les

---

1. Dans mes publications antérieures en faveur du RSO (M. Esfeld, « Quantum entanglement and a metaphysics of relations », *op. cit.*; « The modal nature of structures in ontic structural realism », *op. cit.*; M. Esfeld, V. Lam « Moderate structural realism about space-time », *op. cit.*; « Ontic structural realism as a metaphysics of objects », *op. cit.*), je n'avais pas vu ce point. Le présent article corrige mes publications antérieures en argumentant que nous avons à aller au-delà du RSO afin d'atteindre une position réaliste scientifique satisfaisante en philosophie de la physique.

interprétations bien fondées, à savoir une ontologie selon laquelle il y a certaines structures (*i.e.* des structures d'intrication) dans le domaine de la physique quantique à la place des objets avec une identité intrinsèque. Si on cherche à développer ce réalisme partiel sous la forme d'un réalisme complet, alors il doit soutenir une interprétation particulière de la MQ, et expliciter comment les structures en question sont implémentées et quelle est leur dynamique. Pour le dire autrement, l'idée est que le rôle approprié du RSO dans l'interprétation de la MQ est le fil directeur d'une ontologie de la MQ plutôt que de donner une ontologie complète. Pour soumettre cette idée à un traitement équitable, laissons de côté les modèles déjà mentionnés qui cherchent à rendre compte de la non-localité quantique prouvée expérimentalement en termes de causes communes cachées, de causalité rétroactive ou de causalité superlumineuse ; il est évident que ces modèles ne correspondent pas au RSO, et l'on peut avec raison affirmer qu'aucun n'a été, pour le moment, élaboré d'une manière physiquement précise. Voyons si le RSO peut servir de fil conducteur pour une ontologie de la MQ en mettant en évidence l'engagement significatif envers les structures qui est commun aux trois principaux types d'interprétation de la MQ.

Pour introduire ces interprétations, considérez le problème de la mesure, déjà mentionné, qui est le problème central dans l'interprétation de la MQ. Maudlin formule avec précision ce problème de la manière suivante[1] :

1.A La fonction d'onde d'un système est *complète*, *i.e.* la fonction d'onde spécifie (directement ou indirectement) toutes les propriétés physiques du système.

1. T. Maudlin, « Three measurement problems », *Topoi*, 1989, 14, p. 7-15.

1.B. La fonction d'onde évolue toujours conformément à une équation linéaire dynamique (par exemple, l'équation de Schrödinger).

1.C. Les mesures, par exemple, du spin d'un électron ont toujours (ou au moins habituellement) des résultats déterminés, *i.e.*, à la fin de la mesure, le dispositif de mesure est soit dans un état qui indique un haut spin (et non pas un bas), soit un bas spin (et non pas un haut). (p. 7)

Si l'on rejette 1C, il faut, à la place de 1C, expliquer comment il se fait qu'il semble aux observateurs qu'il y a des valeurs déterminées pour les propriétés d'eux-mêmes et de leur environnement. Pour y parvenir, il est courant de s'appuyer sur la décohérence. Bref, l'idée est que la signification physique de la disparition des termes d'interférence entre les corrélations superposées, de ce qu'on appelle la décohérence, est qu'elle induit une division de l'univers en de nombreuses branches sans interférence, de telle sorte que chacune des corrélations superposées constitue au moins une branche de l'univers. Ainsi, il y a une branche dans laquelle l'électron a un haut spin, où le dispositif de mesure indique un haut spin et où l'observateur est conscient que le dispositif de mesure indique un haut spin ; et il y a une autre branche dans laquelle le même électron a un bas spin, où le même dispositif de mesure indique un bas spin et où le même observateur est conscient que le dispositif de mesure indique un bas spin. Puisqu'il existe beaucoup de mesures pour lesquelles il y a une infinité de résultats possibles – c'est notamment le cas des mesures de positions –, cette conception est amenée à soutenir que la décohérence conduit à l'émergence d'une infinité de branches. C'est pourquoi on appelle cette position l'interprétation de la MQ par les mondes multiples, interprétation qui remonte à Everett[1].

D'un côté, on peut voir dans cette interprétation une illustration du RSO : il y a une structure qui est implémentée par des objets (« fins ») qui sont copiés de nombreuses fois dans des branches sans interférence de l'univers et dont les propriétés dynamiques ont des valeurs déterminées qui sont corrélées à l'intérieur de chaque branche (« l'état relatif »). Il n'y a pas d'identité intrinsèque des objets d'une branche puisque les valeurs de leurs propriétés dépendent des valeurs des propriétés des autres objets de cette branche. La structure se développe selon une loi globale valable pour l'univers pris comme un tout (telle l'équation de Schrödinger en MQ). D'un autre côté, on peut soutenir que la caractéristique centrale de l'interprétation des mondes multiples n'est pas son engagement envers certaines structures révélées par le RSO mais l'affirmation qu'il y a des branches multiples de l'univers.

Les manuels standards depuis von Neumann[2] présentent une formulation de la MQ qui rejette 1B : la fonction d'onde décrit complètement les propriétés des systèmes physiques, mais dans certaines circonstances – c'est

1. H. Everett, « "Relative state" formulation of quantum mechanics », *Reviews of Modern Physics*, 1957, 29, p. 454-462 ; repris dans B. S. DeWitt, N. Graham (ed.), *The many-worlds interpretation of quantum mechanics*, Princeton, Princeton UP, 1973, p. 141-149. Voir, pour un traitement concis, D. Wallace, « Decoherence and ontology (or : How I learned to stop worrying and love FAPP) », *in* S. Saunders, J. Barrett, A. Kent, D. Wallace (eds.), *Many worlds ? Everett, quantum theory, and reality*, Oxford, Oxford UP, 2010, p. 54-72 ; et en général, pour une discussion, les articles dans S. Saunders et als, *Many worlds ? Everett, quantum theory, and reality*, Oxford, Oxford UP, 2010.

2. J. von Neumann, *Les fondements mathématiques de la mécanique quantique*, Paris, Félix Alcan, 1946.

notamment le cas des mesures – les systèmes quantiques changent de manière à acquérir une valeur déterminée pour certaines propriétés dynamiques, changement qui est représenté par l'effondrement de la fonction d'onde. La seule proposition précise de cette idée remonte à Ghirardi, Rimini et Weber (GRW)[1]. GRW ajoutent un terme stochastique à l'équation de Schrödinger de telle sorte qu'en résumé, un système quantique microscopique pris isolément a une probabilité objective très faible d'avoir une localisation spontanée. Cependant, quand on passe à un système macroscopique composé d'un très grand nombre de systèmes quantiques microscopiques, l'un de ces systèmes microscopiques aura immédiatement une localisation spontanée de sorte que, de par l'intrication, l'ensemble du système sera localisé.

Néanmoins, il reste à expliciter ce que représente exactement la dynamique GRW dans le monde physique – autrement dit, ce qu'est l'ontologie de la théorie GRW. Si on prend à la lettre un manuel de MQ, ce qui est suggéré, c'est qu'un système quantique comme un électron quand sa position n'a pas de valeur déterminée, est étalé dans l'espace. C'est en effet l'interprétation de la signification physique de GRW que Ghirardi lui-même favorise en proposant une ontologie de la densité de masse[2] : la masse, par exemple, d'un électron quand il n'a pas de position déterminée est littéralement étalée dans l'espace physique, créant ainsi une distribution de densité de masse.

1. G.C. Ghirardi, A. Rimini, T. Weber, « Unified dynamics for microscopic and macroscopic systems », *Physical Review*, 1986, D 34, p. 470-491.

2. G.C. Ghirardi *et al.*, « Describing the macroscopic world : Closing the circle within the dynamical reduction program », *Foundations of Physics*, 1995, 25, p. 5-38.

Ici encore, d'un côté, l'ontologie de la densité de masse de GRW peut être vue comme illustrant le RSO à savoir qu'il y a une structure des valeurs corrélées des propriétés qui sont des valeurs étalées dans l'espace implémentées par une densité de masse (une densité de matière dans l'espace physique), plutôt que des propriétés qui donnent une identité intrinsèque des entités qui les instancient. Cette structure se développe comme un tout selon une certaine loi de mouvement, qui dans le cas de GRW attribue à la structure une disposition ou une propension à la localisation spontanée dont la force dépend du nombre de systèmes quantiques élémentaires impliqués dans la structure en question[1]. Et d'un autre côté, on peut soutenir que la caractéristique centrale de l'ontologie de la densité de masse de GRW n'est pas de s'engager en faveur de certaines structures explicitées par le RSO, mais son affirmation que les systèmes quantiques sont littéralement étalés dans l'espace physique, constituant ainsi une distribution de densité de masse qui se contracte spontanément dans certaines circonstances.

On trouve, dans la littérature, une autre proposition d'ontologie pour la dynamique GRW, qui abandonne entièrement l'idée que des valeurs sont dispersées dans l'espace physique. Cette ontologie est due à Bell[2]. Selon ce qui est maintenant connu comme la théorie flash GRW[3],

1. Sur les dispositions dans GRW, voir M. Dorato, M. Esfeld, « GRW as an ontology of dispositions », *Studies in History and Philosophy of Modern Physics*, 2010, 41, p. 41-49.

2. J.S. Bell, *Speakable and unspeakable in quantum mechanics*, *op. cit.*, p. 205.

3. Ce terme remonte à R. Tumulka, « A relativistic version of the Ghirardi-Rimini-Weber model », *Journal of Statistical Physics*, 2006, 125, p. 821-840.

la position des systèmes quantiques a une valeur déterminée *seulement* lorsque la fonction d'onde qui se développe conformément à l'équation GRW, indique cette valeur – c'est-à-dire, quand une localisation spontanée se produit –, et ces positions déterminées discrètes sont *tout* ce qui est dans l'espace-temps. En d'autres termes, les localisations spontanées que GRW postulent sont conçues comme des flashs centrés autour des points d'espace-temps, et ces flashs sont la totalité de ce qui est. En commençant par une distribution initiale de flashs, la fonction d'onde détermine les probabilités pour l'occurrence des flashs suivants [1].

D'un côté, à nouveau, l'ontologie des flashs GRW peut être vue comme une illustration de RSO : l'univers est une structure des flashs corrélés. Cette structure existe dans un espace-temps à quatre dimensions, les flashs étant des événements qui se produisent à des points d'espace-temps. Par opposition avec les structures GRW de la densité de masse, la structure des flashs n'est pas continue dans l'espace-temps puisque les flashs sont distribués de manière éparse. Cette structure se développe comme un tout, conformément à une certaine loi de mouvement qui, dans le cas de l'ontologie des flashs, attribue à n'importe quelle structure de flashs donnée une disposition ou une propension à produire les flashs corrélés postérieurs. Et d'un autre côté, on peut soutenir que la caractéristique centrale de l'ontologie des flashs de GRW n'est pas qu'elle est engagée en faveur des flashs *corrélés* (*structures* de flashs), mais

---

1. Pour une comparaison lumineuse des ontologies de la densité de masse de GRW, du flash GRW et de la mécanique de Bohm, voir V. Allori *et al.*, « On the common structure of Bohmian mechanics and the Ghirardi-Rimini-Weber theory », *British Journal for the Philosophy of Science*, 2008, 59, p. 353-389.

qu'elle soutient que seuls des *flashs* existent dans l'espace-temps.

Les interprétations de la MQ qui rejettent la proposition 1A ci-dessus sont connues sous le nom de théories de variables cachées. Comme on l'a déjà indiqué, les modèles de variables cachées qui refusent d'accorder une quelconque signification ontologique à l'intrication quantique, en cherchant à expliquer la non-localité quantique prouvée expérimentalement, en termes de causes communes cachées, de causalité rétroactive ou de signaux superlumineux sont hors de portée du RSO ; mais aucun de ces modèles n'atteint le niveau du candidat principal pour l'interprétation de la MQ. La question décisive pour évaluer l'affirmation que le RSO peut servir de guide pour une ontologie de la MQ est de savoir comment il tient compte de la seule théorie des variables cachées développée avec précision, à savoir la théorie quantique de Bohm [1].

Il serait injuste d'éluder cette question en soulignant que la théorie de Bohm n'est pas conforme à l'invariance de Lorentz. Les interprétations du type effondrement de la fonction d'onde font face à la même difficulté (bien que Tumulka fasse à cet égard un progrès significatif en ce qui concerne l'ontologie des flashs de GRW [2]). De plus, en fonction de la manière dont est conçu le développement de branches multiples de l'univers par décohérence, il n'est pas évident non plus de savoir combien d'interprétations

---

1. Elle remonte à D. Bohm, « A suggested interpretation of the quantum theory in terms of "hidden" variables », *Physical Review*, 1952, 85, p. 166-193. Pour être correct, ce n'est pas une théorie des variables cachées puisqu'il est étrange de décrire les positions comme étant des variables cachées.

2. R. Tumulka, « A relativistic version of the Ghirardi-Rimini-Weber model », *op. cit.*

de type univers multiples peuvent être conformes à l'invariance de Lorentz[1]. En général, la non-localité quantique prouvée expérimentalement telle que l'expose l'expérience d'EPR-Bohm, concerne aussi la théorie quantique des champs c'est-à-dire que les probabilités des résultats de mesure à un certain point de l'espace-temps ou dans une certaine région dépendent de ce qu'il y a à des points ou dans des régions qui sont séparés de ce point par un intervalle spatio-temporel du genre espace. Concernant l'exigence de la prise en compte de l'invariance de Lorentz pour ces corrélations, la théorie quantique des champs n'est pas en meilleure posture que la MQ non-relativiste.

En enquêtant pour savoir si le RSO peut s'appliquer à la théorie de Bohm, concentrons nous sur la conceptualisation contemporaine de cette théorie connue sous le nom de mécanique de Bohm, conceptualisation qui abandonne la formulation quasi-newtonienne de la théorie en termes de potentiel quantique[2]. Selon la mécanique de Bohm, ce qui est dans le domaine quantique, ce sont des particules qui ont toujours une position définie et donc une trajectoire bien définie dans l'espace-temps. Ces particules se déplacent selon une loi de mouvement déterministe et linéaire. Cette loi rend le développement temporel de la position de n'importe quelle particule (i.e. sa vitesse) dépendant des positions de toutes les autres particules. Les particules de

---

1. Voir J.A. Barrett, *The quantum mechanics of minds and worlds*, Oxford, Oxford UP, 1999, p. 159-160.
2. Voyez les articles rassemblés dans D. Durr, S. Goldstein, N. Zanghì, *Quantum physics without quantum philosophy*, Berlin, Springer, 2012 ; ainsi que, pour une discussion philosophique récente, G. Belot, « Quantum states for primitive ontologists. A case study », *European Journal for Philosophy of Science*, 2012, 2, p. 67-83.

Bohm se distinguent donc par leur position (il n'y a pas deux particules qui puissent avoir la même valeur de position à un temps donné) : ce sont des objets absolument discernables. Cependant, ce fait n'empêche pas d'appliquer le RSO à la mécanique de Bohm ; le RSO n'implique pas l'absence de discernabilité [1].

On peut considérer que les particules de Bohm implémentent une structure au sens du RSO à cause de la dynamique holistique à laquelle elles sont soumises, au sens où le développement temporel de la position de n'importe quelle particule est corrélé au développement des positions de toutes les autres particules de l'univers. Si on considère la loi du mouvement de Bohm et la fonction d'onde de la mécanique quantique qui figure dans cette loi comme se référant à une propriété des particules, c'est une propriété holistique et donc non séparable, à savoir une disposition à une certaine forme de mouvement des particules [2]. Autrement dit, c'est une structure qui prend toutes les particules comme ses relata. Bref, dans la mécanique de Bohm, il y a une structure de positions corrélées de particules. Cette structure se développe comme un tout selon une certaine loi du mouvement. Pour résumer à nouveau, d'un côté, la mécanique de Bohm peut être aussi considérée comme illustrant le RSO ; mais d'un autre côté, on peut soutenir que la caractéristique centrale de la mécanique de Bohm n'est pas de s'engager en faveur des *structures* implémentées dans les positions des particules corrélées, mais qu'elle pose *des positions de particules* comme l'ontologie de base de la MQ.

1. P.M. Ainsworth, "Ontic structural realism and the principle of the identity of indiscernibles". *Erkenntnis* 75 (2011), p. 67-84.
2. Voyez G. Belot, « Quantum states for primitive ontologists. A case study », *op. cit.*, p. 77-80.

4. CONCLUSION

Le RSO n'est pas une interprétation de plus de la MQ, qui s'ajoute aux interprétations du type mondes multiples, aux interprétations du type effondrement de la fonction d'onde ou à celles du type des variables cachées. Comme la discussion des arguments du RSO à partir de la MQ l'a montré dans la section 2, le RSO n'est pas en mesure de fournir, à lui seul, une ontologie pour la MQ puisqu'il ne répond pas à la question de savoir ce qui implémente les structures qu'il pose. Néanmoins, le RSO contribue positivement à la recherche d'une ontologie de la MQ, par l'explicitation d'un choix ontologique qui vaut pour la MQ selon une interprétation bien fondée, c'est-à-dire le choix de l'existence d'une certaine sorte de structures dans le domaine de la physique quantique au lieu de celui d'objets ayant une identité intrinsèque. Une remarque similaire vaut pour le RSO à l'égard à n'importe quelle autre théorie scientifique (cf. les remarques à la fin de la section 2 sur l'application du RSO à la théorie de la relativité générale).

Mais est-il vrai que le RSO offre un cadre général *et substantiel* que devrait respecter n'importe quelle interprétation détaillée et bien fondée, cadre qui consiste dans l'affirmation qu'il existe certaines structures dans le domaine de la physique quantique par opposition à des objets ayant une identité intrinsèque? Une infinité de branches de l'univers avec des valeurs corrélées des propriétés de chaque branche (« les états relatifs »), la densité de matière ou de masse dans un espace-temps à quatre dimensions (des valeurs étalées), des flashs, comme des points distribués discrètement dans l'espace-temps et des particules avec des trajectoires définies dans l'espace-temps sont des propositions radicalement différentes pour une ontologie de la MQ, bien que toutes ces ontologies puissent être considérées comme optant pour certaines structures, à savoir les structures d'intrication. Cependant, ces ontologies sont radicalement différentes non pas parce qu'elles posent des sortes différentes d'objets *en plus* de leur acceptation de l'engagement pour les structures d'intrication, mais parce qu'elles explicitent de manière radicalement différente ce que signifie l'intrication : des superpositions de corrélations dans la forme des objets qui sont copiées de nombreuses fois à travers les différentes branches de l'univers dont les propriétés sont corrélées à l'intérieur de chaque branche ; des superpositions de corrélations dans la forme des valeurs étalées se chevauchant dans l'espace physique qui réalisent une distribution continue de matière (ou de densité de masse) dans l'espace ; des flashs corrélés se produisant à des points d'espace temps ; des valeurs de position des particules qui se développent dans le temps de manière corrélée.

Pour le réaliste scientifique complet, l'essentiel c'est d'élaborer et d'évaluer ces différentes ontologies. En revanche, le réaliste partiel, se contentera d'affirmer que ces différentes ontologies font le choix d'une structure commune quoique générale. Cependant, afin d'établir cette dernière affirmation, le passage du RSE au RSO ne semble pas nécessaire. En somme, étant donné les différences radicales dans la prise en compte précise de ce que signifie l'intrication dans les propositions pour une ontologie de la MQ qui peuvent toutes être considérées comme des illustrations le RSO, on peut se demander si le RSO est un bon guide pour une ontologie de la MQ, guide qui nous en dit considérablement plus pour l'ontologie de la MQ que ce qui est donné par les contraintes mathématiques et expérimentales, à savoir en particulier la non-localité quantique prouvée expérimentalement et son analyse mathématique dans le théorème de Bell qui montre qu'aucune ontologie des variables cachées locales n'est valable pour la MQ.

En conclusion, après plus d'une décennie passée à élaborer et à débattre d'élaboration et de débats sur le RSO pour la MQ, il semble que l'impact que peut avoir le RSO en fournissant une réponse à la question de savoir à quoi ressemble le monde si la MQ est correcte est plutôt limité. D'un point de vue réaliste et scientifique, la question cruciale est l'évaluation *pro* et *contra* des propositions diverses et variées d'ontologies de la MQ comme c'était le cas avant l'arrivée du RSO.

TABLE DES MATIÈRES

QUATRIÈME PARTIE
LES RELATIONS

Dépôt légal : août 2017
IMPRIMÉ EN FRANCE

Achevé d'imprimer le 4 août 2017
sur les presses de l'imprimerie «La Source d'Or»
63039 Clermont-Ferrand
Imprimeur n° 19751K

Dans le cadre de sa politique de développement durable,
La Source d'Or a été référencée IMPRIM'VERT®
par son organisme consulaire de tutelle.
Cet ouvrage est imprimé - pour l'intérieur - sur papier offset 80 g
provenant de la gestion durable des forêts,
produit par des papetiers dont les usines ont obtenu
les certifications environnementales ISO 14001 et E.M.A.S.